테마별

공공부문 노사관계실무

— 유선용 지음 —

考試界社

CONTENTS

THEME 01   통상임금 산정기준   5

THEME 02   성과연봉제 관련 법적기준   18

THEME 03   임금반납, 삭감, 동결에 관한 해석기준   24

THEME 04   임금피크제 도입관련 쟁점사항   31

THEME 05   징계해고 기준 및 절차의 이해   37

THEME 06   취업규칙 불이익 변경기준 및 절차   49

THEME 07   경영상 이유에 의한 해고관련 쟁점   63

THEME 08   저성과자 해고관련 법적기준   74

THEME 09   노조가입범위   81

THEME 10   정당한 조합활동의 범위   89

THEME 11	근로시간면제자와 무급전임자의 지위	93
THEME 12	근로시간 면제한도 및 적용	98
THEME 13	복수노조의 창구단일화 절차 및 교섭대표노동조합	107
THEME 14	단체교섭의 대상	119
THEME 15	단체협약의 효력	133
THEME 16	단체협약의 유효기간 및 자동연장	147
THEME 17	쟁의행위절차	151
THEME 18	쟁위행위의 정당성 요건 및 책임	159
THEME 19	부당노동행위의 유형 및 구제	175
THEME 20	비정규직 근로자의 보호	205

THEME 01 통상임금 산정기준

I. 임금의 의의

1. 법 규정

제2조 제1항 제5호 "임금"이란 사용자가 근로의 대가로 근로자에게 임금, 봉급, 그 밖에 어떠한 명칭으로든지 지급하는 일체의 금품을 말한다.

임금의 요건은 ① 사용자가 근로자에게 지급하는 금품이며, ② 근로의 대가이다. 그리고 이 두 요건을 충족하면 그 명칭의 여하는 불문한다.

2. 구체적 내용

(1) 사용자가 근로자에게 지급하는 금품

① 임금은 사용자가 근로자에게 지급하는 것이므로 사용자가 근로자를 위해 부담하는 산재보험료도 근로자에게 지급하는 금품이 아니므로 임금이 아니며,[1] 또한 사용자 이외의 자로부터 지급되는 것도 원칙적으로 임금이 아니다. 예컨대, 손님으로부터 주어지는 팁은 임금이 아니다.

② 그러나 팁과 유사한 것으로서 사용자가 봉사료로서 일정률을 정하여 손님으로부터 받아 일괄 관리하여 배분하는 경우라면 그 배분금액은 임금에 해당된다.

③ 사용자가 지급하는 「금품」은 금전에 한하지 않고 물건 또는 이익도 포함되는 것이며, 「지급」 역시 현실적인 수수뿐만 아니라, 널리 이익의 공여도 포함된다.

(2) 근로의 대상

① 임금은 사용자가 근로자에게 지급하는 금품 가운데 「근로의 대가」로 지급하는 금품을 말한다. 「근로의 대가」란 「사용자가 근로자에게 지급하는 금품 중 사용종속관계에서 행하는 근로에 대한 보수」를 말한다.

② 근로자 개인의 실적에 따라 결정되는 성과금은 단체협약 등에 지급조건과 지급시기가 정해져 있더라도 근로제공 자체의 대가라고 볼 수 없으므로 임금이 아니며,[2] 해고예고수당[3]이나 재해보상금은 사용자에게 지급책임이 있으나 근로의 대가로서의 지급의무를 부담하는 것은 아니

---

1) 대판 1994. 7.29. 92다30801.

2) 대판 2004.5.14. 2001다76328.

3) 판례는 근기법에 의한 무예고 해고보상금청구권은 동법 제48조에서 말하는 임금채권에 해당하여 근기법에 의한 소멸시효의 적용을 받는다고 한다(대판 1965.7.6. 65다877).

기에 임금으로 볼 수 없다. 다만, 실 근로와 관계없어도 근로제공과 관련이 있는 휴업수당[4]이
나 떡값[5] 등도 임금으로 볼 수 있다.

③ 근로자에게 지급되는 금품이 「근로의 대가」로 지급되는 것이냐를 판단함에 있어서는 다음과
같은 기준이 제시되고 있다.

㉠ 임의적 · 은혜적인 것이냐의 여부

임의적 · 은혜적 급부는 근로의 대가로 인정되지 않는다.[6] 예컨대, 결혼축의금, 질병위문금,
직계존비속 사망시의 조의금 등 경조사비는 원칙적으로 이와 같은 임의적 · 은혜적 급부에 속
한다고 할 것이다.

㉡ 복지후생시설이냐의 여부

근로에 대한 직접적인 보수로서가 아니고 근로자의 복리후생을 위하여 지급하는 이익 또는
비용은 임금이 아니다.[7] 예컨대, 사택 제공, 운동시설, 휴양시설 등이 그 전형적인 것이다. 다
만, 사택을 제공받지 않는 다른 근로자에 사택제공에 갈음한 주택수당이 지급되는 경우에는
주택수당과 함께 사택제공 자체도 그 평가액을 한도로 임금에 해당된다.

㉢ 기업설비의 일환으로 지급되는 것이냐의 여부

기업설비란 기업이 하나의 경영체로서 근로자로부터 근로를 수령하기 위하여 당연히 갖추
어야 할 유형 · 무형의 설비를 말한다. 이와 같은 기업설비의 일환으로 지급되는 실비변상적
급부는 임금이라 볼 수 없다.[8] 예컨대, 작업복, 작업용품비, 출장여비, 차량유지비, 판공비
등이다.

(3) 명칭의 여하를 불문

위 두 요건이 갖추어지면 그 명칭의 여하를 불문한다. 즉 사용종속관계에서 근로의 대가로 지급
되는 것이면 급료 · 봉급 · 기본급 · 급여 · 수당 등의 어떠한 명칭이라도 모두 임금에 해당된다.

Ⅱ. 평균임금

1. 평균임금의 의의

(1) 평균임금의 개념

---

4) 대판 1993. 5.27. 92다20316.

5) 서울고판 1997.5.27. 97나36390.

6) 1981. 5. 7. 예규 제30호.

7) 대판 1991.2.26. 90다15662.

8) 대판 1996.4.23. 94다446.

제2조 제1항 제6호 "평균임금"이란 이를 산정하여야 할 사유가 발생한 날 이전 3개월 동안에 그 근로자에게 지급된 임금의 총액을 그 기간의 총일수로 나눈 금액을 말한다. 근로자가 취업한 후 3개월 미만인 경우도 이에 준한다. 평균임금은 근로자가 현실적으로 지급받는 임금의 한 종류가 아니라 어떤 급여산출에 기초가 되는 단위개념에 지나지 않는다.

(2) 평균임금으로 산출하여야 할 경우

평균임금은 퇴직급여 상의 퇴직금 (제34조), 휴업수당(제45조), 연차유급휴가수당(제59조 3항), 재해보상금(제82조, 제83조, 제85조~제88조)과 제재로서의 감급액(제98조) 및 각종 보험급여를 산출하는 기초가 된다.

2. 평균임금의 산출방법

$$평균임금 = \frac{산정사유발생일이전\ 3개월간의\ 임금총액}{산정사유발생일이전\ 3개월간의\ 총일수}$$

(1) 평균임금의 기산일

평균임금을 산정하여야 할 사유가 발생한 날[9]이다.

(2) 기간의 총일수

① 평균임금의 산정에 있어서 기간의 총일수는 지급사유가 발생한 날 이전 3월간이며, 이는 역법에 의한 총일수를 말하는 것이고 실제로 근로자가 근로한 근로일수가 아니다. 또한 지급사유가 발생한 당일은 포함되지 않는다.[10]

② 취업 후 3개월 미만의 기간 내에 평균임금의 산정사유가 발생한 경우에는 취업한 후의 전 기간과 그 기간 중에 지급된 임금의 총액으로 산정한다.

(3) 근로자에 대하여 지급된 임금총액

① 임금의 총액이란 근로시간의 장단에 의한 임금의 다소에 불구하고 당해 기간 중에 근로의 대가로서 지급된 임금의 총액을 말한다.

---

9) 구체적으로 살펴보면 (1) 퇴직금 : 근로자가 퇴직한 날이다.(2) 사용자의 귀책사유로 인한 휴업수당 : 휴업일이다. 휴업이 2일 이상 계속되는 경우에는 휴업하는 최초일 (3) 연차유급휴가 : 연차유급휴가를 준 날, 동 휴가가 2일 이상 계속되는 경우에는 연차유급휴가의 최초일 (4) 재해보상 : 사상의 원인이 되는 사고가 발생한 날 또는 진단에 의하여 질병이 발생되었다고 확정된 날 (5) 감급의 제재 : 제재의 의사표시가 해당 근로자에게 도달한 날 등이다.

10) 민법 제157조 ; 대판 1973.3.27, 72다2425.

② 실제로 지급된 임금뿐만 아니라 지급되지 않았다 하더라도 사유 발생일에 이미 채권으로 확정된 임금이 있으면 이를 모두 포함해야 할 것이다. 원칙적으로 법 제2조 제1항 제5호에 규정된 임금을 모두 포함하는 액수를 말한다.

(4) 공제되는 기간 및 임금

평균임금의 산정기간인 3개월 중에 다음에 해당하는 기간이 있는 경우에는 그 기간과 그 기간 중에 지급된 임금은 당해 기간과 임금의 총액에서 각각 뺀다(영 제2조 제1항). 이 기간과 그 임금을 포함시키면 평균 임금액이 부당히 낮아져 근로자에게 불리하기 때문이다.

> 1) 수습사용 중의 기간(근기법 제35조 제5호)
> 2) 사용자의 귀책사유로 인하여 휴업한 기간(동법 제46조)
> 3) 산전후휴가기간(동법 제74조)
> 4) 업무상 부상 또는 질병의 요양을 위하여 휴업한 기간(동법 제78조)
> 5) 육아휴직기간(남녀고평법 제19조)
> 6) 쟁의행위기간(노조법 제2조 제6호)
> 7) 병역법·향토예비군설치법 또는 민방위기본법에 의한 의무이행을 위하여 휴직하거나 근로하지 못한 기간. 다만, 그 기간 중 임금을 지급받은 경우에는 포함
> 8) 업무 외 부상 또는 질병, 그 밖의 사유로 사용자의 승인을 얻어 휴업한 기간

(5) 제외되는 임금

법 제 2조 제 1항 제6호에 따른 임금의 총액을 계산할 때에는 임시로 지급된 임금 및 수당과 통화 외의 것으로 지급된 임금을 포함하지 아니한다. 다만, 고용노동부 장관이 정하는 것은 그러하지 아니하다(영 제2조 제2항).

법 제 2조 제 1항 제6호에 따른 임금의 총액을 계산할 때에는 임시로 지급된 임금 및 수당과 통화 외의 것으로 지급된 임금을 포함하지 아니한다. 다만, 고용노동부 장관이 정하는 것은 그러하지 아니하다(영 제2조 제2항).

① 「임시로 지급된 임금」이란 임시 또는 돌발적인 사유에 의하여 지급되거나 또는 지급조건은 사전에 규정되어 있어도 지급사유의 발생이 불확실하거나 매우 드물게 발생하는 경우에 지급되는 것을 말한다.

② 일시적으로 또는 일부근로자에게 지급되는 교통비, 자가운전보조비, 자녀가 있는 경우만 지급하는 학자보조금과 같은 순수한 의미의 복리후생비는 근로의 대가로 볼 수 없으므로 제외된다.[11]

---

11) 대판 1995.5.12, 94다55934.

(6) 일용근로자 및 특별한 경우의 평균임금

① 일용근로자[12]의 평균임금은 고용노동부장관이 사업이나 직업에 따라 정하는 금액으로 한다(영 제3조).

② 이상의 방법으로도 타당한 평균임금을 산정할 수 없는 경우에는 고용노동부장관이 정하는 바에 따른다(영 제4조).

3. 평균임금의 조정

(1) 의의

장기요양자의 경우 재해당시의 평균임금을 기초로 하므로 장기간 요양을 하는 경우 물가와 임금이 계속적으로 인상되는데도 보상액은 고정되어 있어 손해를 보게 되는 폐단을 시정하기 위한 것이다. 이를 방지하기 위하여 당해 근로자가 소속한 사업장 동종 근로자의 통상임금의 변동에 따라 임금을 변동시키는 것을 말한다.

(2) 최초의 평균임금의 조정

휴업보상ㆍ장해보상ㆍ유족보상ㆍ장의비 및 일시보상 등의 보상금을 산정할 때 적용할 평균임금은 그 근로자가 소속한 사업 또는 사업장에서 같은 직종의 근로자에게 지급된 통상임금의 1명당 1개월 평균액이 그 부상 또는 질병이 발생한 달에 지급된 평균액보다 100분의 5 이상 변동된 경우에는 그 변동비율에 따라 인상되거나 인하된 금액으로 하되, 그 변동사유가 발생한 달의 다음 달부터 적용한다(영 제5조 제1항 본문).

(3) 2회 이후의 평균임금의 조정

제2회 이후의 평균임금을 조정하는 때에는 직전 회의 변동사유가 발생한 달의 평균액을 산정기준으로 한다(동항 단서).

(4) 사업이 폐지된 때의 평균임금의 조정

근로자가 소속한 사업 또는 사업장이 폐지된 때에는 그 근로자가 업무상 부상 또는 질병이 발생한 당시에 그 사업 또는 사업장과 같은 종류, 같은 규모의 사업 또는 사업장을 기준으로 한다(동조 제2항).

(5) 동일한 직종의 근로자가 없는 때의 평균임금의 조정

근로자의 직종과 같은 직종의 근로자가 없는 때에는 그 직종과 유사한 직종의 근로자를 기준으로 한다(동조 제3항).

---

12) 일용근로자란 1일 계약기간으로 고용되어 고용당일 근로계약이 종료하는 근로자를 말한다.

(6) 요양보상대상자에 대한 퇴직금산정

업무상 부상이나 질병에 걸린 근로자에게 지급할 퇴직금을 산정할 때 적용할 평균임금은 제1항 부터 제3항까지의 규정에 따라 조정된 평균임금으로 한다(동조 제4항).

4. 평균임금의 최저보장

원칙적인 평균임금산출방식에 의하여 산출된 금액이 그 근로자의 통상임금보다 적으면 그 통상임 금액을 평균임금으로 한다(법 제2조 제2항).

최저보장의 취지는 임금이 시간급제 · 일급제 · 성과급제에 의하여 지급되는 경우라든가 도급제의 경우에는 평균임금을 산정하여야 하는 3개월 사이에 결근일수가 많아서 그 근로자의 평균임금이 저액일 수밖에 없으므로 이로 인한 근로자의 불이익을 방지하려는 데 있다.

5. 평균임금과 통상임금의 구별실익

일반적으로 평균임금액이 통상임금액을 상회하기 때문에 평균임금을 지급하여야 할 경우에 근로 자에게 평균임금을 확보해 주려는 데 있다. 따라서 평균임금액으로 지급하여야 할 경우에 평균임 금액이 통상임금액보다 적을 경우에는 통상임금을 평균임금으로 한다.

Ⅲ. 통상임금

1. 의의

통상임금이란 근로자에게 정기적이고 일률적으로 소정 근로 또는 총 근로에 대하여 지급하기로 정 한 시간급금액 · 일급금액 · 주급금액 · 월급금액 또는 도급금액을 말한다(영 제6조 제1항).

통상임금은 고정적 · 정기적 · 일률적으로 지급하기로 정하여진 임금액으로서 시간급 · 일급 · 월급 금액 등 다양한 형태로 정해지므로 일액으로 단일화되어 있는 평균임금과는 구별된다.

2. 통상임금으로 산정하여야 할 경우

통상임금은 평균임금의 산정(제2조 제2항), 해고예고수당(제26조 제1항), 가산금(제56조), 연차유 급휴가수당(제60조 제5항), 산전 · 후 보호휴가수당(제74조) 등을 산출하는 기초가 된다.

3. 통상임금 산정기준

(1) 통상임금 여부의 판단기준

통상임금은 근로자에게 정기적이고 일률적으로 소정근로에 대하여 지급하기로 정한 금액을 말 하며, 어떠한 임금이 통상임금에 속하는지 여부는 그 임금이 소정근로의 대가로 근로자에게 지 급되는 금품으로서 정기적 · 일률적 · 고정적으로 지급되는 것인지를 기준으로 그 객관적인 성질에 따라 판단하여야 하고, 임금의 명칭이나 그 지급주기의 장단 등 형식적 기준에 의해 정할 것이 아니다.

1) 소정근로대가성

소정근로의 대가라 함은 근로자가 소정근로시간에 통상적으로 제공하기로 정한 근로에 관하여 사용자와 근로자가 지급하기로 약정한 금품을 말한다. 근로자가 소정근로시간을 초과하여 근로를 제공하거나 근로계약에서 제공하기로 정한 근로 외의 근로를 특별히 제공함으로써 사용자로부터 추가로 지급받는 임금이나 소정근로시간의 근로와는 관련 없이 지급받는 임금은 소정근로의 대가라 할 수 없으므로 통상임금에 속하지 아니한다.

위와 같이 소정근로의 대가가 무엇인지는 근로자와 사용자가 소정근로시간에 통상적으로 제공하기로 정한 근로자의 근로의 가치를 어떻게 평가하고 그에 대하여 얼마의 금품을 지급하기로 정하였는지를 기준으로 전체적으로 판단하여야 하고, 그 금품이 소정근로시간에 근무한 직후나 그로부터 가까운 시일 내에 지급되지 아니하였다고 하여 그러한 사정만으로 소정근로의 대가가 아니라고 할 수는 없다.

2) 정기성

어떤 임금이 통상임금에 속하기 위해서 정기성을 갖추어야 한다는 것은 그 임금이 일정한 간격을 두고 계속적으로 지급되어야 함을 의미한다.

통상임금에 속하기 위한 성질을 갖춘 임금이 1개월을 넘는 기간마다 정기적으로 지급되는 경우, 이는 노사간의 합의 등에 따라 근로자가 소정근로시간에 통상적으로 제공하는 근로의 대가가 1개월을 넘는 기간마다 분할 지급되고 있는 것일 뿐, 그러한 사정 때문에 갑자기 그 임금이 소정근로의 대가로서의 성질을 상실하거나 정기성을 상실하게 되는 것이 아님은 분명하다. 따라서 정기상여금과 같이 일정한 주기로 지급되는 임금의 경우 단지 그 지급주기가 1개월을 넘는다는 사정만으로 그 임금이 통상임금에서 제외된다고 할 수는 없다.

나아가 근로기준법 제43조제2항은 임금을 매월 1회 이상 일정한 날짜를 정하여 지급하도록 규정하고 있으나, 이는 사용자로 하여금 매월 일정하게 정해진 기일에 임금을 근로자에게 어김없이 지급하도록 강제함으로써 근로자의 생활안정을 도모하려는 것이므로[13] 위 규정을 근거로 1개월을 넘는 기간마다 정기적으로 지급되는 임금이 통상임금에서 제외된다고 해석할 수는 없다.

한편 최저임금법 제6조제4항은 매월 사용자가 근로자에게 지급하는 임금 중 매월 1회 이상 정기적으로 지급하는 임금 외의 임금으로서 고용노동부장관이 정하는 것을 최저임금과 비교할 '비교대상 임금'에서 제외하고 있다. 그러나 최저임금제도의 목적은 임금의 최저수준을 보장하여 근로자의 생활 안정과 노동력의 질적 향상을 기하고자 하는 데에 있어 연장 · 야간 ·

---

13) 대법원 1985.10.8. 선고 85도1262 판결 등 참조

휴일 근로에 대한 가산임금 등을 산정하기 위한 통상임금제도와 그 목적을 달리하므로, 위와 같은 최저임금법의 규정을 근거로 통상임금을 매월 1회 이상 정기적으로 지급하는 임금으로 한정하여야 한다고 보는 것은 타당하지 않다.

3) 일률성

어떤 임금이 통상임금에 속하기 위해서는 그것이 일률적으로 지급되는 성질을 갖추어야 한다. '일률적'으로 지급되는 것에는 '모든 근로자'에게 지급되는 것뿐만 아니라 '일정한 조건 또는 기준에 달한 모든 근로자'에게 지급되는 것도 포함된다. 여기서 '일정한 조건'이란 고정 적이고 평균적인 임금을 산출하려는 통상임금의 개념에 비추어 볼 때 고정적인 조건이어야 한다.[14]

단체협약이나 취업규칙 등에 휴직자나 복직자 또는 징계대상자 등에 대하여 특정 임금에 대한 지급 제한사유를 규정하고 있다 하더라도, 이는 해당 근로자의 개인적인 특수성을 고려하여 그 임금 지급을 제한하고 있는 것에 불과하므로, 그러한 사정을 들어 정상적인 근로관계를 유지하는 근로자에 대하여 그 임금 지급의 일률성을 부정할 것은 아니다.

한편 일정 범위의 모든 근로자에게 지급된 임금이 일률성을 갖추고 있는지 판단하는 잣대인 '일정한 조건 또는 기준'은 통상임금이 소정근로의 가치를 평가한 개념이라는 점을 고려할 때, 작업 내용이나 기술, 경력 등과 같이 소정근로의 가치 평가와 관련된 조건이라야 한다. 따라서 부양가족이 있는 근로자에게만 지급되는 가족수당과 같이 소정근로의 가치 평가와 무관한 사항을 조건으로 하여 지급되는 임금은 그것이 그 조건에 해당하는 모든 근로자에게 지급되었다 하더라도 여기서 말하는 '일정한 조건 또는 기준'에 따른 것이라 할 수 없어 '일률성'을 인정할 수 없으므로, 통상임금에 속한다고 볼 수 없다.[15]

그러나 모든 근로자에게 기본금액을 가족수당 명목으로 지급하면서 실제 부양가족이 있는 근로자에게는 일정액을 추가적으로 지급하는 경우 그 기본금액은 소정근로에 대한 대가에 다름 아니므로 통상임금에 속한다.[16]

4) 고정성

어떤 임금이 통상임금에 속하기 위해서는 그것이 고정적으로 지급되어야 한다. 이는 통상임금을 다른 일반적인 임금이나 평균임금과 확연히 구분 짓는 요소로서 앞서 본 바와 같이 통상임금이 연장·야간·휴일 근로에 대한 가산임금을 산정하는 기준임금으로 기능하기 위하여

---

14) 대법원 1993.5.27. 선고 92다20316 판결, 대법원 2012.7.26. 선고 2011다6106 판결 등 참조
15) 대법원 1993.5.27. 선고 92다20316 판결, 대법원 2012.7.26. 선고 2011다6106 판결 등 참조
16) 대법원 1992.7.14. 선고 91다5501 판결 등 참조

서는 그것이 미리 확정되어 있어야 한다는 요청에서 도출되는 본질적인 성질이다.

'고정성'이라 함은 '근로자가 제공한 근로에 대하여 그 업적, 성과 기타의 추가적인 조건과 관계없이 당연히 지급될 것이 확정되어 있는 성질'을 말하고, '고정적인 임금'은 '임금의 명칭 여하를 불문하고 임의의 날에 소정근로시간을 근무한 근로자가 그 다음 날 퇴직한다 하더라도 그 하루의 근로에 대한 대가로 당연하고도 확정적으로 지급받게 되는 최소한의 임금'이라고 정의할 수 있다.

고정성을 갖춘 임금은 근로자가 임의의 날에 소정근로를 제공하면 추가적인 조건의 충족 여부와 관계없이 당연히 지급될 것이 예정된 임금이므로, 그 지급 여부나 지급액이 사전에 확정된 것이라 할 수 있다. 이와 달리 근로자가 소정근로를 제공하더라도 추가적인 조건을 충족하여야 지급되는 임금이나 그 조건 충족 여부에 따라 지급액이 변동되는 임금 부분은 고정성을 갖춘 것이라고 할 수 없다.

대법원은 근로자의 실제 근무성적에 따라 지급 여부 및 지급액이 달라지는 항목의 임금을 통상임금에서 제외하여 왔는데, 그러한 임금은 고정성을 갖추지 못하였기 때문이다.[17]

관련판례 >>

1. 대법 2003다10650 (2003-04-22)
통상임금의 개념과 그 범위, 가족수당, 중식대가 통상임금에 포함되지 않는다고 본 사례

소정 근로 또는 총근로의 대상(對償)으로 근로자에게 지급되는 금품으로서 그것이 정기적·일률적으로 지급되는 것이면 원칙적으로 모두 통상임금에 속하는 임금이라 할 것이나, 근로기준법의 입법 취지와 통상임금의 기능 및 필요성에 비추어 볼 때 어떤 임금이 통상임금에 해당하려면 그것이 정기적·일률적으로 지급되는 고정적인 임금에 속하여야 하므로 (대법원 1998. 4. 24. 선고 97다28421 판결 참조), 정기적·일률적으로 지급되는 것이 아니거나 실제의 근무성적에 따라 지급 여부 및 지급액이 달라지는 것과 같이 고정적인 임금이 아닌 것은 통상임금에 해당하지 아니한다(대법원 1991. 6. 28. 선고 90다카14758 판결 , 1994. 10. 28. 선고 94다26615 판결 , 1996. 5. 14. 선고 95다19256 판결 , 2002. 7. 23. 선고 2000다29370 판결 등 참조).

부양가족이 있는 경우에는 4인을 초과하지 않는 범위 내에서 부양가족 1인당 금 10,000원씩의 가족수당을 지급하며, 중식대는 상근자에 한하여 현물로 지급함을 원칙으로 하되, 현물지급이 불가능한 지역에 근무하는 자에 대하여는 현금으로 지급할 수 있다고 규정되어 있는 사실을 인정한 다음, 가족수당은 부양가족이 있는 근로자에게만 지급되었던 것이고, 중식대는 상근자에 한하여 현물로 지급되며 현물을 제공받지 않은 근로자에 대하여 그에 상당하는 금품이 제공되었음을 인정할 수 없으므로 특별한 사정이

---

17) 대법원 1996.2.9. 선고 94다19501 판결, 대법원 2012.3.15. 선고 2011다106426 판결 등 참조

없는 한 가족수당 및 중식대 모두 통상임금의 산정시 포함될 수 없다고 판단한 것은 정당하다

평균임금 산정의 기초가 되는 임금 총액에는 사용자가 근로의 대상으로 근로자에게 지급하는 금품으로서, 근로자에게 계속적·정기적으로 지급되고 단체협약, 취업규칙, 급여규정, 근로계약, 노동관행 등에 의하여 사용자에게 그 지급의무가 지워져 있는 것은 그 명칭 여하를 불문하고 모두 포함된다 할 것이나 (대법원 2001. 10. 23. 선고 2001다53950 판결 참조), 근로자가 특수한 근무조건이나 환경에서 직무를 수행함으로 말미암아 추가로 소요되는 비용을 변상하기 위하여 지급되는 실비변상적 금원 또는 사용자가 지급의무 없이 은혜적으로 지급하는 금원 등은 평균임금 산정의 기초가 되는 임금 총액에 포함되지 아니한다 (대법원 1999. 2. 9. 선고 97다56235 판결 참조).

2. 대법 2000다29387 (2002-07-23)

일정한 근속연수에 이른 근로자에게 실제의 근무성적과는 상관없이 매월 일정하게 지급된 근속수당이라면 통상임금에 포함된다

원심은, 피고가 매년 7월 1일을 기준으로 1년 이상 근속한 근로자에게 매 1년 단위로 일정한 금액을 가산하여 근속수당으로 지급하였지만, 이러한 근속수당은 근로자의 이직률을 줄이고 근속의욕을 고취하여 장기근속을 장려하기 위한 성격의 수당으로서 통상임금에 포함되지 아니한다고 판단하였다. 그러나 이 사건에서 피고가 그 소속 근로자에게 지급한 근속수당은 은혜적인 배려에서가 아니라 일정한 근속연수에 이른 근로자에게 실제의 근무성적과는 상관없이 매월 일정하게 지급된 것으로서 정기적·일률적으로 지급되는 고정적인 임금이므로, 통상임금에 포함되어야 한다.

3. 대법 2004다41217 (2005-09-09)

고열작업수당이 일정한 공정에 종사하는 모든 근로자들에 대해서 일정한 조건이 충족되면 일정한 금액이 매년 정기적·일률적으로 지급된 것이라면 통상임금에 포함된다

고열작업수당은, 당해 연도의 4월부터 9월까지 실제 변화된 온도를 고려하여 고열등급을 새로이 조정하지 않고 전년도 온도측정에 따라 확정된 고열등급대로 같은 공정 내의 사원들에게 같은 금액의 수당을 지급해왔고, 또한 일정한 공정에 투입된 고열작업장 종사자는 일반적으로 전보·휴직 등의 사유가 발생하거나 일시적으로 결원이 생겨 작업반장이 공정별로 인원배치를 조정하지 않는 한 같은 공정에서 지속적으로 근무하게 된다는 것인바, 이러한 조건은 일시적·유동적 조건인 것이 아니라 고정적 조건이라고 보아야 할 것이고, 그렇다면 이 사건 고열작업수당은 고열작업수당이 지급되도록 정하여진 공정에 종사하는 모든 근로자들에 대해서 일정한 조건이 충족되면 일정한 금액이 매년 정기적·일률적으로 지급된 것으로서 통상임금에 포함된다고 보아야 할 것이다.

4. 대법 2010다91046 (2012-03-29)

6개월을 초과하여 계속 근무한 근로자에게 근속연수의 증가에 따라 미리 정해놓은 각 비율을 적용하여 산정한 금액을 분기별로 지급하는 상여금은 통상임금에 해당한다.

통상임금은 근로자에게 소정근로 또는 총근로의 대상으로서 정기적·일률적으로 지급하기로 정해진

고정적 임금을 말하므로, 근로자의 실제 근무성적에 따라 지급 여부 및 지급액이 달라지는 항목의 임금은 고정적인 임금이라 할 수 없어 통상임금에 해당하지 아니하나, 근로자에 대한 임금이 1개월을 초과하는 기간마다 지급되는 것이라도 그것이 정기적·일률적으로 지급되는 것이면 통상임금에 포함될 수 있다.

상여금은 피고가 6개월을 초과하여 계속 근무한 근로자에게 근속연수의 증가에 따라 미리 정해놓은 각 비율을 적용하여 산정한 금액을 분기별로 지급하는 것으로서, 매월 월급 형태로 지급되는 근속수당과 달리 분기별로 지급되기는 하지만 그러한 사정만으로 통상임금이 아니라고 단정할 수 없다. 나아가 이 사건 단체협약 제27조에 '상여금 지급은 매 분기 말까지 재직한 자로 하고'라고 규정하면서도 곧이어 '퇴직자에 대해서는 월별로 계산 지급한다'고 추가로 규정함으로써 상여금 지급 대상에서 중도퇴직자를 제외한 것으로 볼 수 없으며, 또한 상여금 지급대상에 관한 위 규정의 의미가 기본급 등과 마찬가지로 비록 근로자가 상여금 지급대상 기간 중에 퇴직하더라도 퇴직 이후 기간에 대하여는 상여금을 지급할 수 없지만 재직기간에 비례하여 상여금을 지급하겠다는 것이라면, 이 사건 상여금은 그 지급 여부 및 지급액이 근로자의 실제 근무성적 등에 따라 좌우되는 것이라 할 수 없고, 오히려 그 금액이 확정된 것이어서 정기적·일률적으로 지급되는 고정적인 임금인 통상임금에 해당한다고 볼 여지가 있다.

5. 대법 2012다89399 (2013-12-18)
정기상여금의 통상임금성

1. 일정한 대상기간에 제공되는 근로에 대응하여 1개월을 초과하는 일정기간마다 지급되는 정기상여금은 통상임금에 해당한다.
2. 성질상 근로기준법 상의 통상임금에 속하는 임금을 통상임금에서 제외하기로 노사간에 합의하였다 하더라도 그 합의는 효력이 없다
3. 통상임금 추가분 청구로 인해 회사 경영에 어려움이 초래되는 경우 추가임금 청구는 신의성실의 원칙에 위반되어 허용될 수 없다.(대법 2012다89399, 2013.12.18)
1-1. 통상임금은 근로자가 소정근로시간에 통상적으로 제공하는 근로인 소정근로(도급근로자의 경우에는 총 근로)의 대가로 지급하기로 약정한 금품으로서 정기적·일률적·고정적으로 지급되는 임금을 말하고, 그 임금이 '1임금산정기간' 내에 지급되는 것인지 여부는 판단기준이 아니다. 따라서 어떠한 임금이 통상임금에 속하는지 여부는 그 임금이 소정근로의 대가로 근로자에게 지급되는 금품으로서 정기적·일률적·고정적으로 지급되는 것인지를 기준으로 그 객관적인 성질에 따라 판단하여야 하고, 임금의 명칭이나 그 지급주기의 장단 등 형식적 기준에 의해 정할 것이 아니다.
1-2. 통상임금에 속하기 위한 성질을 갖춘 임금이 1개월을 넘는 기간마다 정기적으로 지급되는 경우, 이는 노사간의 합의 등에 따라 근로자가 소정근로시간에 통상적으로 제공하는 근로의 대가가 1개월을 넘는 기간마다 분할지급되고 있는 것일 뿐, 그러한 사정 때문에 갑자기 그 임금이 소정근로의 대가로서의 성질을 상실하거나 정기성을 상실하게 되는 것이 아님은 분명하다. 따라서 정기상여금과 같이 일정한 주기로 지급되는 임금의 경우 단지 그 지급주기가 1개월을 넘는다는 사정만으로 그 임금이 통상임금에서 제외된다고 할 수는 없다.
1-3. 어떤 임금이 통상임금에 속하기 위해서는 그것이 일률적으로 지급되는 성질을 갖추어야 한다. '일

률적'으로 지급되는 것에는 '모든 근로자'에게 지급되는 것뿐만 아니라 '일정한 조건 또는 기준에 달한 모든 근로자'에게 지급되는 것도 포함된다. 여기서 '일정한 조건'이란 고정적이고 평균적인 임금을 산출하려는 통상임금의 개념에 비추어 볼 때 고정적인 조건이어야 한다.

일정 범위의 모든 근로자에게 지급된 임금이 일률성을 갖추고 있는지 판단하는 잣대인 '일정한 조건 또는 기준'은 통상임금이 소정근로의 가치를 평가한 개념이라는 점을 고려할 때, 작업 내용이나 기술, 경력 등과 같이 소정근로의 가치 평가와 관련된 조건이라야 한다.

1-4. '고정성'이라 함은 '근로자가 제공한 근로에 대하여 그 업적, 성과 기타의 추가적인 조건과 관계없이 당연히 지급될 것이 확정되어 있는 성질'을 말하고, '고정적인 임금'은 '임금의 명칭 여하를 불문하고 임의의 날에 소정근로시간을 근무한 근로자가 그 다음 날 퇴직한다 하더라도 그 하루의 근로에 대한 대가로 당연하고도 확정적으로 지급받게 되는 최소한의 임금'이라고 정의할 수 있다.

고정성을 갖춘 임금은 근로자가 임의의 날에 소정근로를 제공하면 추가적인 조건의 충족 여부와 관계없이 당연히 지급될 것이 예정된 임금이므로, 그 지급 여부나 지급액이 사전에 확정된 것이라 할 수 있다. 이와 달리 근로자가 소정근로를 제공하더라도 추가적인 조건을 충족하여야 지급되는 임금이나 그 조건 충족 여부에 따라 지급액이 변동되는 임금 부분은 고정성을 갖춘 것이라고 할 수 없다.

1-5. 근속수당의 지급조건에 일정 근무일수를 기준으로 그 미만은 일할계산하여 지급하고 그 이상은 전액 지급하기로 정해진 경우 그 일할계산하여 지급되는 최소한도의 임금은 고정적인 임금이라고 보아야 하는데도, 이와 달리 이를 지급 여부 및 그 지급액이 실제 근무성적에 의하여 달라진다는 이유로 비고정적인 임금으로 통상임금에 해당하지 아니한다고 판단한 대법원 1996.3.22. 선고 95다56767 판결과 문제가 된 복리후생적 명목의 급여가 지급일 당시 재직 중일 것을 지급조건으로 하는지 여부에 관하여 심리하지 아니한 채 해당 급여가 단체협약 등에 의하여 일률적·정기적으로 지급되는 것으로 정해져 있다는 사정만으로 통상임금에 해당한다고 판단한 대법원 2007.6.15. 선고 2006다13070 판결 등을 비롯한 같은 취지의 판결들은 이 판결의 견해에 배치되는 범위 내에서 이를 모두 변경하기로 한다.

2-1. 성질상 근로기준법 상의 통상임금에 속하는 임금을 통상임금에서 제외하기로 노사간에 합의하였다 하더라도 그 합의는 효력이 없다. 연장·야간·휴일 근로에 대하여 통상임금의 50% 이상을 가산하여 지급하도록 한 근로기준법의 규정은 각 해당 근로에 대한 임금산정의 최저기준을 정한 것이므로, 통상임금의 성질을 가지는 임금을 일부 제외한 채 연장·야간·휴일 근로에 대한 가산임금을 산정하도록 노사간에 합의한 경우 그 노사합의에 따라 계산한 금액이 근로기준법에서 정한 위 기준에 미달할 때에는 그 미달하는 범위 내에서 노사합의는 무효라 할 것이고, 그 무효로 된 부분은 근로기준법이 정하는 기준에 따라야 할 것이다.

3-1. 단체협약 등 노사합의의 내용이 근로기준법의 강행규정을 위반하여 무효인 경우에, 그 무효를 주장하는 것이 신의칙에 위배되는 권리의 행사라는 이유로 이를 배척한다면 강행규정으로 정한 입법취지를 몰각시키는 결과가 될 것이므로, 그러한 주장이 신의칙에 위배된다고 볼 수 없음이 원칙이다. 그러나 노사합의의 내용이 근로기준법의 강행규정을 위반한다고 하여 그 노사합의의 무효 주장에 대하여 예외 없이 신의칙의 적용이 배제되는 것은 아니다. 위에서 본 신의칙을 적용하기 위한

일반적인 요건을 갖춤은 물론 근로기준법의 강행규정성에도 불구하고 신의칙을 우선하여 적용하는 것을 수긍할만한 특별한 사정이 있는 예외적인 경우에 한하여 그 노사합의의 무효를 주장하는 것은 신의칙에 위배되어 허용될 수 없다.

3-2. 노사가 자율적으로 임금협상을 할 때에는 기업의 한정된 수익을 기초로 하여 상호 적정하다고 합의가 이루어진 범위 안에서 임금을 정하게 되는데, 우리나라의 실태는 임금협상 시 임금 총액을 기준으로 임금 인상 폭을 정하되, 그 임금 총액 속에 기본급은 물론, 일정한 대상기간에 제공되는 근로에 대응하여 1개월을 초과하는 일정 기간마다 지급되는 상여금(이하 '정기상여금'이라고 한다), 각종 수당, 그리고 통상임금을 기초로 산정되는 연장·야간·휴일 근로 수당 등의 법정수당까지도 그 규모를 예측하여 포함시키는 것이 일반적이다. 이러한 방식의 임금협상에 따르면, 기본급, 정기상여금, 각종 수당 등과 통상임금에 기초하여 산정되는 각종 법정수당은 임금 총액의 범위 안에서 각 금액이 할당되고 그 지급형태 등이 결정된다는 의미에서 상호 견련관계가 있는 것이다.

그런데 우리나라 대부분의 기업에서는 정기상여금은 그 자체로 통상임금에 해당하지 아니한다는 전제 아래에서, 임금협상 시 노사가 정기상여금을 통상임금에서 제외하기로 합의하는 실무가 장기간 계속되어 왔고, 이러한 노사합의는 일반화되어 이미 관행으로 정착된 것으로 보이는데, 이러한 관행이 정착하게 된 데에는, 상여금의 연원이 은혜적·포상적인 이윤배분이나 성과급에서 비롯된 점, 상여금이 근로의 대가로서 정기적·일률적으로 지급되는 경우가 많다고는 하지만 여전히 성과급, 공로보상 또는 계속근로 장려 차원에서 지급되는 경우도 있고 그 지급형태나 지급조건 등이 다양하여 그 성질이 명확하지 아니한 경우도 있는 점, 고용노동부의 '통상임금 산정지침'이 일관되게 정기상여금을 통상임금에서 제외하여 온 점, 대법원 판례상으로도 2012.3.29. 대법원 2010다91046 판결이 선고되기 전에는 정기상여금이 통상임금에 해당할 수 있음을 명시적으로 인정한 대법원판결은 없었던 점 등이 그 주요 원인이 되어 노사 양측 모두 정기상여금은 통상임금에서 제외되는 것이라고 의심 없이 받아들여 왔기 때문인 것으로 보인다.

THEME 02 성과연봉제 관련 법적기준

Ⅰ. 성과연봉제의 개념과 유형

1. 성과연봉제의 개념

연봉제는 개별구성원의 능력, 업적을 평가하여 차년도 임금을 연단위로 결정하고 차등지급하는 능력중시형의 임금제도를 의미한다. 특히 성과 연봉제는 능력 및 업적(성과) 중심의 임금, 개인별 평가에 근거한 개별화된 임금, 성과와 연동되는 유연한 임금, 소수의 항목으로 이루어진 단순한 임금체계라는 것이 특징이다. 따라서 연봉제는 균등성을 지양하고 공평성에 바탕을 둔 임금체계로서 공헌도에 비례하는 임금지급원칙의 실현을 목표로 하고 있다고 할 수 있다.

2. 성과연봉제의 유형

연봉제는 기본연봉과 업적연봉의 배분비율, 기본연봉의 결정기준에 따라 다시 다양한 유형으로 구분이 가능하다. 그러나 현실적으로 노동관계법을 적용함에 있어서는 그 유형과 관계없이 도입대상, 도입절차, 임금의 지급형태 등 판단하고자 하는 법률관계와 근로계약, 취업규칙, 단체협약 등 연봉제 관련 규정을 종합적으로 검토하여 판단하여야 한다.

> ① 단일연봉액(업적연봉) : 기본급과 모든 수당을 포함한 총액을 연봉액에 포함.
> ② 기본연봉(종합급)+업적연봉 : 근무연수·자격·직무내용 및 각종 수당을 포함한 금액을 기본연봉으로 하고, 업무성과에 따라 업적연봉 지급
> ③ 기본연봉(직능급)+업적연봉 : 개인의 직무수행능력 정도를 고려하여 기본연봉을 정하고 업무성과에 따라 업적연봉 지급
> ④ 기본연봉(직능급+직무급)+업적연봉 : 개인의 직무수행능력 정도와 직무의 중요도·난이도를 고려하여 기본연봉을 정하고, 업무성과에 따라 업적연봉 지급
> ⑤ 기본연봉(직능급+기초급)+업적연봉 : 개인의 직무수행능력 정도와 급여기본액(종래의 기본급과 제수당 포함)을 고려하여 기본연봉을 정하고 업무성과에 따라 업적연봉 적용

Ⅱ. 성과연봉제 관련 법적기준

1. 적용대상 근로자

성과 연봉제는 임금 결정의 한 형태로 도입대상과 관련하여 노동관계법상 특별한 제한은 없다. 그

러나 현실적으로는 연봉제의 성격, 도입절차의 용이성 등으로 인해 간부직 사원, 관리 · 감독자, 재량근로자 등에게 주로 도입되고 있다.

(1) 근로기준법(이하 "법"이라 함)상의 근로자가 아닌 재(임원 등)

근로기준법상의 근로자가 아닌 자는 노동관계법상의 제한을 받지 않고 연봉제의 도입이 가능하다.

(2) 법상의 근로자에 해당되나, 노동조합 및 노동관계조정법(이하 "노조법"이라 함)상의 사용자에 해당되는 재(부장 등 간부급)

사용자는 단체협약의 적용대상이 아니므로 근로계약 또는 취업규칙으로 도입이 가능하지만 취업규칙의 개정 등 소정의 법적 절차는 준수되어야 한다.

(3) 근로시간 등에 관한 규정의 적용이 제외되는 자

관리 · 감독자 등은 법상 근로시간, 휴게 · 휴일에 관한 적용이 배제된다.(근로기준법 제63조) 따라서 연봉제가 적용되더라도 연장 · 휴일근로에 대한 가산수당문제는 발생하지 않는다. 그러나 야간근로 가산수당은 발생한다.

(4) 재량근로에 종사하는 자

연구업무 등 재량근로에 종사하는 자의 경우는 사용자와 근로자대표가 서면합의로 정한 시간이 근로시간으로 간주된다.(근로기준법 제58조제3항) 따라서 서면합의 내용에 따라 근로시간 등에 대한 규정이 적용된다.

2. 도입방식

연봉제는 노사협의회의 의결만으로는 도입이 불가하며 일정한 요건 하에서 근로계약의 체결, 취업규칙의 변경, 단체협약의 갱신 등을 통해 도입이 가능하다.

(1) 근로계약을 통한 도입

사용자와 대상 근로자의 개별적인 연봉계약의 체결을 통해 연봉제의 도입이 가능하다. 연봉제를 개별근로자와 근로계약을 체결해 도입하는 경우 서면으로 근로조건을 명시하여야 하고 구두로 합의하거나 사용자가 일방적으로 도입한 연봉제는 효력이 없다. 계약서에는 연봉의 구성항목 · 계산방법 · 지급방법에 관한 사항이 서면으로 명시되어야 한다.(법 제17조 및 영 제8조).

근로계약으로 연봉제를 도입할 경우 노동법상 상위 규범인 취업규칙이나 단체협약에 반해서는 안된다. 취업규칙상의 임금체계 내용과 비교해 근로계약상 연봉제의 내용이 근로자에게 유리하다면 연봉제의 계약이 유효하게 성립되나 반대로 불리하면 그에 따라 취업규칙을 변경하지 않으면 연봉제 계약 무효이다. 따라서, 연봉제 도입 시 개정 필요하다.

(2) 취업규칙의 변경을 통한 도입

취업규칙을 통해 연봉제가 도입되기 위해서는 적법한 취업규칙의 변경절차가 충족되어야 한다. 연봉제의 취업규칙의 불이익변경 사항은 근로자집단의 의사결정방법에 의한 동의를 요하고 이는 강행규정으로서 이를 위반한 경우 사법상 무효가 된다. 다만 판례에 따라 이미 근로관계를 맺고 있는 근로자들에게는 변경 효력이 미치지 않으나 변경 후 입사한 근로자들에게는 효력 미치게 된다.

그리고 취업규칙이 적법하게 변경되었다 할지라도 단체협약보다 불리한 내용이 포함된 경우에는 단체협약의 적용을 받는 근로자에 대하여는 그 효력을 상실하게 된다.(노조법 제33조) 현실적으로 연봉제의 도입은 근로계약이나 단체협약의 변경을 통한 경우보다는 취업규칙의 변경을 통한 경우가 훨씬 많다. 이는 우리나라의 노동조합 조직률이 높지 않고, 적용대상이 관리직 등 노동조합 비조직 집단을 대상으로 하는 경우가 많기 때문이다.

(3) 단체협약의 갱신을 통한 도입

노동조합이 있는 사업(장)의 경우 단체협약의 변경을 통한 연봉제의 도입이 가능하나, 그 적용에 있어 일정한 한계가 있다. 단체협약은 원칙적으로 노동조합원인 근로자에 한하여 적용되기 때문에 비조합원인 근로자에게 적용하기 위해서는 별도의 취업규칙 변경절차가 동반되어야 한다.

노동조합이 근로자의 과반수로 조직되어 있더라도 비 조직대상인 관리직만을 연봉제의 적용대상으로 하는 경우에는 단체협약의 개정만으로는 효력이 발생하지 않는다. 따라서 단체협약의 갱신을 통한 연봉제의 도입은 당해 사업(장)에 근로자의 과반수로 조직된 노동조합이 있고, 그 적용대상이 노동조합원인 근로자(일반적 구속력이 적용되는 경우도 포함)인 경우에 유용하다.

(4) 노사협의회를 통한 도입

상시 30인 이상의 근로자를 사용하는 사업장에는 노사협의회를 설치하여야 하며, 임금의 지불방법·체계 구조 등의 제도개선사항은 노사협의회의의 협의사항의 하나이다.(근로자 참여 및 협력증진에 관한 법률 제4조 및 제19조)

노사협의회가 구성되어 있는 사업(장)의 경우 노사협의회에서 연봉제 도입에 대한 협의가 가능하다. 다만 노사협의회에서 의결은 하더라도 이는 근로조건을 변경하는 직접적인 효력은 없으므로 연봉제의 도입이 유효하기 위해서는 취업규칙의 개정, 단체협약의 갱신 등이 수반되어야 한다. 노사협의회에서 의결한 것이 실질적으로 단체협약 체결의 요건을 갖춘 때에는 단체협약으로서의 효력이 발생한다.

또한, 노사협의회의 근로자위원이 근로자의 과반수로 조직된 노동조합이나 근로자의 과반수에 의해 동의권을 위임받은 경우에는 취업규칙의 불이익 변경에 대한 적법한 동의권을 가진다고 볼 수 있다.[18]

Ⅲ. 연봉제의 운용 관련 근로기준법의 적용

1. 임금의 지급

연봉제를 실시하더라도 근로기준법상의 임금의 지급원칙인 통화불, 전액불, 직접불 및 정기불의 원칙은 준수되어야 한다.(법 제43조) 즉, 임금결정기간을 연단위로 하더라도 그 지급과 관련된 규정은 기존의 임금제도와 동일하게 적용된다.

특히 임금의 정기불의 원칙과 관련, 임금이 연간단위로 결정되더라도 그 지급은 월 1회 이상 일정 기일에 지급되는 형태를 취하여야 한다.

2. 각종 법정수당의 운영

연봉제를 실시하더라도 연장·야간·휴일근로에 대한 임금 및 가산 수당은 지급되어야 한다.(법 제56조) 그러나 포괄임금제가 유효하게 도입된 경우에는 연봉액에 이러한 임금 및 가산수당이 포함되어 있는 것으로 볼 수 있다.

다만, 이 경우에도 미리 예정된 연장·야간·휴일근로를 초과하여 근로한 경우에는 임금 및 가산 수당이 정산·지급되어야 한다.

3. 근로계약기간과의 관계

연봉제는 통상 임금액이 매년 새롭게 결정되기 때문에 외형상으로는 해마다 새로운 근로계약이 체결되는 것과 유사하다. 그러나 연봉제 계약은 근로계약의 기간과 관계없이 임금액의 산정을 연단위로 하기로 하고 그 금액을 매년 변경하는 것에 불과하다.

따라서 연봉제의 실시와 별개로 근로자의 근로계약을 계약직으로 한다는 별도의 계약을 체결하지 않는 한, 연봉계약 기간의 종료가 곧바로 근로계약기간의 종료를 의미하는 것은 아니다.

4. 통상임금과 평균임금의 판단

통상임금은 연장근로수당 등 각종 법정수당의 산정기준으로 사용되며, 여기에는 1임금 산정기간 내에 정기적·일률적으로 지급하기로 정하여진 기본급과 고정적 수당 등이 포함된다. 반면, 평균임금은 퇴직금 등의 산정기초로 사용되며, 이를 산정하여야 할 사유가 발생한 날 이전 3월간에 지급된 임금의 총액을 그 기간의 총 일수로 나누어 산정한다.

따라서 기존에 지급되던 상여금과 각종 수당들이 통폐합되어 연봉액이 책정된 경우 통상임금이

---

18) 99.9.1, 근기 68207-2144

증가하는 효과가 발생할 수 있다. 그러나 연봉제 실시이후 개별적 임금항목이 통상임금 또는 평균 임금에 해당되는지 여부는 새로운 임금체계 하에서 각 개별 임금 항목이 갖는 성격에 따라 판단되어야 한다.

5. 퇴직금의 지급

연봉제의 경우에도 근로자퇴직급여보장법상의 퇴직금에 관한 규정이 동일하게 적용된다.(동법 제8조 및 제9조) 다만, 연봉액에 퇴직금을 분할 지급하는 형태의 중간정산이 자주 이용되고 있는 바, 이 경우 중간정산이 유효하게 이루어지려면 다음의 요건이 충족되어야 한다.

① 연봉액에 포함될 퇴직금의 액수가 명확히 정해져 있어야 하며, 매월 지급받은 퇴직금의 합계가 중간정산 시점을 기준으로 근로자퇴직급여보장법 제8조 제1항의 규정에 의해서 산정된 금액보다 적지 않아야 함

② 퇴직금을 중간정산 받고자 하는 근로자의 별도(근로계약서 · 연봉계약서 이외)의 요구가 있어야 하며, 매월 분할하여 지급한다는 내용이 명확하게 포함되어 있어야 함

③ 중간정산 대상기간은 중간정산 시점을 기준으로 기왕에 계속 근로를 제공한 기간만 해당됨. 그러므로 1년미만 근속 근로자는 법정 퇴직금 지급대상이 아니므로 중간정산 대상자가 아님

6. 연 · 월차 유급휴가미사용수당

연 · 월차 유급휴가청구권은 근로자의 재직기간 및 출근율에 따라 그 발생 여부가 결정된다. 또한, 연 · 월차유급휴가미사용수당 청구권도 연 · 월차유급휴가의 사용여부에 따라 발생여부가 결정되며, 근로자의 휴가청구권이 소멸된 후 지급청구가 가능하다.

그러나 포괄임금제의 형태로 당사자가 미리 소정의 근로제공을 전제로 연 · 월차유급휴가미사용수당을 매월의 임금액에 포함시켜 지급하는 것이 불가능한 것은 아니다.[19]

다만, 이와 같이 연 · 월차유급휴가미사용수당이 미리 지급되었다고 하더라도 근로자의 휴가청구권 자체가 없어지는 것은 아니며, 사용자는 근로자가 휴가를 청구하는 경우 이를 거부할 수 없다.

관련판례 》

1. 대법 93다1893 (1993-05-14)
취업규칙 변경으로 근로자간 이익이 상충될 경우 불이익 변경에 준한다

취업규칙의 일부를 이루는 급여규정의 변경이 일부의 근로자에게는 유리하고 일부의 근로자에게는 불리한 경우 그러한 변경에 근로자집단의 동의를 요하는지를 판단하는 것은 근로자 전체에 대하여 획일적으로 결정되어야 할 것이고, 또 이러한 경우 취업규칙의 변경이 근로자에게 전체적으로 유리한지 불리한지를 객관적으로 평가하기가 어려우며, 같은 개정에 의하여 근로자 상호간의 이 · 불리에 따른 이익

---

19)대판 1998.3.24, 96다24699

이 충돌되는 경우에는 그러한 개정은 근로자에게 불이익한 것으로 취급하여 근로자들 전체의 의사에 따라 결정하게 하는 것이 타당하다.

2. 대법 2009다49377 (2009-11-12)
다른 근로자 집단에게도 정년단축 규정의 적용이 예상되는 경우 전체 근로자 집단이 동의주체가 된다.

여러 근로자 집단이 하나의 근로조건 체계 내에 있어 비록 취업규칙의 불이익변경 시점에는 일부 근로자 집단만이 직접적인 불이익을 받더라도 그 나머지 다른 근로자 집단에게도 장차 직급의 승급 등으로 변경된 취업규칙의 적용이 예상되는 경우에는 일부 근로자 집단은 물론 장래 변경된 취업규칙 규정의 적용이 예상되는 근로자 집단을 포함한 전체 근로자 집단이 동의주체가 되고, 그렇지 않고 근로조건이 이원화되어 있어 변경된 취업규칙이 적용되어 직접적으로 불이익을 받게 되는 근로자 집단 이외에 변경된 취업규칙의 적용이 예상되는 근로자 집단이 없는 경우에는 변경된 취업규칙이 적용되어 불이익을 받는 근로자 집단만이 동의주체가 된다.

비록 이 사건에서 원고와 같은 연구직 책임급에게는 조합원 자격이 인정되지 않고, 이 사건 취업규칙상의 연구직 책임급의 정년 단축으로 인하여 그 정년 단축 당시의 연구직 책임급만이 직접적인 불이익을 받는다고 하더라도, 다른 근로자 집단이 연구직 책임급의 근로자 집단과 동일한 근로조건 체계 내에 있고, 그 다른 근로자 집단에게도 이 사건 취업규칙상의 정년단축 규정의 적용이 예상되는 경우에는 연구직 책임급의 근로자 집단뿐만 아니라 장래 이 사건 취업규칙상의 단축된 정년의 적용이 예상되는 다른 근로자 집단을 포함한 전체 근로자 집단이 동의주체가 된다.

THEME
03
임금반납, 삭감, 동결에 관한 해석기준

Ⅰ. 임금결정의 일반원칙

노동관계법상 임금은 근로계약, 취업규칙, 단체협약 등을 통해 근로자와 사용자가 자유의사에 따라 결정하는 것으로 당사자간 적법 절차에 따라 임금을 조정하는 것은 가능하다. 다만, 최저임금법은 최저임금액에 미치지 못하는 부분은 무효로 하고, 근로기준법은 임금의 전액지급, 통화지급, 직접지급, 정기지급 등 근로자의 임금채권 보호규정을 두고 있다.

> **최저임금법 제6조(최저임금의 효력)**
> ① 사용자는 최저임금의 적용을 받는 근로자에게 최저임금액 이상의 임금을 지급하여야 한다.
> ② 사용자는 이 법에 따른 최저임금을 이유로 종전의 임금수준을 낮추어서는 아니 된다.
> ③ 최저임금의 적용을 받는 근로자와 사용자 사이의 근로계약 중 최저임금액에 미치지 못하는 금액을 임금으로 정한 부분은 무효로 하며, 이 경우 무효로 된 부분은 이 법으로 정한 최저임금액과 동일한 임금을 지급하기로 한 것으로 본다.
>
> **근로기준법 제43조(임금 지급)**
> ① 임금은 통화로 직접 근로자에게 그 전액을 지급하여야 한다. 다만, 법령 또는 단체협약에 특별한 규정이 있는 경우에는 임금의 일부를 공제하거나 통화 이외의 것으로 지급할 수 있다.
> ② 임금은 매월 1회 이상 일정한 날짜를 정하여 지급하여야 한다. 다만, 임시로 지급하는 임금, 수당, 그 밖에 이에 준하는 것 또는 대통령령으로 정하는 임금에 대하여는 그러하지 아니하다.

Ⅱ. 임금반납 · 삭감 · 동결

일반적으로 임금의 반납, 삭감 등의 용어가 혼용되어 사용되고 있으나 판례나 해석상 다음과 같이 구분된다.
① 반납 : 기왕의 근로에 대하여 발생된 임금 또는 향후 근로에 대해 발생할 임금의 일부에 대한 청구권을 포기하기로 약정하고 회사에 반납하는 것
② 삭감 : 장래 일정시점 이후부터 현재와 동일한 내용의 근로제공에 대해 종전보다 임금을 낮추어 지급하는 것
③ 동결 : 임금을 인상하지 않고 현재의 임금수준을 장래에도 계속 지급하는 것

1. 임금반납

임금의 반납은 적법하게 발생한 임금청구권의 포기로써 적법 절차에 의한 임금 반납은 가능하다. 다만, 퇴직금 청구권을 사전에 포기하는 것은 무효이다.

(1) 적법절차

근로기준법상 전액불 원칙에 의해 임금 전액에 대한 처분권은 근로자 개인에게 있으므로 그 반납결정은 개별 근로자와 사용자간의 명시적인 계약에 의해야 한다. 설사 집단적 의사결정 방식 (노조 또는 근로자대표)에 의해 합의가 있었다 하더라도 개별 근로자의 동의가 필요하고 동의하지 않는 한 근로자의 임금부분에 대한 집단적 합의는 무효가 된다.

다만, 임금반납에 대한 집단적 의사결정 방식이 반드시 단체협약 갱신이나 취업규칙 변경 절차에 따라야 하는 것은 아니다.

행정해석 >>

1. 근로기준과–630 (2011–02–09)
임금 삭감 · 반납에 대한 단체협약을 체결한 경우라도 임금반납은 달리 볼 사정이 없는 한 근로자의 동의가 필요하다

임금의 반납은 '기왕의 근로에 대하여 발생된 임금 또는 향후 근로에 대해 발생할 임금의 일부에 대한 청구권을 포기하기로 약정하고 회사에 반납하는 것'(임금반납–삭감–동결 해석기준, 2009.3.26, 근로기준과–797 참조)을 말하는 것이므로 노사 당사자가 임금 삭감과 반납의 의미를 이해한 가운데 단체협약으로 임금 삭감과 반납을 명확히 구분하여 체결한 경우라도 달리 볼 사정이 없는 한 임금반납에 있어서는 개별 근로자의 동의가 필요하다고 사료됨.

(2) 향후 반환책임

반납분은 근로자의 소득으로 귀속되었다가 자진 반납한 것으로서 당사자간의 특약이 없는 한 향후 반환책임은 없다. 채무면제(채권포기)의 의사표시에 의해 채권이 소멸되며, 의사표시에 하자가 없는 한 다시 채권을 청구할 수 없다.(민법 제506조)

관련판례 >>

1. 서울지법 2002나20291 (2003–04–16)
상여금 자진반납은 임금포기로 보아야 한다.

[요 지]

회사의 부도라는 긴급한 상황을 맞아 회사의 갱생을 위하여 사무직 근로자들이 취업규칙상의 임금채권중 일부를 회사의 경영이 정상화될 때까지 한시적으로 자진 반납한 것은 채권포기이므로 취업규칙 자체를 변경한 것도 아니다.

(3) 평균임금산정

임금반납액에 대한 반환청구권은 없다 하더라도 반납한 임금은 기왕의 근로에 대한 임금채권이므로 평균임금 산정에 포함해야 한다.

관련판례 >>

2. 부산고법 2001누2485 (2001-12-07)

근로자들이 회사의 경영상의 어려움을 덜어주기 위하여 이미 체불중인 상여금을 반납한 경우, 그 미지급 상여금은 보험료 산정의 기초가 되는 임금총액에 포함된다.

[요 지]

구 산업재해보상보험법 제67조제1항 소정의 임금총액에는 사용자가 근로자에게 지급한 금액뿐만 아니라 지급하기로 결정된 금액도 포함되어 있는 점, 상여금은 원래 회사가 근로자들에게 지급하여야 할 임금으로서, 근로자들이 회사의 경영상의 어려움을 덜어주기 위하여 이미 체불 중인 상여금을 반납하기로 한 것일 뿐 당초 정해진 임금을 상여금 금액만큼 삭감하여 다시 그 임금을 정한 것으로 볼 수 없는 점, 이와 같이 상여금 반납의 형태를 취함으로써 당사자 사이에 실제로 상여금이 지급되지는 않더라도 이에서 파생될 수 있는 세금, 퇴직금 등 다른 법률관계에서는 지급된 것과 마찬가지의 효과를 가져올 수 있게끔 그 임금 관계를 정리한 것인 만큼 상여금은 실제 회사가 그 지급의무를 면하게 되었다 하더라도 이와는 관계없이 여전히 근로기준법 소정의 임금, 평균임금 등을 기초로 규율되는 법률관계에서는 그러한 임금에 포함될 성질의 것인 점, 제41조, 제42조 등에 의하여 근로복지공단이 회사 소속 근로자들에게 지급하여야 할 보험급여가 상여금이 포함되어 산정되는 평균임금의 액수에 따라 정해지는 데 상응하여 회사가 근로복지공단에게 납부하여야 할 보험료도 거기에 맞추어 정해져야 할 것으로 보이는 점 등을 종합하면, 상여금은 나중에 회사가 그 지급의무를 면하게 되어 현실적으로 지급하지 않았다 하더라도 여전히 구 산업재해보상보험법 소정의 보험료 산정의 기초가 되는 임금총액에는 포함되는 것으로 보아야 할 것이다.

2. 임금삭감

임금삭감은 장래 일정시점 이후부터 종전보다 임금을 낮추어 지급하는 것으로서 노사가 자율적으로 결정할 사항이다.

(1) 적법절차

집단적 의사결정 방식에 의해 단체협약이나 취업규칙 변경절차에 따라 결정이 가능하며, 반드시 개별 근로자의 동의를 받아야 하는 것은 아니다.

원칙적으로 단체협약이 적용되는 경우 단체협약 갱신만으로 가능하며, 단체협약이 없거나 단체협약 비적용자에게는 취업규칙 변경(불이익 변경) 절차를 거치거나, 근로계약으로 임금수준을 정하고 있는 경우에는 근로계약을 갱신해야 한다.

(2) 삭감수준

최저임금 수준 이하로 삭감할 수 없으며(최저임금법), 근로기준법에서 정하고 있는 법정수당에 대해서는 법정기준 미만으로 삭감할 수 없다.

(3) 평균임금 산정

삭감액은 근로자의 임금채권으로 볼 수 없어 평균임금을 산정하는 임금총액에 포함되지 않는 것이 원칙이다. 다만, 퇴직금을 계산함에 있어 삭감전의 임금으로 평균임금을 산정하기로 당사자간 약정하면 삭감전의 금액으로 퇴직금을 산정해야 한다. 이 경우 당사자의 약정을 분명히 하기 위해서는 단체협약·취업규칙 또는 근로계약에 명확히 명시할 필요가 있다.

(4) 근로시간 단축에 의한 임금감소

소정근로시간 이내에서 근로시간을 줄이는 경우, 근로시간 단축은 부분휴업에 해당되어 휴업수당을 지급해야 하며, 휴업을 실시하기 위해 단체협약이나 취업규칙 또는 근로계약을 별도로 갱신할 필요는 없으나, 일시적인 근로시간 단축(일시적인 휴업)이 아니라 상당기간 근로시간을 줄여야 할 경우에는 관련규정을 개정하여 소정근로시간을 단축하는 것이 바람직하다.

행정해석 》

---

2. 근로기준과-387 (2009-02-13)

줄어든 근로시간은 부분휴업에 해당되며, 사용자에게 귀책사유가 있으면 휴업수당이 발생하고, 부분휴업에 대하여도 평균임금 70%에 못 미치는 휴업수당을 지급하려면 노동위원회의 승인을 받아야 함

소정근로시간을 줄이고 소정근로시간만 근로하기로 하는 경우 실제로 근무한 시간에 대해서만 임금을 지급함이 원칙이지만, 소정근로시간 축소와 그에 따른 임금감소는 근로조건의 불이익 변경에 해당될 수 있으므로 단체협약, 취업규칙 또는 근로계약을 적법절차에 따라 변경해야 한다.

소정근로시간 변경 없이 연장근로시간을 단축(미실시·축소·폐지)하는 것은 생산계획, 작업물

량 등에 따라 사용자가 결정할 사항으로 근로조건의 불이익 변경으로 볼 수 없고, 연장근로수당 지급의무도 없다.

3. 근로기준과-68207-286 (2003-03-13)

사용자가 경영상의 이유 등으로 법정근로시간을 초과하는 연장근로를 축소 또는 폐지하는 것은 근로조건의 불이익변경에 해당하지 않으므로 그에 따른 취업규칙 변경시 근로기준법 제94조(규칙의 작성, 변경절차) 단서에 의해 근로자의 집단적 동의를 얻을 필요가 없고 의견만 청취하면 될 것으로 사료되며, 연장근로 폐지의 의사표시를 분명히 하고 노무수령 거부 등 실제 연장근로를 시키지 않았다면 연장근로수당을 지급할 필요가 없음.

다만, 단체협약이나 취업규칙 또는 근로계약 등에 의해 고정적으로 일정한 시간을 연장근로 한 것으로 인정하여 실질적인 연장근로 발생 여부와 관계없이 연장근로수당을 지급하고 있는 경우, 연장근로수당을 지급하지 않으려면 단체협약, 취업규칙(불이익 변경) 또는 근로계약을 변경해야 한다.

(5) 교대제 개편에 따른 임금감소

교대제 근로형태의 변경이 불이익 변경인지 여부는 그 변경의 취지와 경위, 취업규칙 각 규정의 전체적인 체제 등 제반 사정을 종합적으로 고려하여 판단해야 한다.

1) 통상근무자를 교대제로 변경

통상근무자(주간 혹은 야간근무자)를 교대제로 전환하는 것은 근로자에게 불이익한 변경에 해당될 수 있으므로 단체협약, 취업규칙 또는 근로계약을 적법한 절차에 따라 변경해야 한다.

4. 근로기준과 68207-935 (2003-07-23)

취업규칙에서 통상근무자와 교대제근무자의 근무형태에 관하여만 규정하고 있는 상태에서 개별 근로계약으로 근무형태를 결정하고 장기간 근무해왔다면 개별 근로계약의 변경 없이 사용자가 일방적으로 근무형태를 변경할 수는 없다고 사료됨. 다만, 취업규칙 개정을 통해 직종별 근무형태를 새로이 정하여 통상근무를 하여 온 특정 직종 근로자를 교대제근무자로 변경하는 것은 가능할 것이나, 이 경우에는 생활리듬의 파괴 등을 고려할 때 근로자에게 불이익한 변경에 해당하므로 근로기준법 제94조에 의한 불이

익변경절차를 거쳐야 할 것임. 다만 변경된 취업규칙의 내용이 단체협약에 반할 경우에는 효력이 없다고 사료됨

2) 교대제 변경에 따른 임금감소

교대제 변경(3조 3교대 → 4조 3교대)으로 실 근로시간이 줄어 기존의 연장근로수당이 감소하는 경우 이를 불이익한 변경이라 할 수 없으나, 소정근로시간이 단축되어 임금이 감소한다면 불이익 변경절차를 거쳐야 한다.

행정해석 >>

5. 근로기준과 68207-1732 (1994-11-04)

교대제 근로형태의 변경이 근로기준법 제94조제1항 단서규정의 "근로자에게 불이익하게 변경하는 경우"에 해당하는지 여부는 그 변경의 취지와 경위, 취업규칙의 각 규정의 전체적인 체제 등 제반사정을 종합하여 구체적으로 판단되어져야 할 것이나, 교대제 근로형태를 3조 3교대제에서 4조 3교대제로 변경하는 경우, 실 근로시간의 단축으로 연장근로가 줄게 되어 기존 3조 3교대제하에서 지급받던 연장근로수당이 감소하게 되나, 소정근로시간이 단축되고 소정의 근로에 대한 기존의 임금은 감소되지 않는다면 이와 같은 제반사정을 볼 때 근로조건의 변경내용이 근로자에게 불이익한 변경에 해당하는 것으로 볼 수는 없음.

3. 임금동결

임금동결은 임금을 인상하지 않고 현재의 임금수준을 장래에도 계속 유지시키는 것으로써 노사가 자율적으로 결정할 사항이다.

(1) 적법절차

집단적 의사결정 방식에 의해 단체협약이나 취업규칙 변경절차에 따라 결정이 가능하며, 반드시 개별 근로자의 동의를 받아야 하는 것은 아니다. 단체협약이 적용되는 경우 단체협약 갱신만으로 가능하며, 단체협약이 없거나 단체협약 비적용자에게는 취업규칙 변경(불이익 변경) 절차를 거치면 된다.(취업규칙에 정하고 있는 경우에 한함)

(2) 임금동결 방식

정기 호봉승급이 명시적으로 취업규칙에 정하고 있는 경우, 근로조건 불이익 변경에 해당하는 적법한 절차에 의해 정기 호봉승급을 중지할 수 있다.

단체협약으로 정하고 있는 경우, 단체협약 갱신이나 노동조합과 별도의 협약 등을 통해 호봉승

급을 유효하게 중지할 수 있을 것이다.

정기 호봉승급이 명시적으로 규정된 경우 호봉승급만 인정하고 임금인상률을 동결할 경우 임금인상률 결정은 물가상승률, 기업경영 사정 등을 고려하여 사업주 재량으로 행하는 것이 원칙으로 사업주가 임금인상률을 동결하는 것은 근로조건의 불이익 변경이 아니다. 따라서 근로자가 임금인상을 요구하더라도 사업주가 이에 응할 법적 의무는 없으나, 노사화합 도모와 사기진작을 위해 노사협의를 통해 충분히 설명하는 것이 바람직하다.

노동조합이 임금인상을 위한 단체협약을 요구할 경우 경영악화를 이유로 교섭 자체를 거부하는 행위는 부당노동행위에 해당될 수 있지만, 사용자는 반드시 임금인상에 응할 의무는 없다.

정기 호봉승급이 명시적으로 규정되어 있지 않은 경우 호봉승급 중지는 사용자가 임금인상(호봉승급 포함)을 하지 않았다 하여 당연히 법위반으로 볼 수 없다. 매년 일정시기에 인상한 관행이 있는 경우에는 분쟁예방 차원에서 집단적 합의를 거치는 것이 바람직하다.

행정해석 》

6. 임금 68200-649 (2000.12.5)

정기호봉 승급을 동결한 경우 임금체불에 해당하는지 여부는 근로계약, 취업규칙, 단체협약 등에서 정한 바에 따라 사용자에게 지급의무가 부과되어 있는지, 그러한 정기호봉승급이 임금지급과 관련하여 관행이 형성된 것인지 여부 등을 종합적으로 고려하여 판단하여야 할 것인 바, 인사규정에서 정기승급은 매년 1월 1일과 7월 1일에 실시한다고 규정하고 매년 정기적·일률적으로 호봉승급을 실시하여 왔다면 이는 임금지급과 관련하여 일응 관행이 성립된 것으로 보아야할 것임. 이 경우 근로자 집단적 의사결정방식에 의한 적법절차를 거치지 아니하고 사용자가 일방적으로 정기승급을 동결하였다면 각 근로자별 정기승급이 이루어지는 달의 임금 정기지급일에 정기승급으로 인하여 가산되는 임금이 전액 지급되지 아니한 것으로 봄

THEME 04 임금피크제 도입관련 쟁점사항

Ⅰ. 임금피크제의 의의

임금피크제란, 근로자의 계속고용을 위해 일정한 연령을 기준으로 임금을 삭감하는 대신 소정의 기간 동안 고용을 보장하는 제도로서, 워크 셰어링(work sharing)의 한 형태에 해당한다. 이는 IMF로 인해 사회문제로 불거진 50대 이상 고령층의 실업을 어느 정도 완화하고, 기업 측에서도 인건비의 부담을 덜기 위해 도입된 제도이다.

Ⅱ. 임금피크제의 유형

임금피크제에는 정년연장형, 재고용형, 근로시간 단축형이 있고, 이는 고용보험법 시행령 제28조에 규정되어 있다.

정년연장형은 기존의 정년을 연장하는 대신 일정시점부터 임금을 줄이는 방식을 말한다. 재고용형은 정년퇴직 후 재고용을 조건으로 정년 전부터 임금을 조정하는 방식이며 근로시간 단축형은 기존의 정년을 연장하거나 정년은 그대로 두고 정년 퇴직자를 재고용하면서 임금을 줄이고 근로시간을 단축하는 방식을 말한다.

Ⅲ. 임금피크제에 대한 지원

사업주가 임금피크제도를 도입할 때, 고용보험법 시행령 제28조에서 정하는 일정요건을 충족할 경우 일정액을 지원받을 수 있다. (소득세법 제20조 1항에 따른 근로소득 기준)(비과세소득 제외)

2015년부터 임금피크제 도입으로 임금이 감액되는 근로자에 대한 정부 지원을 확대하여 임금체계 개편을 지원하게 되었다.

	지원금 수급요건	지원금액	지원한도
공통	①근로자대표의 동의, ②18개월이상 계속 근무 ③연봉이 6,870만원 미만		
정년연장형	정년을 60세 이상으로 연장하거나 정년을 56세 이상 60세 미만으로 연장하면서 55세 이후부터 임금이 기준 감액률 이상 감액	피크임금대비 80~90%(300인미만사업장은 90%)금액과 해당 기간 임금의 차액	최대5년간 연720~840만원 한도 내에서 지원 →2015년부터 연간1,080만원으로 지원 상한액 증가
재고용형	정년을 55세 이상으로 정한 사업주가 정년에 이른 사람을 재고용하면서 정년퇴직 이후부터 임금을 기준감액률 이상 감액 (재고용기간이 1년 미만인 경우는 제외)	피크임금 대비 80%(300인 미만 사업장은 90%)금액과 해당 기간 임금의 차액 지원	최대 5년간 연600만원 한도 내에서 지원
근로시간 단축형	정년연장 또는 재고용하면서 임금을 기준감액률 이상 감액하고, 주당 소정근로시간을 15시간 이상 30시간 이하로 단축	피크임금 대비 70%금액과 해당 기간 임금의 차액 지원	최대 5년간 연500만원 한도 내에서 지원

Ⅳ. 임금피크제 도입 사업주에 대한 지원

그동안 근로시간 단축형 임금피크제 지원금은 근로자를 지원하는 제도로만 활용됐지만, 2015년부터는 기업이 사업장 정년을 연장 또는 재고용하면서 근로시간을 단축하는 경우 사업주도 근로시간 단축형 임금피크제 도입에 따른 지원을 받을 수 있게 되었다.(근로시간 단축 장년근로자 1인당 월 30만원, 최대 1년 지원)

Ⅴ. 임금피크제 도입 관련 주요 쟁점

1. 임금피크제 도입과 취업규칙 불이익 변경

(1) 임금피크제가 취업규칙 필요적 기재사항 여부 판단

취업규칙의 내용은 근로조건과 근무 및 복무관계를 규율하는 내용을 담고 있고, 임금피크제는 근로자의 임금과 근로자 본인의 신분에 있어 중요한 변화를 주는 제도임으로 취업규칙에 기재할 필요적 기재사항이다.

다른 방법 특히 근로계약이나 노사 간의 합의를 통하여 규정할 수도 있겠지만 임금피크제가 정 년이나 고용조건을 다투는 내용에 직접적인 변화를 가져오는 사항임을 고려한다면 취업규칙에 정하여야 할 사항임에 틀림없다.

(2) 임금피크제 유형별에 따른 불이익 변경 여부 및 절차

1) 임금삭감 시기에 따른 분류

임금피크제 도입이 취업규칙의 불이익 변경인가 여부는 임금피크제 도입에 따른 임금 삭감의 시기에 따라 나누어 판단하여야 한다. 만약 현행 정년제까지 임금의 하락이 없이 정년 60세 법제화에 따라 연장된 정년에 한하여 임금피크제를 실시한다면 이는 근로자에게 유리한 근로 조건의 변경으로 이는 취업규칙의 불이익한 변경으로 보기 어려울 수 있다. 따라서 정년연장 과 임금피크제 도입 관련 취업규칙 변경이 불이익한가 여부는 획일적으로 판단하기 보다는 개별 사안에 따라 구체적으로 판단하여야 한다.

2) 연장된 정년에 한하여 임금이 삭감되는 경우

정년이 연장된 기간에 한하여 임금수준을 종전보다 저하시키는 경우라면 종전 정년 기간까지 현행의 임금수준을 보장받고, 연장되는 기간에 한하여 임금의 삭감이 있는 것으로 이는 취업 규칙의 불이익한 변경으로 보기 어렵다. 따라서 취업규칙의 변경을 위해서는 해당 사업 또는 사업상의 근로자의 과반수로 조직된 노동조합이 있는 경우에는 그 노동조합, 근로자의 과반 수로 조직된 노동조합이 없는 경우에는 근로자의 과반수의 의견을 청취하면 된다.

행정해석 >>

1. 근기 68207-2163 (2002-06-08)

정기호봉 승급을 동결한 경우 임금체불에 해당하는지 여부는 근로계약, 취업규칙, 단체협약 등에서 정한 바에 따라 사용자에게 지급의무가 부과되어 있는지, 그러한 정기호봉승급이 임금지급과 관련하여 관행이 형성된 것인지 여부 등을 종합적으로 고려하여 판단하여야 할 것인 바, 인사규정에서 정기승급 은 매년 1월 1일과 7월 1일에 실시한다고 규정하고 매년 정기적 · 일률적으로 호봉승급을 실시하여 왔다 면 이는 임금지급과 관련하여 일응 관행이 성립된 것으로 보아야할 것임. 이 경우 <u>근로자 집단적 의사결 정방식에 의한 적법절차를 거치지 아니하고 사용자가 일방적으로 정기승급을 동결하였다면 각 근로자 별 정기승급이 이루어지는 달의 임금 정기지급일에 정기승급으로 인하여 가산되는 임금이 전액 지급되 지 아니한 것으로 봄</u>

---

3) 정년 연장에 따라 종전 정년이전부터 임금이 삭감되는 경우

정년 60세를 도입하면서 종전 정년 이전부터 임금을 삭감하는 임금피크제를 도입한다면 이는 기존의 근로조건을 저하시키는 것으로 이는 취업규칙의 불이익 변경에 해당한다.

따라서 해당 사업 또는 사업장에 근로자의 과반수로 조직된 노동조합이 있는 경우에는 그 노동조합, 근로자의 과반수로 조직된 노동조합이 없는 경우에는 근로자의 과반수의 동의를 받아야 한다.

행정해석 >>

2. 근기 68207-890 (2003-07-16)

보수규정을 개정하여 모든 근로자가 일정 연령에 도달하면 임금이 삭감되도록 불이익하게 변경하는 경우라면, 변경 시점에서 일정 연령에 도달한 근로자뿐만 아니라 전체 근로자에게 적용되는 것으로 보아야 하며, 따라서 취업규칙의 불이익한 변경을 위해서는 전체근로자 과반수로 조직된 노동조합의 동의를 받아야 할 것이다.

관련판례 >>

1. 서울지법 2007가합111716 (2008-08-01)

임금피크제를 도입함에 있어서 근로자의 과반수로 조직된 노동조합의 동의를 받았다면 유효하다.

[요 지]

취업규칙의 작성·변경에 관한 권한은 원칙적으로 사용자에게 있으므로, 사용자는 그 의사에 따라서 취업규칙을 작성·변경할 수 있다. 다만 취업규칙의 변경에 의하여 기존 근로조건의 내용을 일방적으로 근로자에게 불이익하게 변경하려면, 종전 취업규칙의 적용을 받고 있던 근로자 집단의 집단적 의사결정 방법에 의한 동의를 요한다.

그 동의방법은 근로자 과반수로 조직된 노동조합이 있는 경우에는 그 노동조합의, 그와 같은 노동조합이 없는 경우에는 근로자들의 회의방식에 의한 과반수의 동의가 있어야 하고, 여기서 말하는 근로자의 과반수라 함은 기존 취업규칙의 적용을 받는 근로자 집단의 과반수를 뜻한다.

이 사건 지침의 적용대상은 만 55세가 도래하는 연도의 출생자로서 직무등급 M등급 이하의 직원이다. 따라서 임금피크제 실시 시점에 이미 만 55세에 도달한 근로자 뿐만 아니라 당시 만 55세에 도달하지 않은 근로자도 앞으로 만 55세에 도달하면 임금피크제의 적용을 받는다. 즉 임금피크제 실시로 인하여 불이익을 받는 근로자는 M등급 이하 근로자 전체라고 할 것이므로, M등급 이하 근로자 전체의 과반수로 조직된 노동조합이 있는 경우 그 노동조합이 임금피크제 실시에 관한 동의의 주체가 되고, 노동조합의 동의가 있으면 이 사건 지침은 M등급 이하 전체 근로자에 대하여 적법·유효하게 된다.

이 사건노조는 M등급 이하 근로자 전체의 과반수로 조직된 사실, 이 사건 노조와 피고는 2004.10.13.

M등급 이하 근로자에 대하여 임금피크제를 실시하기로 합의하였고, 그에 따라 피고는 이 사건 지침을 제정·시행한 사실은 앞서 본 바와 같다. 결국 이 사건 지침은 이 사건 노조의 동의를 얻어 M등급 이하 전체 근로자에 대하여 적법·유효하고, 이는 M등급 근로자가 이 사건 노조의 가입자격이 없다고 해도 마찬가지이다.

2. 임금피크제 도입에 따른 퇴직금 중간정산의 문제

(1) 임금피크제 도입과 퇴직금 산정시기에 따른 퇴직금의 저하 문제

현행 근로자퇴직급여보장법상 퇴직금 산출방식은 산정사유 발생일 이전 3개월 동안에 근로자에게 지급된 임금 총액을 그 기간의 총일수로 나눈 금액(근로기준법 제2조 제1항 제6호)인 평균임금을 기준으로 하므로 본인의 오랜 근속기간 중 최고의 연봉에 해당된 구간에서의 평균 급여에 대한 계산에 따라 최대한 많은 퇴직금을 받을 수 있는 것이다. 하지만 임금피크제가 도입되면서 정년이 연장되어 60세에 퇴직을 하게 되는 경우 일정부분 삭감된 급여가 발생되고 따라서 60세가 되는 시점에서는 마지막 해 연봉은 그만큼 적어지므로 마지막 석 달치 월급 평균을 고려하여 계산하면 퇴직금은 뚝 떨어지게 된다.

(2) 퇴직금 감소문제의 해결을 위한 퇴직금중간정산

근로자퇴직급여 보장법 시행령 제3조(퇴직금의 중간정산 사유)

① 법 제8조제2항 전단에서 "주택구입 등 대통령령으로 정하는 사유"란 다음 각 호의 어느 하나에 해당하는 경우를 말한다.
1. 무주택자인 근로자가 본인 명의로 주택을 구입하는 경우
2. 무주택자인 근로자가 주거를 목적으로 「민법」 제303조에 따른 전세금 또는 「주택임대차보호법」 제3조의2에 따른 보증금을 부담하는 경우. 이 경우 근로자가 하나의 사업 또는 사업장(이하 "사업"이라 한다)에 근로하는 동안 1회로 한정한다.
3. 근로자, 근로자의 배우자 또는 「소득세법」 제50조제1항에 따른 근로자 또는 근로자의 배우자와 생계를 같이하는 부양가족이 질병 또는 부상으로 6개월 이상 요양을 하는 경우
4. 퇴직금 중간정산을 신청하는 날부터 역산하여 5년 이내에 근로자가 「채무자 회생 및 파산에 관한 법률」에 따라 파산선고를 받은 경우
5. 퇴직금 중간정산을 신청하는 날부터 역산하여 5년 이내에 근로자가 「채무자 회생 및 파산에 관한 법률」에 따라 개인회생절차개시 결정을 받은 경우
6. 「고용보험법 시행령」 제28조제1항제1호 및 제2호에 따른 임금피크제를 실시하여 임금이 줄어드는 경우
7. 그 밖에 천재지변 등으로 피해를 입는 등 고용노동부장관이 정하여 고시하는 사유와 요건에 해당하는 경우

이처럼 임금피크제 도입으로 매년 임금수준이 하락하면서 발생하는 문제가 퇴직금의 감소인데 이를 부분적으로 방지할 수 있는 제도가 퇴직금중간정산제도인 것이다. 물론 현행 근로자퇴직급여보장법상 퇴직금 중간정산은 원칙적으로 금지되나 예외적으로 퇴직금중간정산이 가능하도록 하고 있는 바, 근로자퇴직급여보장법 시행령 제3조 제1항 제6호에 따르면 「고용보험법 시행령」제28조제1항제1호 및 제2호에 따른 임금피크제를 실시하여 임금이 줄어드는 경우 예외적으로 퇴직금 중간정산이 가능하도록 규정하고 있다. 이는 사업장의 임금피크제 도입에 따른 퇴직금 저하의 문제를 부분적으로 보완할 수 있도록 규정한 것이다.

(3) 근로자퇴직급여보장법상 퇴직금중간정산 요건의 문제

여기서 또 다른 문제는 근로자퇴직급여보장법상 퇴직금중간정산의 요건에 있다. 현행 근로자퇴직급여보장법에 따르면 사용자는 주택구입 등 대통령령으로 정하는 사유로 근로자가 요구하는 경우에는 근로자가 퇴직하기 전에 해당 근로자의 계속근로기간에 대한 퇴직금을 미리 정산하여 지급할 수 있다고 규정하고 있다.

즉 퇴직금 중간정산을 위해서는 근로자퇴직급여보장법에 따라 퇴직금중간정산사유에 해당하여야 하며, 근로자의 요구가 있어야 한다. 그러나 사용자는 이러한 요건에 해당하는 경우에 지급할 수 있다고 규정함으로써 사용자가 반드시 이에 응할 의무가 있는 것은 아닌 것으로 규정하고 있다(근로자퇴직급여보장법 제8조 제2항).

이와 같은 규정에 따라 만약 임금피크제 도입 사업장에서 근로자의 요구에도 불구하고 퇴직금이 중간정산 되지 않는다면 근로자는 상당한 퇴직금의 손실이 발생 할 수밖에 없는 것이다.

THEME 05 징계해고 기준 및 절차의 이해

I. 해고

1. 해고의 의의

해고[20]란 근로자의 의사와는 관계없이 사용자의 일방적인 의사표시에 의하여 근로계약 내지 근로관계를 장래에 향하여 종료시키는 법률행위를 말한다.

2. 해고의 제한과 근로자보호

① 개인주의적 자본주의질서를 기반으로 한 시민법적 원리에서는 사용자에 의한 해고의 자유와 근로자에 의한 임의퇴직의 자유는 동일한 평면에서 취급하고 있다.

② 그러나 사용자에 의한 해고의 자유는 근로자에게는 직장상실로서 생존권이 박탈당할 수 있다. 그리하여 근로자의 생존권보장을 위하여 사용자의 해고권에 대한 노동법적 규제[21]가 요구된다.

3. 정당한 이유 없는 해고의 제한

> **근로기준법**
>
> 제23조 (해고 등의 제한) ① 사용자는 근로자에게 정당한 이유 없이 해고, 휴직, 정직, 전직, 감봉, 그 밖의 징벌(懲罰)(이하 "부당해고등"이라 한다)을 하지 못한다.

본 조항이 소위 근기법상의 해고제한에 관한 일반조항이다. 물론 해고뿐 아니라, 정당한 이유 없는 휴직, 정직, 전직, 감봉, 그 밖의 징벌에 대해서도 금지하고 있다. 그런데, 법은 「정당한 이유」가 무

---

20) 해고의 종류로는 ① 징계해고 : 기업질서를 문란케 한 근로자를 징계하기 위한 해고, ② 정리해고 : 기업의 긴박한 경영상의 필요에 의해 집단적으로 인원정리를 하기위한 해고, ③ 통상해고 : 그 밖의 근로계약을 존속시킬 수 없는 사유에 의하여 행하여지는 해고 등이 있다.

21) 근기법은 (ⅰ) 성별, 종교, 사회적 신분으로 인한 차별적 대우의 금지(제6조), (ⅱ) 근로자가 감독기관에 사용자를 신고한 것을 이유로 한 해고의 금지(제104조 제2항), 노조법은 근로자의 노동3권 행사를 이유로 한 해고 및 불이익처분의 금지(제81조 제1호 및 제5호), 남녀고평법은 근로자의 정년 및 해고에 관하여 여성인 것을 이유로 한 남성과의 차별금지(제8조), 산안법은 (ⅰ) 산업재해발생위험으로 인하여 근로자가 작업중지, 대피한 것을 이유로 한 해고 및 불이익처분의 금지(제26조 제3항), (ⅱ) 사용자의 동법 위반행위를 근로자가 신고한 것을 이유로 한 해고 및 불이익처분의 금지(제52조 제2항)를 규정하고 있다. 이러한 규정은 "정당한 이유"에 해당되지 아니하는 사용자의 해고처분을 소극적으로 제한하고 있는 것에 불과하며, 정당한 해고의 내용을 적극적·구체적으로 규정하고 있는 것은 아니다.

엇인가에 관하여 구체적으로 규정하고 있지 않으므로 그 내용[22]은 개별사안에 따라 구체적으로 판단되어야 하겠지만, 일반적으로 해당 근로자와 사용자 사이의 근로관계를 계속 유지할 수 없을 정도의 이유, 즉 해당 근로자와의 근로관계의 유지를 사용자에게 기대할 수 없을 정도라 할 것이다.

관련판례 >>

1. 대법 90다카25420 (1991-03-27)
해고에서 정당한 이유의 정의

근로기준법 제27조 제1항에서 규정한 "정당한 이유"라 함은 사회통념상 근로계약을 계속시킬 수 없을 정도로 근로자에게 책임있는 사유가 있다든가 부득이한 경영상의 필요가 있는 경우를 말하는 것이므로, 근로계약이나 취업규칙 등 사규에 해고에 관한 규정이 있는 경우 그것이 근로기준법에 위배되어 무효가 아닌 이상 그에 따른 해고는 정당한 이유가 있다 할 것이다.

4. 정당한 이유의 내용

통상적으로 정당한 이유는 근로자 측의 사유인 일신상의 이유와 행태상의 이유, 사용자측의 사유인 경영상 이유 등이 있다.

II. 징계해고

1. 징계해고의 의의

징계라 함은 사용자가 근로자에게 기업질서 내지 직장규율 위반이 있는 경우에 이에 대한 제재로서의 벌을 가하는 처분을 말하며, 징계처분 중에 징계해고라 함은 근로자에게 중대한 위반행위가 있는 경우에 사용자의 일방적 의사에 의하여 근로계약관계를 종료시키는 처분을 말한다.
근로기준법에서는 정당한 이유 없이 해고와 그 밖의 징벌을 하지 못한다고 규정하고 있을 뿐이며 정당한 이유나 징계의 절차 등에 대하여 아무런 규정을 두고 있지 않다. 따라서 징계처분 또는 징계해고처분의 유효성 판단은 징계사유의 상당성과 징계절차의 공정성 및 징계양정의 적정성 여부를 중심으로 이루어지게 된다.

2. 징계해고의 정당성 판단기준

(1) 징계사유의 상당성

---

22) 정당한 이유의 내용은 개별적 사안에 따라 구체적으로 판단되어야 할 것이지만 대체로 사회통념상 근로관계를 계속시킬 수 없을 정도로 근로자에게 귀책사유가 있다든가 또는 부득이한 경영상의 필요가 있는 경우가 이에 해당된다고 할 것이다(대판 2002.6.14, 2000두8349; 대판 2003.7.8, 2001두8018).

노동실무상 취업규칙 등에 징계와 해고에 관한 규정을 두고 그에 따라 징계처분을 할 수 있도록 하고 있는 것이 일반적인데, 취업규칙 등에 정하여진 징계사유나 해고사유에 해당한다 하여 당연히 그 정당성이 인정되는 것은 아니며 징계해고의 경우 이는 사회통념상 당해 근로자와 고용관계를 계속할 수 없을 정도로 근로자에게 책임이 있는 사유가 있을 때 해고의 정당성이 인정된다고 판단하고 있다.

따라서 징계해고에 있어서 정당한 이유라 함은 사회통념상 고용관계를 계속 시킬 수 없을 정도로 근로자에게 책임이 있는 사유가 있는 경우 즉, 근로자의 행태상의 사유와 관련되는 이유로 인한 경우를 말한다. 여기서 사회통념상 당해 근로자와의 고용관계를 계속 시킬 수 없을 정도인지의 여부는 당해 사용자의 사업의 목적과 성격, 사업장의 여건, 당해 근로자의 지위 및 담당직무의 내용, 비위행위의 동기와 경위, 이로 인하여 기업의 위계질서가 문란하게 될 위험성 등 기업질서에 미칠 영향, 과거의 근무태도 등 여러 가지 사정을 종합적으로 검토하여 판단하여야 할 것이다.

그리고 근로자에게 여러 가지의 징계혐의 사실이 있을 경우 이에 대한 징계해고처분이 적정한지의 여부는 그 징계사유 하나씩 떼어서 또는 그 중 일부의 사유만 가지고 판단할 것이 아니라 전체의 사유에 비추어 판단하여야 할 것이며, 근로자의 어떤 비위행위가 징계사유로 되어 있느냐 여부는 구체적인 자료들을 통하여 징계위원회 등에서 그것을 징계사유로 삼았는가 여부에 의하여 결정되어야 하는 것이지 반드시 징계결의서나 징계처분서에 기재된 취업규칙이나 징계규정 소정의 징계근거 사유만으로 징계사유가 한정되는 것은 아닐 뿐만 아니라 징계처분에서 징계사유로 삼지 아니한 비위행위라고 하더라도 징계종류 선택의 자료로서 피징계자의 평소의 소행과 근무성적, 당해 징계처분 사유 전후에 저지른 비위행위 사실 등은 징계양정을 참작자료로 삼을 수 있을 것이다.

관련판례 〉〉

2. 대법 2010다21962 (2011-03-24)

승진과 관련 상사에게 압력을 행사하고, 책상서랍을 던져 신체적 위협을 가하였으며, 동료사원과의 대화내용을 몰래 녹음하여 복무질서를 문란하게 한 자에 대한 해고는 정당하다

[요 지]

1. 노동위원회의 구제명령은 사용자에게 구제명령에 복종하여야 할 공법상 의무를 부담시킬 뿐 직접 근로자와 사용자 간의 사법상 법률관계를 발생 또는 변경시키는 것은 아니므로, 설령 근로자가 부당해고 구제신청을 기각한 재심판정의 취소를 구하는 행정소송을 제기하였다가 패소판결을 선고받아 그 판결이 확정되었다 하더라도, 이는 재심판정이 적법하여 사용자가 구제명령에 따른 공법상 의무를 부담하지 않는다는 점을 확정하는 것일 뿐 해고가 유효하다거나 근로자와 사용자 간의 사법상 법률관계에 변동을 가져오는 것은 아니어서, 근로자는 그와 별도로 민사소송을 제기하여 해고의 무효 확인을 구할 이익이 있다.

2. 해고는 사회통념상 고용관계를 계속할 수 없을 정도로 근로자에게 책임 있는 사유가 있는 경우에 행하여져야 정당하다고 인정되고, 사회통념상 당해 근로자와 고용관계를 계속할 수 없을 정도에 이르렀는지 여부는 당해 사용자의 사업 목적과 성격, 사업장의 여건, 당해 근로자의 지위 및 담당직무의 내용, 비위행위의 동기와 경위, 이로 인하여 기업의 위계질서가 문란하게 될 위험성 등 기업질서에 미칠 영향, 과거의 근무태도 등 여러 가지 사정을 종합적으로 검토하되, 근로자에게 여러 가지 징계혐의 사실이 있는 경우에는 징계사유 하나씩 또는 그 중 일부의 사유만을 가지고 판단할 것이 아니고 전체의 사유에 비추어 판단하여야 하며, 징계처분에서 징계사유로 삼지 아니한 비위행위라도 징계종류 선택의 자료로서 피징계자의 평소 소행과 근무성적, 당해 징계처분 사유 전후에 저지른 비위행위 사실 등은 징계양정을 하면서 참작자료로 삼을 수 있다.

3. 근로자가 승진과 관련하여 직장 상사에게 부당한 언동을 하고 책상서랍을 던져 상사에게 신체적 위협을 가하였으며 동료사원과의 대화내용을 몰래 녹음하는 등 회사 내 복무질서를 문란하게 하였다는 이유로 해고를 당한 사안에서, 근로자가 비위행위에 이르게 된 동기와 경위, 비위행위의 내용, 해고 이후의 정황 등 여러 사정에 비추어 근로자의 책임 있는 사유로 사회통념상 고용관계를 계속할 수 없는 상황에 이르게 되었다고 한 사례.

관련판례 >>

3. 대법 2008두22211 (2009-04-09)
노동조합 내부의 문제로 발생한 분쟁을 이유로 회사가 핵심 임원들을 해고한 것은 재량권의 범위를 일탈한 것이다

[요 지]

1. 근로자의 어떤 비위행위가 징계사유로 되어 있느냐 여부는 구체적인 자료들을 통하여 징계위원회 등에서 그것을 징계사유로 삼았는가 여부에 의하여 결정되어야 하는 것이지, 반드시 징계의결서나 징계처분서에 기재된 취업규칙이나 징계규정에서 정한 징계근거 사유만으로 징계사유가 한정되는 것은 아니다.

2. 노동조합 내부의 문제라 하더라도 그로 인하여 회사의 손실 등이 초래되는 경우에는 회사 취업규칙 등에서 규정하는 징계사유에 해당할 수 있다.

3. 항공사 객실승무원들이 단독노조 설립을 위하여 모금한 후원금의 모금 및 관리·사용과 관련하여 객실노동조합 설립추진위원회 객실승무원들 사이에 발생한 분쟁을 이유로 회사가 위 추진위원회 핵심 임원들을 해고한 것은 사회통념상 고용관계를 계속할 수 없을 정도로 근로자에게 책임이 있는 경우에 해당한다고 보기 어려워 재량권의 범위를 일탈한 것이다.

4. 대법 2010다100919 (2012-01-27)

징계위원회는 징계의결이 요구된 징계사유를 근본적으로 수정하거나 그 밖의 징계사유를 추가하여 징계의결을 할 수 없고 징계대상자에 대한 소명기회 부여 등 징계절차를 위반하여 이루어진 징계해고는 무효이다

[요 지]

1. 취업규칙 등 징계규정에서, 근로자에게 일정한 징계사유가 있을 때 징계의결 요구권자가 먼저 징계사유를 들어 징계위원회에 징계의결 요구를 하고 징계의결 결과에 따라 징계처분을 하되 <u>징계위원회는 징계대상자에게 진술의 기회를 부여하고 이익되는 사실을 증명할 수 있도록 하며 징계의결을 하는 경우에는 징계의 원인이 된 사실 등을 명시한 징계의결서에 의하도록 규정하고 있을 경우, 징계위원회는 어디까지나 징계의결 요구권자에 의하여 징계의결이 요구된 징계사유를 심리대상으로 하여 그에 대하여만 심리·판단하여야 하고 징계의결이 요구된 징계사유를 근본적으로 수정하거나 징계의결 이후에 발생한 사정 등 그 밖의 징계사유를 추가하여 징계의결을 할 수는 없다.</u> 또한 징계대상자에게 징계위원회에 출석하여 변명과 소명자료를 제출할 기회를 부여하도록 되어 있음에도 이러한 징계절차를 위반하여 징계해고하였다면 이러한 징계권의 행사는 징계사유가 인정되는지와 관계없이 절차의 정의에 반하여 무효라고 보아야 한다.

2. 국민건강보험공단이 인사규정 위반을 이유로 근로자 갑을 해임처분한 사안에서, <u>공단의 징계의결 요구를 받은 징계위원회가 갑이 징계위원회에 음주상태로 출석하여서 한 진술과 관련하여 '진술 시 품위손상'을 별도의 독립한 징계사유로 삼았으나, 징계의결 요구권자는 징계위원회에 갑의 사내 전자게시판 게시글 게시행위만을 징계사유로 삼아 경징계 요구하였으므로 징계의결에는 요구되지 않은 '진술 시 품위손상'을 새로운 징계사유로 추가한 잘못이 있고, 징계위원회가 갑에게 '진술 시 품위손상'이</u> 징계사유로 된다는 점을 징계위원회 개최 중에라도 전혀 고지하지 않았으므로 갑이 음주상태로 징계위원회에 출석하게 된 경위에 관하여 답변하였다고 하여 징계사유에 대한 변명과 소명자료를 제출할 기회를 부여받았다고 할 수 없으므로, 공단 인사규정에서 정한 징계절차를 위반하여 이루어진 위 해임처분은 징계사유가 인정되는지와 관계없이 무효라는 이유로, 이와 달리 본 원심판결에 법리오해의 위법이 있다.

3. 사내 전자게시판에 게시된 문서에 기재되어 있는 문언에 의하여 타인의 인격, 신용, 명예 등이 훼손 또는 실추되거나 그렇게 될 염려가 있고, 또 문서에 기재되어 있는 사실관계 일부가 허위이거나 표현에 다소 과장되거나 왜곡된 점이 있다고 하더라도, 문서를 배포한 목적이 타인의 권리나 이익을 침해하려는 것이 아니라 근로조건의 유지·개선과 근로자의 복지증진 기타 경제적·사회적 지위의 향상을 도모하기 위한 것으로서 문서 내용이 전체적으로 보아 진실한 것이라면 이는 근로자의 정당한 활동범위에 속한다.

(2) 징계절차의 공정성

근로기준법에서는 징계절차 등에 관하여 아무런 규정을 두고 있지 않으나 사용자는 징계권의 공정한 행사를 확보하고 징계제도의 합리적인 운영을 도모하기 위하여 취업규칙 등에 징계절차에 관해서 규정하고 이에 따라 운영하고 있는 것이 일반적이다.

이와 같이 취업규칙 등에 징계절차에 관한 규정을 두고 있는 경우에 그러한 절차는 유효요건이므로 반드시 이에 따라야 하며, 취업규칙 등에 정한 징계절차를 거치지 않고 징계처분이 내려졌다면 그러한 징계권의 행사는 징계사유가 인정되는지에 관계없이 절차적 정의에 반하는 처분으로서 무효가 된다. 그러나 취업규칙 등에 일반의 징계절차에 관하여 전혀 규정되어 있지 아니한 경우에는 그럴 필요가 없다 하겠으며 일반의 징계절차를 거치지 않고 징계처분이 내려졌다 하더라도 그 징계를 무효라고 할 수 없다.

1) 징계해고에 관한 절차적 기준이 있는 경우

단체협약이나 취업규칙에서 징계 대상자에게 징계사유를 사전통지하게 하거나 징계위원회에 출석해 진술하도록 규정한 경우 이는 징계권의 공정한 행사를 확보하고 징계제도의 합리적 운영을 도모하기 위한 것으로서 중요한 의미가 있으므로 이에 위반해 이뤄진 해고는 절차적 정의에 반하는 것으로서 실체적인 해고사유의 정당성 여부를 따질 필요도 없이 무효다.

① 징계사유의 사전통지

징계사유를 사전에 통지하도록 한 경우에도 그 통보의 시기와 방법에 대해 특별한 규정이 있는 경우와 없는 경우가 있다. 징계 절차상 징계사실의 '통보시기'와 관련해 취업규칙 등에 명문의 규정이 있는 경우에는 따라야 한다. 더 나아가 징계사유의 사전통지와 관련해 특별한 규정이 없더라도 징계사유에 대한 변명과 소명자료를 준비하기 위한 상당한 기간을 두고 징계사유를 통지해야 한다. 이러한 시간적 여유를 두지 않고 촉박하게 이루어진 통보는 무효다.

관련판례 〉〉

5. 대법 92다14786 (1992-07-28)

단체협약 등에 규정된 조합원 징계시 "사전통지 · 진술권부여조항"을 위반한 징계는 무효이다.

[요 지]

1. 농성기간 중의 행위에 대하여 근로자들에게 민 · 형사상의 책임이나 신분상 불이익처분 등 일체의 책임을 묻지 않기로 노사간에 합의를 한 경우에 그 취지는 위 농성중의 행위와 일체성을 가지는 행위 또는 위 농성중의 행위와 필연적으로 연속되는 행위로서 불가분적 관계에 있는 행위에 대해서도 면책시키기로 한 것이라고 보아야 하므로, 면책합의 이전의 농성행위 등으로 인하여 면책합의 이후에 처벌을 받고 그로 인하여 결근한 행위가 형식상 회사의 인사규정 등의 징계해고사유에 해당한다고 하더라도 이를 이유로 징계해고한 것은 위 면책합의에 반한다고 할 것이다.

2. 위 "1"항의 면책합의가 압력 등에 의하여 궁지에 몰린 회사가 어쩔 수 없이 응한 것이라고 하여도 그것이 민법 제104조 소정의 요건을 충족하는 경우에 불공정한 법률행위로서 무효라고 봄은 별문제로 하고 민법 제103조 소정의 반사회질서행위라고 보기는 어려우며, 또 위 면책합의는 회사의 근로자들에 대한 민·형사상 책임 추궁이나 고용계약상의 불이익처분을 하지 않겠다는 취지이지 회사에게 권한이 없는 법률상 책임의 면제를 약속한 취지는 아니어서 선량한 풍속 기타 사회질서에 위반한 내용이라고 볼 수 없다.

3. 단체협약 등에서 조합원의 징계시에 사전통지와 진술권 부여를 의무조항으로 규정하고 있다면 이는 징계의 객관성과 공정성을 확보하기 위한 것으로서 징계의 유효요건이라고 할 것이므로, 그 징계사유의 내용이 객관적으로 명확하다거나 징계대상자가 다른 절차에서 자신의 행위의 정당성을 이미 주장한바 있다고 하여도 사전통지를 결한 이상 그 징계는 무효라고 할 것이고, 또 징계대상자가 구속중이라고 하여도 서면 또는 대리인을 통하여 징계절차에서 변명을 하고 소명자료를 제출할 이익이 있는 것이므로 사전통지를 하지 아니함으로써 이러한 기회가 박탈되었다면 그 징계는 효력이 없다고 볼 수밖에 없다.

관련판례 >>

6. 대법 2006다48069 (2006-11-23)
취업규칙 등에서 노·사 동수로 징계위원회를 구성하도록 한 경우 근로자들의 의견을 반영하는 과정없이 임의로 노측 징계위원을 위촉할 수는 없다

[요 지]

취업규칙 등에서 노·사 동수로 징계위원회를 구성하도록 하고 있다면 이는 근로자들 중에서 징계위원을 위촉하여 징계위원회에 대한 근로자들의 참여권을 보장함으로써 절차적 공정성을 확보함과 아울러 사측의 징계권 남용을 견제하기 위한 것이라고 할 것이므로, 취업규칙에 직접적으로 징계위원의 자격과 선임절차에 관해서 규정하고 있지는 않지만, 노측 징계위원들이 이전부터 근로자들을 대표하거나 근로자들의 의견을 대변해왔다는 등의 특별한 사정이 없는 한 근로자들의 의견을 반영하는 과정 없이 임의로 노측 징계위원을 위촉할 수 있는 것으로까지 해석할 수는 없다.

---

② 소명 기회의 부여
단체협약이나 취업규칙에 진술 기회를 부여하는 규정이 있는 경우, 그 대상자에게 반드시 소명 기회를 부여해야 한다. 다만, 해당 규정에 의해 징계 대상자에게 부여되는 것은 소명 그 자체가 아니라 '소명의 기회'이므로 해당 근로자에게 기회를 주었음에도 소명하지 않은 경우에는 그러한 규정들의 요건이 충족된 것이다.

7. 대법 90다8077 (1991-07-09)

징계위원회의 구성에 조합대표자의 참석, 징계대상자에 변경기회 등을 주도록 한 징계규정이 있다면 이러한 징계절차를 위배한 징계해고는 부당하다

[요 지]

1. 단체협약이나 취업규칙 또는 이에 근거를 둔 징계규정에서 징계위원회의 구성에 노동조합의 대표자를 참여시키도록 되어 있고 또 징계대상자에게 징계위원회에 출석하여 변명과 소명자료를 제출할 기회를 부여하도록 되어 있음에도 불구하고 이러한 징계절차를 위배하여 징계해고를 하였다면 이러한 징계권의 행사는 징계사유가 인정되는 여부에 관계없이 절차에 있어서의 정의에 반하는 처사로서 무효라고 보아야 한다.

2. 징계규정에 징계대상자에게 징계위원회에 출석하여 변명과 소명자료를 제출할 기회를 부여하도록 되어 있다면 그 통보의 시기와 방법에 관하여 특별히 규정한 바가 없다고 하여도 변명과 소명자료를 준비할 만한 상당한 기간을 두고 개최일시와 장소를 통보하여야 하며, 이러한 시간적 여유를 주지 않고 촉박하게 이루어진 통보는 징계규정이 규정한 사전통보의 취지를 몰각한 것으로서 부적법하다고 보아야 할 것인바, 징계위원회의 개최일시 및 장소를 징계위원회가 개회되기 불과 30분 전에 통보하였다면 이러한 촉박한 통보는 징계대상자로 하여금 사실상 변명과 소명자료를 준비할 수 없게 만드는 것이어서 적법한 통보라고 볼 수 없다.

3. 징계대상자가 위 "2"항의 징계위원회에 출석하여 진술을 하였다고 하여도 스스로 징계에 순응하는 경우가 아닌 한 그 징계위원회의 의결에 터잡은 징계해고는 징계절차에 위배한 부적법한 징계권의 행사임에 틀림없다.

③ 징계위원회

징계위원회를 통한 징계절차를 거치면서 근로자로서는 소명 기회도 제공받을 수 있고, 징계위원회의 심의결과는 임명권자의 징계 여부 결정에 중요한 자료로써 결정적 영향을 미치기 때문에, 회사가 징계위원회 개최 통지를 하지 않음으로 해서 단체협약이 징계대상자에게 주도록 규정한 소명의 기회를 주지 않은 채 개최된 징계위원회의 심의결과에 의거해 임명권자가 한 징계해고처분은 징계절차에 위배한 부적법한 징계권의 행사로서 무효이다. 또한 징계위원회의 구성과 관련해 취업규칙이나 단체협약에 특별한 규정이 있다면 그에 따라야 하며, 해당 규정의 기준에 맞지 않는 징계위원회의 구성은 절차위반으로서 무효이다.

8. 서울고법 2000누5380 (2000-08-23)
징계위원회 구성에 하자가 있다면 징계사유가 인정되는지 여부에 관계없이 그 징계는 무효이다.

[요 지]

구성원리상 특수성에 비추어 볼 때 '교원징계위원회'를 '일반직원 징계위원회'로 전용한 것은 정관규정의 취지에 부합하지 않는다. 뿐만 아니라 피고보조참가인이 징계위원회에 출석하여 충분히 해명하였고, 당시 그 징계절차를 문제삼지 아니하였으며 그 절차에 있어서 교원징계위원회와 일반 직원 징계위원회 사이에 차이가 없어 징계결의를 징계절차의 하자가 없다고 주장하나 징계권 행사에 있어서 절차상 중대한 하자인 징계위원회 구성의 하자가 치유된다고 볼 수 없으므로 징계사유가 인정되는 여부에 관계없이 무효라고 할 것이다.

④ 고용노동부 또는 노동위원회의 승인절차

단체협약이나 취업규칙에 해고가 고용노동부 또는 노동위원회의 인정을 받아야 한다고 규정돼 있는 경우 이에 위반한 해고의 효력에 대해, 현행 법령의 규정상 사용자의 근로자에 대한 해고에 관해 사전에 인정이나 승인할 수 있는 권한이 노동위원회에는 없고, 노동위원회나 고용노동부의 승인은 사용자 자의에 의한 부당한 즉시해고를 방지하기 위한 행정감독상의 사실행위에 지나지 않는 것이며, 취업규칙에 규정된 해고사유의 존부 자체는 객관적으로 정해지는 것으로 최종적으로는 법원의 판단을 받게 되므로 그와 같은 고용노동부의 승인이 없다 하더라도 사용자나 근로자의 사법적 권리-의무에 변동을 일으키는 효력은 없다고 한다.

⑤ 단체협약상의 해고동의 또는 협의 조항
가. 해고협의 조항

징계해고에 있어 노동조합과 사전에 협의토록 한 규정은 인사권이나 징계권을 전반적으로 제한하려는 승인이나 동의 조항과는 달리, 사용자가 인사처분을 함에 있어서 신중과 공정을 기할 수 있도록 노동조합에게 의견을 제시할 수 있는 기회를 주기 위한 것으로, 제시된 의견을 참고자료로 고려하게 하는 정도에 지나지 않기 때문에 이를 이행하지 않더라도 해고 자체를 무효로 볼 수는 없다고 한다. 그러나 이와 같이 협의절차를 전혀 이행하지 않아도 해고의 효력에는 영향이 없다는 대법원의 견해는 학설의 다양한 비판을 받고 있다.
나. 해고동의 조항

단체협약에 노동조합 간부 등의 인사에 관해 단순한 사전협의를 넘어서 노동조합의 '동의' 또는 '승인', '합의'가 있어야 한다고 규정한 경우에 있어서 노동조합 간부 등에 대한 징계해고를 할 때, 이러한 절차를 거치지 않았다면 그 해고는 원칙적으로 무효다. 노동조합의 동의, 승인, 합의의 취지는 그러한 규정을 두게 된 취지가 노동조합이 회사와 공동결정권을 가지거나 노동조합과의 합치된 의사에 따르게 하려는 취지가 명확한 만큼 그에 반하는 해고의 효력은 무효이다.

관련판례 >>

9. 대법 2005두8788 (2007-09-06)

1. 단체협약에 해고의 사전 합의 조항을 둔 경우, 그 절차를 거치지 아니한 해고는 무효이다.

2. 노동조합이 사전 합의 조항만을 내세워 해고를 무작정 반대하였다고 볼 수도 없어, 노동조합이 사전동의권을 남용하였다고 단정할 수 없다.

[요 지]

1. 구 근로기준법(2007. 4. 11. 법률 제8372호로 전문 개정되기 전의 것) 제30조 제1항은 "사용자는 근로자에 대하여 정당한 이유 없이 해고를 하지 못한다"고 규정하여 원칙적으로 해고를 금지하면서, 다만 예외적으로 정당한 이유가 있는 경우에 한하여 해고를 허용하여 제한된 범위 안에서만 사용자의 해고 권한을 인정하고 있는데, 노사간의 협상을 통해 사용자가 그 해고 권한을 제한하기로 합의하고 노동조합이 동의할 경우에 한하여 해고권을 행사하겠다는 의미로 해고의 사전 합의 조항을 단체협약에 두었다면, 그러한 절차를 거치지 아니한 해고처분은 원칙적으로 무효이다.

2. 단체협약에 해고의 사전 합의 조항을 두고 있다고 하더라도 사용자의 해고 권한이 어떠한 경우를 불문하고 노동조합의 동의가 있어야만 행사할 수 있다는 것은 아니고, 노동조합이 사전동의권을 남용하거나 스스로 사전동의권을 포기한 것으로 인정되는 경우에는 노동조합의 동의가 없더라도 사용자의 해고권 행사가 가능하나, 여기서 노동조합이 사전동의권을 남용한 경우라 함은 노동조합측에 중대한 배신행위가 있고 그로 인하여 사용자측의 절차의 흠결이 초래되었다거나, 피징계자가 사용자인 회사에 대하여 중대한 위법행위를 하여 직접적으로 막대한 손해를 입히고 비위사실이 징계사유에 해당함이 객관적으로 명백하며 회사가 노동조합측과 사전 합의를 위하여 성실하고 진지한 노력을 다하였음에도 불구하고 노동조합측이 합리적 근거나 이유 제시도 없이 무작정 반대함으로써 사전 합의에 이르지 못하였다는 등의 사정이 있는 경우에 인정되므로, 이러한 경우에 이르지 아니하고 단순히 해고사유에 해당한다거나 실체적으로 정당성 있는 해고로 보인다는 이유만으로는 노동조합이 사전동의권을 남용하여 해고를 반대하고 있다고 단정하여서는 아니 된다.

3. 파업을 주도한 노동조합 위원장에 대한 해고사유가 해고하여야 함이 명백한 때에 해당한다고 보기 어렵고, 노동조합 또한 사전 합의 조항만을 내세워 해고를 무작정 반대하였다고도 볼 수도 없어, 노동조합이 사전동의권을 남용하였다고 단정할 수 없다.

---

2) 징계절차 규정이 없는 경우

단체협약이나 취업규칙 등에 징계 대상자에 대한 사전통고나 변명의 기회 부여 등의 절차규정이 없는 경우에는 징계사실 통보 의무도 없고, 그와 같은 절차를 거치지 않았더라도 징계해고 처분이 무효라고 할 수 없다. 그러나 2007년 근로기준법 개정에 의해 해고사유와 해고시기의 서면통지를 의무화했기 때문에 해고 절차와 관련해 별도의 규정이 없더라도 서면통지규정을 따르지 않은 해고는 당연히 무효다.

(3) 징계양정의 적정성

징계사유로 삼은 비위행위의 정도에 비하여 균형을 잃은 과중한 징계처분을 선택하여서는 아니된다. 즉, 취업규칙 등에서 징계사유를 규정하면서 동일한 사유에 대하여 여러 등급의 징계처분이 가능하도록 규정한 경우에 그 중 어떤 징계처분을 선택할 것인지는 징계권자의 재량권에 속한다고 할 것이지만 그렇다고 하여 징계권자의 자의적이고 편의적인 것에 맡겨져 있는 것이 아니며 징계사유와 징계처분과의 사이에 사회통념상 상당하다고 인정되는 균형의 존재가 요구된다고 할 것이다.

즉, 근로자에게 징계사유가 발생해서 징계처분을 하는 경우 어떠한 처분을 할 것인가 하는 것은 원칙적으로 징계권자의 재량에 맡겨진 것이고, 다만 징계권자가 재량권의 행사로서 한 징계처분이 사회통념상 현저하게 타당성을 잃어 징계권자에게 맡겨진 재량권을 일탈하거나 남용한 것이라고 인정되는 경우에 한하여 그 처분을 위법하다고 할 수 있으며 그 징계처분이 사회통념상 현저하게 타당성을 잃어 재량권의 범위를 벗어난 위법한 처분이라고 할 수 있으려면 구체적인 사례에 따라 징계의 원인이 된 비위사실의 내용과 성질, 징계에 의하여 달성하려고 하는 징계규율상의 목적, 징계양정의 기준 등 여러 요소를 종합하여 판단할 때에 그 징계 내용이 객관적으로 명백히 부당하다고 인정할 수 있는 경우라야 할 것이다. 또한 징계권의 행사가 징계권자의 재량에 맡겨진 것이라고 하여도 공익적 목적을 위하여 징계권을 행사하여야 할 공익의 원칙에 반하거나 일반적으로 징계사유로 삼은 비행의 정도에 비하여 균형을 잃은 과중한 징계처분을 선택함으로써 비례의 원칙에 위반하거나 또는 합리적인 사유 없이 같은 정도의 비행에 대하여 일반적으로 적용하여 온 기준과 어긋나게 공평을 잃은 징계처분을 선택함으로써 평등의 원칙에 위반한 경우에 이러한 징계처분은 재량권의 한계를 벗어난 처분으로서 위법하다고 할 것이다.

> **관련판례 >>**

10. 대전지법 2011구합5065 (2012-10-31)

징계사유로 삼은 비행의 정도에 비하여 균형을 잃은 과중한 징계처분은 재량권의 한계를 벗어난 처분으로서 위법하다.

[요 지]

징계권의 행사가 임용권자의 재량에 맡겨진 것이라고 하여도 공익적 목적을 위하여 징계권을 행사하여야 할 공익의 원칙에 반하거나 일반적으로 징계사유로 삼은 비행의 정도에 비하여 균형을 잃은 과중한 징계처분을 선택함으로써 비례의 원칙에 위반하거나 또는 합리적인 사유 없이 같은 정도의 비행에 대하여 일반적으로 적용하여 온 기준과 어긋나게 공평을 잃은 징계처분을 선택함으로써 평등의 원칙에 위반한 경우에 이러한 징계처분은 재량권의 한계를 벗어난 처분으로서 위법하다 할 것이다.[금품수수로 인정된 금액도 절반에 불과하고, 인정된 금액 중 절반은 개인적으로 사용하지 않은 점, 징계를 받은 적이 없는 점, 피고도 형사소송에서 원고에 대해 탄원서를 제출한 점 등 참작할 때 가장 중한 파면 처분은 과중하다.]

THEME 06 취업규칙 불이익 변경기준 및 절차

I. 취업규칙의 의의 및 법적 성질

1. 의의

① 취업규칙이란 사용자가 기업경영의 필요상 사업장 내부에서 근로자가 취업 상 지켜야 할 복무규율과 임금·근로시간 등의 근로조건에 관한 구체적인 사항을 일방적으로 정한 규칙을 말한다.

② 취업규칙은 사용자가 일방적으로 제정하고 근로자에 대하여 이에 복종할 것을 사실상 강요하게 된다. 따라서 법은 사용자에 대하여 여러 제한을 가하고 있다.

2. 법적 성질

① 사용자에 의하여 거의 일방적으로 작성·변경되는 취업규칙이 근로자를 구속하는 근거와 관련하여 그 근거를 근로자의 동의에서 구하는 계약설(순수계약설·사실규범설·사실관습설)과 취업규칙을 법 규범이라고 해석하는 법 규범설(소유권설·관습법설·수권설)로 견해가 대립된다.

② 취업규칙 그 자체에는 법규범성이 없다고 하더라도 국가법이 근로자보호의 이념을 실현하기 위하여 이에 대하여 법규범으로서의 효력을 부여한 것이라는 수권설(다수설·판례[23])이 타당하다고 본다.

II. 취업규칙에 대한 법적 규제

1. 취업규칙의 작성·신고의무

(1) 의의

상시 10명 이상의 근로자를 사용하는 사용자는 취업규칙을 작성하여 고용노동부장관에게 신고하여야 한다. 이를 변경하는 경우에 있어서도 또한 같다(제93조). 사용자에게 취업규칙의 작성의무와 기재사항의 법정 및 신고의무를 부과한 것은 행정적 감독을 통하여 근로자를 보호하려는 취지이다.

---

23) 대판 1977. 7.26, 77다355.

(2) 작성 · 신고의무자

① 취업규칙의 작성 · 신고의무자는 상시 10명 이상의 근로자를 사용하는 사용자이다.

②「상시 10인 이상」이란 경우에 따라서 10명 미만의 경우가 있더라도 상태적으로 10명 이상인 경우를 말하며, 사업의 종류에 따라 각 사업장이 동질성을 갖고 있는가의 여부에 따라 판단하여야 할 것이다.

행정해석 >>

1. 근로기준팀-2060 (2005-12-29)

상시10인 미만의 근로자를 사용하는 사업장에서 작성한 취업규칙

상시 5인 이상 10인 미만의 근로자를 사용하는 사용자는 취업규칙의 작성 · 신고 의무가 없으나, 실제로 취업규칙을 통하여 근로조건의 전부 또는 일부를 규율하고 있다면, 근로조건의 저하를 초래하는 취업규칙의 불이익변경시에는 당해 사업장의 근로자과반수(근로자의 과반수로 조직된 노동조합이 있는 경우에는 그 노동조합)의 동의를 얻어야 효력이 있는 것이므로, 사용자가 근로자의 동의 없이 임의로 취업규칙을 불이익하게 변경하는 경우에는 그 변경된 부분은 효력이 없다고 보아야 할 것이다.

---

(3) 취업규칙의 작성

① 작성이란 법에서 정한 필요적 기재사항을 모두 포함한 규칙을 서면에 기재하는 것을 말한다. 따라서 필요적 기재사항을 개별적인 근로계약에서 정하고 있다고 해서 작성의무가 면제되는 것은 아니다.

② 사용자는 단시간근로자에게 적용되는 취업규칙을 통상근로자에게 적용되는 취업규칙과 별도로 작성할 수 있다.

(4) 취업규칙의 신고

① 취업규칙은 작성 · 변경 시에는 고용노동부장관에게 신고하여야 한다.

② 신고의 여부는 취업규칙의 효력발생요건과는 관계가 없다. 따라서 취업규칙의 내용을 게시 · 비치 또는 배부하여 이를 근로자에게 주지시킨 경우에는 신고를 하지 않아도 효력이 인정된다.

(5) 주지의무

사용자는 취업규칙을 근로자가 자유롭게 열람할 수 있는 장소에 항상 게시하거나 갖추어 두어 근로자에게 널리 알려야 한다(제14조 제1항).

(6) 기재사항

1) 필요적 기재사항

필요적 기재사항은 취업규칙에 반드시 기재하여야 할 사항으로 법 제93조에서 정하고 있다. 그러나 아래의 필요적 기재사항의 일부를 기재하지 않거나 그 기재에 흠결이 있는 경우라도 그 효력발생에 관한 요건을 갖추고 있는 한 취업규칙 자체가 무효로 되는 것은 아니다.

1. 업무의 시작과 종료 시각, 휴게시간, 휴일, 휴가 및 교대 근로에 관한 사항
2. 임금의 결정 · 계산 · 지급 방법, 임금의 산정기간 · 지급시기 및 승급에 관한 사항
3. 가족수당의 계산 · 지급 방법에 관한 사항
4. 퇴직에 관한 사항
5. 「근로자퇴직급여보장법」 제8조에 따른 퇴직금, 상여 및 최저임금에 관한 사항
6. 근로자의 식비, 작업 용품 등의 부담에 관한 사항
7. 근로자를 위한 교육시설에 관한 사항
8. 산전후휴가 · 육아휴직 등 여성 근로자의 모성 보호에 관한 사항
9. 안전과 보건에 관한 사항
9의 2. 근로자의 성별 · 연령 또는 신체적 조건 등의 특성에 따른 사업장 환경의 개선에 관한 사항
10. 업무상과 업무 외의 재해부조에 관한 사항
11. 표창과 제재에 관한 사항
12. 그 밖에 해당 사업 또는 사업장의 근로자 전체에 적용될 사항

2) 임의적 기재사항

필요적 기재사항 이외에도 사용자는 법령이나 단체협약에 반하지 않는 한 어떠한 사항이라도 기재할 수 있는 바, 이를 임의적 기재사항이라고 한다.

2. 취업규칙의 작성 · 변경에 있어서의 의견청취의무와 의견서첨부

(1) 법 규정

① 사용자는 취업규칙의 작성 · 변경에 관하여 당해 사업장에 근로자의 과반수로 조직된 노동조합에 있는 경우에는 그 노동조합, 근로자의 과반수로 조직된 노동조합이 없는 경우에는 근로자의 과반수의 의견을 들어야 한다. 다만, 취업규칙을 근로자에게 불이익하게 변경하는 경우에는 그 동의를 받아야 한다(제94조 제1항).

② 사용자는 취업규칙을 신고할 때에는 위의 의견을 기입한 서면을 첨부하여야한다(동조 제2항).

(2) 의견의 청취

1) 의견청취의 대상

당해 사업장에 근로자의 과반수로 조직된 노동조합이 있는 경우에는 그 노동조합이고, 근로자의 과반수로 조직된 노동조합이 없는 경우에는 근로자의 과반수이다.

2) 의견의 청취

「의견을 들어야 한다」는 것은 근로자의 단체적인 의견을 구하여야 한다는 것이며, 반드시 동의를 얻어야 한다는 것이 아니다. 따라서 근로자의 반대여부는 취업규칙의 효력에 영향을 미치지 아니한다(통설·판례).[24]

3) 의견서의 첨부

사용자가 취업규칙을 작성 또는 변경하여 이를 신고한 때에는 노동조합 또는 근로자대표의 의견을 기입한 서면을 첨부하여야 한다(동조 제2항).

(3) 법 제94조 위반의 사법상의 효력

취업규칙을 작성 또는 변경함에는 ① 필요적 기재사항 기재, ② 의견청취 내지 신고의무, ③ 주지의무, ④ 의견서첨부 등의 요건을 갖추어야 하는 바, 이와 같은 요건을 갖추지 않은 경우 판례[25]는 동 규정을 단속규정으로만 보고 있어 취업규칙의 효력에 영향을 주지 않는다고 본다. 다만 이 경우에 취업규칙의 사법상의 효력을 부여할 것인가에 학설상 논란이 있다.[26]

(4) 취업규칙의 불이익[27]변경과 동의

---

24) 대판 1991. 4.9. 90다16245.

25) 대판 1991. 4.9. 90다16245.

26) 취업규칙 또는 단체협약에서 취업규칙의 작성과 변경시 근로자 측의 동의나 협의를 요건으로 하는 동의조항 내지 협의조항을 두고 있는 경우에, 동의 또는 협의를 거치지 않고 작성·변경된 취업규칙의 효력이 문제된다.(1) 취업규칙에 동의조항 또는 협의조항을 두고 있는 경우 ①유효설:취업규칙은 원래 사용자가 일방적으로 작성하는 것이므로 이를 제한하는 동의조항 또는 협의조항에 위반하더라도 채무불이행의 문제만 발생할 뿐이며 취업규칙 자체의 효력에는 아무런 영향을 미치지 않는다고 한다. ②무효설:취업규칙은 노사 쌍방을 구속하는 법규범이므로 또는 동의조항 내지 협의조항은 사용자가 자발적으로 자기권한을 제한한 것이므로 이에 위반한 취업규칙에 대하여 효력을 인정할 수 없다고 한다. (2) 단체협약에서 동의조항 또는 협의조항을 두고 있는 경우 ① 유효설:채무불이행의 책임만을 지게 되며 효력 자체에는 아무런 영향을 미치지 않는다고 한다. ② 무효설:단체협약의 조직적 부분에 속하는 동의조항 또는 협의조항에 대해서는 주로 규범적 효력이 인정되어 이에 위반한 경우에는 무효가 되므로 이 경우에도 역시 무효가 된다고 한다.

27) 근로자에게 불이익하다는 것은 근로조건의 저하를 가져오거나 복무규율이 되는 것을 말하는 것으로 급여규정의 변경이 일부 근로자에게는 유리하고 일부 근로자에게는 불리한 경우에도 불이익한 것으로 본다(대판 1993. 5.14. 93다1893).

1) 법 규정

> **근로기준법**
>
> 제94조 (규칙의 작성, 변경 절차) ① 사용자는 취업규칙의 작성 또는 변경에 관하여 해당 사업 또는 사업장에 근로자의 과반수로 조직된 노동조합이 있는 경우에는 그 노동조합, 근로자의 과반수로 조직된 노동조합이 없는 경우에는 근로자의 과반수의 의견을 들어야 한다. 다만, 취업규칙을 근로자에게 불리하게 변경하는 경우에는 그 동의를 받아야 한다.

2) 불리한 경우의 판단

① 일부근로자에게는 유리하고 일부근로자에게는 불리한 경우에는 불이익한 것으로 본다.[28] 여기에서 불이익변경의 기준은 개별근로자가 아닌 사회통념상 합리성을 기준[29]으로 한다.

② 일부 내용이 근로자에게 불리할지라도 다른 요소가 유리하게 변경된 경우에는 그 대가관계나 연계성이 있는 여러 상황을 종합적으로 고려하여 개정조항이 유리한 개정인지 불리한 개정인지를 밝혀서 판단하여야 한다.

③ 근로자에게 불리하다는 판단의 기준 시점은 취업규칙의 변경이 이루어진 시점이다.

관련판례 >>

1. 대법 93다1893 (1993-05-14)
취업규칙 변경으로 근로자간 이익이 상충될 경우 불이익 변경에 준한다

[요 지]

취업규칙의 일부를 이루는 급여규정의 변경이 일부의 근로자에게는 유리하고 일부의 근로자에게는 불리한 경우 그러한 변경에 근로자집단의 동의를 요하는지를 판단하는 것은 근로자 전체에 대하여 획일적으로 결정되어야 할 것이고, 또 이러한 경우 취업규칙의 변경이 근로자에게 전체적으로 유리한지 불리한지를 객관적으로 평가하기가 어려우며, 같은 개정에 의하여 근로자 상호간의 이·불리에 따른 이익이 충돌되는 경우에는 그러한 개정은 근로자에게 불이익한 것으로 취급하여 근로자들 전체의 의사에 따라 결정하게 하는 것이 타당하다.

---

28) 대판 1993. 5.14, 93다1893.

29) 사회통념상 합리성의 유무는 취업규칙의 변경에 의하여 근로자가 입게 될 불이익의 정도, 사용자측의 변경필요성의 내용과 정도, 변경 후의 취업규칙 내용의 상당성, 대상조치 등 관련된 근로조건의 개선상황 등을 종합적으로 고려하여 판단하여야 한다(대판 2002. 6.11, 2001다 6722).

3) 동의의 방식

① 한 사업 또는 사업장의 모든 근로자가 일시에 한자리에 집합하여 회의를 개최하는 방식[30] 만이 아니라, 기구별 또는 단위부서별 사용자 측의 개입이나 간섭이 배제된 상태에서 근로자 상호간에 의견을 교환하여 찬반을 집약한 후 이를 전체적으로 취합하는 방식도 허용되지만,[31] 개별근로자의 동의나 노사협의회에 의한 방식은 허용될 수 없다.[32]

② 취업규칙의 변경이 근로자에게 불리한 경우 근로자집단의 동의를 요하므로 종전 취업규칙에 정함이 없는 사항에 대해서는 근로자의 동의가 없어도 무방하다. 예컨대 종전 취업규칙에 없던 사유도 그것이 법령에 위반하거나 단체협약 등에 저촉되지 않는 한 근로자집단의 동의 없이 취업규칙에서 새로 정할 수 있다고 본다.[33]

③ 단체협약에서 취업규칙의 변경을 조합의 동의를 요한다고 규정되어 있을지라도 유리한 변경의 경우에는 그 동의가 필요 없다.[34]

관련판례 >>

2. 대법 2001다18322 (2003-11-14)

변경될 취업규칙의 내용을 단지 근로자들에게 설명하고 홍보하는 데 그친 경우 사용자측의 부당한 개입이나 간섭이라 볼 수 없다

[요 지]

취업규칙에 규정된 근로조건의 내용을 근로자에게 불이익하게 변경하는 경우에 근로자 과반수로 구성된 노동조합이 없는 때에는 근로자들의 회의 방식에 의한 과반수 동의가 필요하다고 하더라도, 그 회의 방식은 반드시 한 사업 또는 사업장의 전 근로자가 일시에 한자리에 집합하여 회의를 개최하는 방식만이 아니라 한 사업 또는 사업장의 기구별 또는 단위 부서별로 사용자측의 개입이나 간섭이 배제된 상태에서 근로자 상호간에 의견을 교환하여 찬반의견을 집약한 후 이를 전체적으로 취합하는 방식도 허용된다고 할 것인데, 여기서 사용자측의 개입이나 간섭이라 함은 사용자측이 근로자들의 자율적이고 집단적인 의사결정을 저해할 정도로 명시 또는 묵시적인 방법으로 동의를 강요하는 경우를 의미하고 사용자측이 단지 변경될 취업규칙의 내용을 근로자들에게 설명하고 홍보하는 데 그친 경우에는 사용자측의 부당한 개입이나 간섭이 있었다고 볼 수 없다.

---

30) 대판 1992.11.24, 91다31753.

31) 대판 1992.2.25, 91다25055.

32) 대판 1995. 2.10, 92다28566.

33) 대판 1994.6.14, 93다26151.

34) 대판 1994.12.23, 94누3011.

관련판례 >>

3. 대법 2009두2238 (2009-05-28)

정년규정의 개정이 관리직 직원뿐만 아니라 일반직 직원들을 포함한 전체 직원에게 불이익하여 전체 직원들이 동의주체가 된다

[요 지]

1. 취업규칙의 작성·변경의 권한은 원칙적으로 사용자에게 있으므로 사용자는 그 의사에 따라 취업규칙을 작성·변경할 수 있으나, 취업규칙의 작성·변경이 근로자가 가지고 있는 기득의 권리나 이익을 박탈하여 불이익한 근로조건을 부과하는 내용일 때에는 종전 근로조건 또는 취업규칙의 적용을 받고 있던 근로자의 집단적 의사결정방법에 의한 동의, 즉 당해 사업장에 근로자의 과반수로 조직된 노동조합이 있는 경우에는 노동조합, 근로자의 과반수로 조직된 노동조합이 없는 경우에는 근로자의 과반수의 동의를 요한다. 또한 취업규칙의 일부를 이루는 규정의 변경이 일부의 근로자에게는 유리하고 일부의 근로자에게는 불리한 경우 그러한 변경에 근로자집단의 동의를 요하는지를 판단하는 것은 근로자 전체에 대하여 획일적으로 결정되어야 할 것이고, 또 이러한 경우 취업규칙의 변경이 근로자에게 전체적으로 유리한지 불리한지를 객관적으로 평가하기가 어려우며, 같은 개정에 의하여 근로자 상호간의 이, 불리에 따른 이익이 충돌되는 경우에는 그러한 개정은 근로자에게 불이익한 것으로 취급하여 근로자들 전체의 의사에 따라 결정하게 하는 것이 타당하다.

그리고 여러 근로자 집단이 하나의 근로조건 체계 내에 있어 비록 취업규칙의 불이익변경 시점에는 어느 근로자 집단만이 직접적인 불이익을 받더라도 다른 근로자 집단에게도 변경된 취업규칙의 적용이 예상되는 경우에는 일부 근로자 집단은 물론 장래 변경된 취업규칙 규정의 적용이 예상되는 근로자 집단을 포함한 근로자 집단이 동의주체가 되고, 그렇지 않고 근로조건이 이원화되어 있어 변경된 취업규칙이 적용되어 직접적으로 불이익을 받게 되는 근로자 집단 이외에 변경된 취업규칙의 적용이 예상되는 근로자 집단이 없는 경우에는 변경된 취업규칙이 적용되어 불이익을 받는 근로자 집단만이 동의주체가 된다.

2. 이 사건 정년규정의 개정으로 일반직 직원인 4급 이하 직원의 정년은 55세에서 58세로 연장되었고, 관리직 직원인 3급 이상 직원의 정년은 60세에서 58세로 단축되었으며, 이 사건 정년규정의 개정 당시 원고의 전체 직원 38명 중 관리직 직원은 12명이고, 노동조합은 관리직 3급 4명과 일반직 23명 등 총 27명으로 구성되어 있었던 점, 위와 같이 원고의 전체 직원 중 과반수가 4급 이하의 일반직 직원이기는 하였으나, 3급 이상의 관리직 직원들과 4급 이하의 일반직 직원들은 그 직급에 따른 차이만이 있을 뿐 4급 이하의 일반직 직원들은 누구나 3급 이상으로 승진할 가능성이 있으며, 이러한 경우 승진한 직원들은 이 사건 정년규정에 따라 58세에 정년퇴직하여야 하므로 위 개정은 3급 이상에만 관련되는 것이 아니라 직원 전부에게 직접적 또는 간접적, 잠재적으로 관련되는 점 등에 비추어 볼 때 이 사건 정년규정의 개정은 당시 3급 이상이었던 관리직 직원뿐만이 아니라 일반직 직원들을 포함한 전체 직원에게 불이익하여 그 개정 당시의 관리직 직원들뿐만 아니라 일반직 직원들을 포함한 전체 직원들이

동의주체가 된다.

4) 근로자집단의 동의를 얻어 불이익 변경한 취업규칙의 효력
① 변경된 취업규칙의 효력은 근로자집단의 과반수 동의가 있는 때에 발생한다.

② 변경된 취업규칙의 효력은 동의가 있은 때에 발생하므로 변경이전 재직기간까지 소급하여 적용될 수 없다.[35]

5) 근로자집단의 동의 없이 불이익 변경한 취업규칙의 효력
① 절대적 무효설

취업규칙을 근로자집단의 동의 없이 근로자에게 불이익하게 변경하는 경우, 변경 그 자체가 무효이므로 모든 근로자에게 효력이 없다고 한다(통설,종전판례).[36]

② 상대적 무효설

취업규칙을 근로자집단의 동의 없이 근로자에게 불이익하게 변경하는 경우, 기존 근로자에게는 변경의 효력이 없지만 변경된 취업규칙을 수용하고 입사한 근로자에 대해서는 변경의 효력이 있다고 한다.[37] 이 경우에 현행의 법적 효력을 가진 취업규칙은 변경된 취업규칙이고 다만, 기존 근로자에 대한 관계에서 기득이익 침해로 그 효력이 미치지 않는 범위 내 에서 종전 취업규칙이 적용될 뿐이므로 하나의 사업 내에 둘 이상의 취업규칙을 둔 것이 아니라고 한다.

관련판례 >>

4. 대법 91다45165 (1992-12-22)
근로자의 동의없이 불리하게 변경된 취업규칙은 기존 근로자에게는 무효이지만 변경후 새로 입사한 근로자에는 변경된 취업규칙이 적용되어야 한다.

[요 지]

1. 취업규칙의 작성 · 변경에 관한 권한은 원칙적으로 사용자에게 있으므로 사용자는 그 의사에 따라 취업규칙을 작성 · 변경할 수 있으나, 다만 근로기준법 제95조의 규정에 의하여 노동조합 또는 근로자 과반수의 의견을 들어야 하고 특히 근로자에게 불이익하게 변경하는 경우에는 동의를 얻어야 하는 제약을 받는바, 기존의 근로조건을 근로자에게 불리하게 변경하는 경우에 필요한 근로자의 동의는 근로자의 집단적 의사결정방법에 의한 동의임을 요하고 이러한 동의를 얻지 못한 취업규칙의 변경은 효력

---

35) 대판 1990.11.27, 89다카15939.
36) 대판 1990. 4.17, 89다카7754).
37) 대판 1992.12.22, 92다45165.

이 없다.

2. 사용자가 취업규칙에서 정한 근로조건을 근로자에게 불리하게 변경함에 있어서 근로자의 동의를 얻지 않은 경우에 그 변경으로 기득이익이 침해되는 기존의 근로자에 대한 관계에서는 변경의 효력이 미치지 않게 되어 종전 취업규칙의 효력이 그대로 유지되지만, 변경 후에 변경된 취업규칙에 따른 근로조건을 수용하고 근로관계를 갖게 된 근로자에 대한 관계에서는 당연히 변경된 취업규칙이 적용되어야 하고, 기득이익의 침해라는 효력배제사유가 없는 변경 후의 취업근로자에 대해서까지 변경의 효력을 부인하여 종전 취업규칙이 적용되어야 한다고 볼 근거가 없다.

---

6) 합리성이론

① 취업규칙 변경이 근로자에게 불리한 경우라도 사회통념상 합리성이 인정될 만한 것일 때에는 근로자의 동의가 없어도 그 변경은 유효하다고 보는 견해이다.[38]

② 그러나 법에서 명문으로 근로자집단의 동의를 요구하고 있는 이상 해석에서 합리성을 내세워 함부로 근로자집단의 동의를 배제하는 것은 근기법의 기본이념에 배치된다고 본다.

관련판례 >>

5. 대법 2009다32362 (2010-01-28)
근로자의 집단적 의사결정방법에 의한 동의 없이 근로자에게 불리하게 작성·변경된 취업규칙이라도 사회통념상 합리성이 있다고 인정되는 경우에는 그 적용이 가능하다

[요 지]

사용자가 일방적으로 새로운 취업규칙의 작성·변경을 통하여 근로자가 가지고 있는 기득의 권리나 이익을 박탈하여 불이익한 근로조건을 부과하는 것은 원칙적으로 허용되지 아니한다고 할 것이지만, 당해 취업규칙의 작성 또는 변경이 그 필요성 및 내용의 양면에서 보아 그에 의하여 근로자가 입게 될 불이익의 정도를 고려하더라도 여전히 당해 조항의 법적 규범성을 시인할 수 있을 정도로 사회통념상 합리성이 있다고 인정되는 경우에는 종전 근로조건 또는 취업규칙의 적용을 받고 있던 근로자의 집단적 의사결정방법에 의한 동의가 없다는 이유만으로 그의 적용을 부정할 수는 없다고 할 것이고, 한편 여기에서 말하는 사회통념상 합리성의 유무는 취업규칙의 변경에 의하여 근로자가 입게 되는 불이익의 정도, 사용자측의 변경 필요성의 내용과 정도, 변경 후의 취업규칙 내용의 상당성, 대상조치 등을 포함한 다른 근로조건의 개선상황, 노동조합 등과의 교섭 경위 및 노동조합이나 다른 근로자의 대응, 동종 사항에 관한 국내의 일반적인 상황 등을 종합적으로 고려하여 판단하여야 할 것이지만, 취업규칙을 근로자에게 불리하게 변경하는 경우에는 그 동의를 받도록 한 근로기준법을 사실상 배제하는 것이므로 제한적

---

38) 대판 1994. 5. 24, 93다14493.

으로 엄격하게 해석하여야 할 것이다.

---

7) 소급적 동의

① 근로자집단의 동의를 얻지 못하고 불이익하게 변경된 취업규칙이 그 후 단체협약에 의하여 소급적으로 동의를 얻는 경우, 그 효력은 취업규칙 변경시에 소급하여 발생한다.[39]

② 그러나 노동조합은 근로자들에게 불이익하게 변경된 취업규칙에 대하여 소급효를 가지는 동의를 할 수 없으며, 그러한 취지의 단체협약조항은 무효라고 본다.

3. 감급제재규정의 제한

(1) 의의

취업규칙에서 근로자에 대하여 감급(減給)의 제재를 정할 경우에 그 감액은 1회의 금액이 평균임금의 1일분의 2분의 1을, 총액이 1임금지급기의 임금 총액의 10분의 1을 초과하지 못한다(제95조).
이는 감급의 최고한도를 정함으로써 근로자의 임금채권이 확보되도록 하여 그 생활을 보장하려는데 그 취지가 있다.

(2) 감급의 제재

「감급의 제재」란 취업규칙 등에서 정하는 직장규율위반[40]에 대한 제재로서 근로자가 실제로 제공한 근로에 대한 임금 액에서 일정액을 감액하는 것을 말한다. 따라서 결근·지각·조퇴 등 근로제공이 없었던 시간에 상당하는 임금만을 공제하는 것은 감급의 제재로 볼 수 없다.

(3) 감급액의 제한

① 감급액의 최고한도는 1회의 금액이 「평균임금의 1일분의 반액」을 초과할 수 없으며, 총액이 「1임금 지급기에 있어서의 임금총액의 10분의 1」을 초과하지 못한다. 여기서 「1회의 금액」이란 1회의 위반행위에 대한 감급액을 말한다.

② 평균임금의 산정일은 감급의 의사표시가 근로자에게 도달한 날이다.

③ 「1임금지급기에 있어서의 임금총액」이란 당해 임금지급기에 있어서 실제로 지급되어야 하는 임금의 총액이다. 따라서 결근 등으로 인하여 감액된 경우에는 감액된 임금액을 기초로 하여야 할 것이다.

---

39) 대판 1992. 7. 24. 91다34073.
40) 규율위반사유로는 사용자나 기업에 대한 명예신용의 실추, 경력사칭, 기업기밀누설, 경업금지위반, 비행 등을 들 수 있다.

2. 근기68207-997 (1999-12-30)
1회의 감급사유에 대한 감급액 적용방법

근로기준법 제98조에 의하면 취업규칙에서 감급의 제재를 정할 경우에는 그 감액은 1회의 액이 평균임금의 1일분의 2분의 1을, 총액이 1임금지급기에 있어서의 임금총액의 10분의 1을 초과하지 못한다고 규정하고 있음. 근로기준법 제98조의 취지는 근로자의 임금에 대한 감급의 제재를 정함에 있어 아래와 같은 이중적 제한을 규정하고 있는 것임. 1회의 감급액은 평균임금의 1일분의 반액 이하일 것 감급의 총액은 1임금지급기에 있어서의 임금총액의 10분의 1 이하일 것 예를 들어 1일 평균임금이 20,000원이고 1임금지급기가 월급형태이며 월평균임금의 600,000원일 때 감급이 감봉 3월의 경우라면 감급 1회의 액은 1일 평균임금 20,000원의 반액인 10,000원을 초과하지 않는 범위내에서 3개월동안 분할 감액할 수 있으며, 3월간의 감급총액은 1임금지급기 임금총액의 10분의 1인 60,000원을 초과하여 감액할 수 없는 것임. 따라서 상기 예에서는 1개월(1회) 10,000원을 기준으로 3개월동안 총 30,000원을 감액할 수 있음.

3. 근기68207-77 (2001-01-08)
상여금지급규정에 징계자에 대한 상여금지급제한을 정한 경우

근로기준법 제98조(제재규정의 제한)는 '취업규칙에서 근로자에 대하여 감급의 제재를 정할 경우에는 그 감액은 1회의 액이 평균임금의 1일분의 2분의 1을, 총액이 1임금지급기에 있어서의 임금총액의 10분의 1을 초과하지 못한다'고 규정하고 있음. 귀 질의서상의 사실관계가 일부 명확하지 못하여 정확한 답변을 드리기 어려우나, 근로기준법 제98조는 사용자가 취업규칙으로 감급의 제재를 정하는 경우 감급의 최고한도를 정함으로써 근로자의 생계를 보호하고자 하는 규정으로 해석되는 바, 귀 질의의 '상여금 지급규정'이 당해 사업장의 전체 근로자에게 적용될 근로조건을 정한 것이라면 그 명칭 여하를 불문하고 취업규칙으로 볼 수 있으며, 징계자에 대하여 상여금을 제한하여 지급토록 정하는 것은 단순히 '상여금 지급조건을 정한 것'이라기 보다는 징계를 이유로 근로조건에 차별을 둠으로써 제재하는 것으로 볼 수 있으므로, 달리 볼 사정이 없는 한 근로기준법 제98조의 적용을 받는다고 봄

Ⅲ. 취업규칙의 효력

1. 효력발생시기와 적용범위

(1) 효력발생시기

① 사용자는 취업규칙을 항상 각 사업장에 게시 또는 비치하여 근로자에게 널리 알려야할 의무가 있으며(제14조 제1항), 근로자가 이를 주지할 수 있는 상태에 있을 때부터 효력이 발생한다.

② 취업규칙제정 이전의 행위에는 소급하여 적용할 수 없다.[41]

(2) 적용범위

① 원칙적으로 당해 사업장에서 사용되는 모든 근로자에게 적용된다. 그 시행시점에 이미 취업하고 있거나 그 이후에 취업하는 근로자에 대해서만 그 효력이 미친다.[42]

② 취업규칙이 전체 근로자에 대해 동일한 것이어야 할 필요는 없으며, 근로자의 직종이나 근무형태에 따라 취업규칙의 내용을 달리하는 것도 무방하다. 예컨대 하나의 사업장에서 사원취업규칙 · 시간제근로자취업규칙 등을 각각 별도로 정할 수 있다. 그러나 이때에는 모든 취업규칙을 합쳐 그 사업장의 취업규칙이 되고, 각각 개별적으로 근기법상 별도의 취업규칙이 되지는 않는다.

2. 취업규칙과 법령 · 단체협약과의 관계

(1) 법 규정

① 취업규칙은 법령이나 해당 사업 또는 사업장에 대하여 적용되는 단체협약과 어긋나서는 아니 된다(제96조 제1항).

② 고용노동부장관은 법령이나 단체협약에 어긋나는 취업규칙의 변경을 명할 수 있다(동조 제2항).
㉮ 취업규칙은 법령에 반할 수 없다.

㉯ 「법령」이란 법률이나 명령만이 아니라 조례나 규칙도 포함하나 강행법규에 한정된다. 민법 제103조(반사회질서의 법률행위)나 제2조(권리남용금지)의 규정도 포함된다.

---

41) 대판 1990.11.27, 89다카15939.

42) 대판 1999. 1.26, 97다53496.

㉰「어긋나서는 아니 된다」는 것은 법령에서 정한 기준 이하일 수 없다는 것을 의미한다. 따라서 법령보다 근로자에게 유리한 근로조건을 정한 취업규칙은 그대로 효력이 있다.

(2) 단체협약의 우월성

① 취업규칙은 당해 사업장에 대하여 적용되는 단체협약에 반할 수 없고, 취업규칙과 단체협약의 내용이 다른 경우 단체협약이 우선적으로 적용되므로,[43] 단체협약의 내용은 그대로 취업규칙의 내용으로 된다. 또한 취업규칙의 규정을 무효화시킨 단체협약이 실효된 경우에도 취업규칙의 당해규정은 그 효력이 부활되는 것은 아니다.

② 단체협약 중 규범적 부분만이 취업규칙에 우선한다고 보는 견해가 있으나, 채무적·조직적 부분도 포함된다고 보아야 할 것이다.[44]

(3) 법령·단체협약에 반하는 취업규칙의 효력

1) 무효

법령이나 단체협약에 반한 취업규칙의 조항은 당연히 무효이다. 그런데 취업규칙의 법적 성질에 관한 계약설에 의하면 취업규칙은 근로계약의 내용으로 전화하기 때문에 무효가 되는 것은 근로계약의 내용이 된 취업규칙부분, 즉 근로계약의 당해 부분이라고 한다. 그러나 취업규칙에는 강행적·직률적 효력이 있는 이상 취업규칙의 당해 부분 자체가 무효로 된다고 보아야 할 것이다(법규범설).

2) 보충작용의 문제

법령 또는 단체협약에 반하여 무효가 된 부분이 법령 또는 단체협약에 정한 바에 의하여 보충되느냐 하는 문제에 관하여 견해의 대립[45]이 있다.

(4) 고용노동부장관의 변경명령

① 고용노동부장관은 법령 또는 단체협약에 저촉되는 취업규칙의 변경을 명할 수 있다.(제 96조 제 2항) 사용자가 고용노동부장관의 변경명령에 따르지 아니하면 벌칙이 적용된다(제114조 제2호).

---

43) 대판 2002.12.27, 2002두9063.

44) 예컨대 협약중의 해고동의조항이나 조합 활동 조항 등에 반한 취업규칙도 무효라고 보아야 한다. 단체협약이 근로자의 일부에게게만 해당되는 경우 그것에 반한 취업규칙은 해당근로자에게게만 무효가 된다.

45) ㈎ 긍정설 : 법에 명문의 규정은 없으나 법령이나 단체협약에 의한 보충작용을 부정하면 무효로 된 취업규칙의 규정이 사실상 적용될 위험성이 있으므로 보충작용을 인정하는 것이 타당하다는 견해이다. ㈏ 부정설 : 법 제96조 1항에서는 법 제97조와 노조법 제33조와 같은 보충규정을 두고 있지 않을 뿐만 아니라, 제2항에서 고용노동부장관의 변경 명령권을 규정하고 있는 것으로 보아 보충작용을 인정하는 것은 타당하지 않다고 보는 견해이다.

② 취업규칙의 변경명령은 단순히 사용자에게 취업규칙을 변경할 의무를 부과하는데 불과하므로 변경명령에 의하여 즉시 변경되는 것은 아니다. 사용자가 변경명령에 따라 「소정의 변경절차를 거침으로써」 비로소 변경되는 것이다.

3. 취업규칙과 근로계약과의 관계

(1) 의의

취업규칙에 정한 기준에 미달되는 근로조건을 정한 근로계약은 그 부분에 관하여는 무효로 한다. 이 경우에 있어서 무효로 된 부분은 취업규칙에 정한 기준에 의한다(제97조).

(2) 취업규칙의 최저 기준적 효력

① 취업규칙에 정한 기준미달의 근로조건을 정한 근로계약은 그 부분에 대하여만 이를 무효로 한다. 따라서 취업규칙의 근로조건 수준보다 근로계약의 근로조건 수준이 상회하는 경우 근로계약은 유효하다.

② 취업규칙에서 정한 근로조건의 기준에는 채용에 관한 기준은 포함되지 않는다.[46]

(3) 취업규칙의 보충작용

무효로 된 부분은 취업규칙에 정한 기준에 의한다. 따라서 근로계약이 무효가 된 부분에 대해서는 취업규칙의 규정에 따라 노사 간의 권리·의무관계가 정하여진다.

---

46) 대판 1992. 8.14. 92다1995.

THEME 07

경영상 이유에 의한 해고관련 쟁점

I. 경영상 해고의 의의 및 특징

1. 경영상 해고의 의의

경영상 해고란 사용자가 긴박한 경영상 이유를 들어 근로기준법 제24조에서 정한 절차에 따라 근로자를 해고하는 것을 말한다. 경영상 해고는 긴급한 경영상의 필요에 따라 기업에 종사하는 인원을 줄이기 위하여 일정한 요건 아래 근로자를 해고하는 것으로서 기업의 유지·존속을 전제로 그 소속근로자들 중 일부를 해고하는 것을 가르킨다. 본 조는 사용자의 해고남용으로부터 근로자를 보호하기 위하여 경영상 이유에 의한 해고의 법률적 기준을 명확히 하려는 데 그 취지가 있다.

> **근로기준법 제24조(경영상 이유에 의한 해고의 제한)**
>
> ① 사용자가 경영상 이유에 의하여 근로자를 해고하려면 긴박한 경영상의 필요가 있어야 한다. 이 경우 경영 악화를 방지하기 위한 사업의 양도·인수·합병은 긴박한 경영상의 필요가 있는 것으로 본다.
> ② 제1항의 경우에 사용자는 해고를 피하기 위한 노력을 다하여야 하며, 합리적이고 공정한 해고의 기준을 정하고 이에 따라 그 대상자를 선정하여야 한다. 이 경우 남녀의 성을 이유로 차별하여서는 아니 된다.
> ③ 사용자는 제2항에 따른 해고를 피하기 위한 방법과 해고의 기준 등에 관하여 그 사업 또는 사업장에 근로자의 과반수로 조직된 노동조합이 있는 경우에는 그 노동조합(근로자의 과반수로 조직된 노동조합이 없는 경우에는 근로자의 과반수를 대표하는 자를 말한다. 이하 "근로자대표"라 한다)에 해고를 하려는 날의 50일 전까지 통보하고 성실하게 협의하여야 한다.
> ④ 사용자는 제1항에 따라 대통령령으로 정하는 일정한 규모 이상의 인원을 해고하려면 대통령령으로 정하는 바에 따라 고용노동부장관에게 신고하여야 한다. 〈개정 2010.6.4.〉
> ⑤ 사용자가 제1항부터 제3항까지의 규정에 따른 요건을 갖추어 근로자를 해고한 경우에는 제23조제1항에 따른 정당한 이유가 있는 해고를 한 것으로 본다.

2. 경영상 해고의 특징

경영상 해고가 지니는 특징은 근로자의 귀책사유를 전제함이 없이 경영 내·외적 원인에 의해 발생된다는 점에서 일반해고(근기법 제23조)와 구별된다는 것이다. 따라서 사용자가 사업을 폐지하면서 근로자 전원을 해고하는 것은 기업경영의 자유에 속하는 것으로서 경영상 해고에 해당되지 않으며, 또 회사의 해산 등으로 기업이 소멸하거나 파산선고를 받아 사업의 폐지를 위하여 그 청산 과정에서 근로자를 해고하는 경우에도 경영상 해고와는 근본적으로 구별된다.

Ⅱ. 경영상 해고의 요건

1. 긴박한 경영상의 필요

(1) 긴박한 경영상 필요

경영상 해고가 유효하기 위해서는 실질적 요건으로서 우선 긴박한 경영상의 필요가 존재하여야 한다. 이에 관해서는 현행법상 경영악화를 방지하기 위한 사업의 양도·인수·합병은 긴박한 경영상 필요가 있는 것으로 본다고 규정하고 있을 뿐 여타 명시규정을 두고 있지 않다.

(2) 학설 및 판례의 태도 변화

1) 도산회피설

도산회피설에 의하면 경영상 해고를 하지 아니하면 기업이 도산되거나 적어도 기업의 존속유지가 위태롭게 될 것이 객관적으로 인정되는 경우에 한하여 경영상 해고가 인정된다고 한다. (대판 1989.5.23., 87다카2132)

2) 합리적 필요설(감량경영설)

기업의 인원삭감조치가 영업성적의 악화라는 기업의 경제적 이유뿐만 아니라 생산성의 향상, 경쟁력의 회복 내지 증강에 대처하기 위한 작업형태의 변경, 신기술 도입이라는 기술적이 이유와 그러한 기술혁신에 따라 발생하는 산업의 구조적인 변화를 이유로 하여 실제로 이루어지고 있고 또한 그 필요성이 충분히 있다는 점에 비추어 보면 반드시 기업의 도산을 회피하기 위한 것으로 한정할 필요는 없고 인원삭감이 객관적으로 보아 합리성이 있다고 인정될 때에는 긴박한 경영상의 필요성이 있는 것으로 보아야 한다. (대판 1991.12.10 91다8647; 대판 1992.5.12, 90누9421; 대판 2002.8.27, 2000두6756, 대판 2003.11.13, 2003두4119)

3) 장래의 경영위기

최근 판례는 장래에 올 수도 있는 위기에 미리 대처하기 위한 인원삭감이 객관적으로 보아 합리성이 있다고 인정되는 경우까지 긴박한 경영상의 필요성을 인정하고 있어 "장래의 경영위기"까지 긴박성의 요건을 완화하고 있다. (대판 2002.7.9, 2001다29452; 대판 2003.9.26, 2001두10776)

(3) 구체적 사례

1) 인정한 사례

생산중단 · 축소로 인해 작업부서가 폐지된 경우,[47] 정부투자기관의 민영화 과정에서 종래의 방만한 경영개선을 위해 기구를 축소 · 개편한 경우,[48] 계속된 적자로 일부 사업을 하도급제로 전환하면서 감축한 경우,[49] 계속적인 노사분규로 인한 적자경영을 극복하기 위해 일부 단위 부서를 폐지한 경우,[50] 자금지원에 의존하는 기업체에서 자금지원이 중단된 경우,[51] 경영합리화를 위한 직제개편을 한 경우[52]

2) 부정한 사례

노동조합의 파업으로 일시적 경영난에 빠진 경우,[53] 정리해고 이후 신규로 근로자를 채용하는 등 사실상 경영사정이 곤란했다고 볼 수 없는 사정이 있는 경우,[54] 일부영업부문의 적자가 발생하였을 뿐인 경우,[55] 적자가 만성적이면서 앞으로 그러한 상태가 계속될 가능성이 없는 경우[56]

관련판례 >>

1. 대법 2010다3692 (2012-02-23)

장래 위기에 대처할 필요가 있다는 사정을 인정할 수 있다면, 해당사업부문을 축소 또는 폐지하고 이로 인하여 발생하는 잉여인력을 감축하는 것이 객관적으로 보아 불합리한 것이라고 볼 수 없다

[요 지]

1. 근로기준법 제24조에 의하면, 사용자가 경영상의 이유에 의하여 근로자를 해고하고자 하는 경우에는 긴박한 경영상의 필요가 있어야 한다. 여기서 긴박한 경영상의 필요라 함은 반드시 기업의 도산을 회피하기 위한 경우에 한정되지 아니하고, 장래에 올수도 있는 위기에 미리 대처하기 위하여 인원 삭감이 객관적으로 보아 합리성이 있다고 인정되는 경우도 포함된다

2. 기업의 전체 경영실적이 흑자를 기록하고 있더라도 일부 사업부문이 경영악화를 겪고 있는 경우, 그러한 경영악화가 구조적인 문제 등에 기인한 것으로 쉽게 개선될 가능성이 없고 해당 사업부문을 그대로 유지한다면 결국 기업 전체의 경영상황이 악화 될 우려가 있는 등 장래 위기에 대처할 필요가 있

---

47) 대판 1990.1.12, 88다카33094
48) 대판 192.8.14, 92다16973
49) 대판 1995.12.22, 94다52119
50) 대판 1992.5.12, 90누9421
51) 대판 1995.12.5, 94누15783
52) 대판 1991.1.29, 90누4433
53) 대판 1993.1.26, 92누3076
54) 대판 1989.5.23, 87다카2132
55) 대판 1995.11.24, 94누10931
56) 대판 1992.5.12, 90누9421

다는 사정을 인정할 수 있다면, 해당사업부문을 축소 또는 폐지하고 이로 인하여 발생하는 잉여인력을 감축하는 것이 객관적으로 보아 불합리한 것이라고 볼 수 없다.

2. 사용자의 해고회피 노력

(1) 사용자의 해고회피 노력

사용자는 경영상의 이유에 의하여 근로자를 해고하기에 앞서 해고를 피하기 위한 노력을 다하여야 한다.(근기법 제24조 제2항) 사용자의 해고회피노력이란 근로자의 해고범위를 최소화하기 위하여 경영상의 이유에 의한 해고를 단행하기에 앞서 경영방침이나 작업방식의 합리화, 신규채용의 금지, 일시휴직 및 희망퇴직의 활용, 전근 등 가능한 조치를 취하는 것[57]을 의미한다.

(2) 구체적 사례

1) 인정한 사례

경영방침의 개선,[58] 작업의 과학화·합리화,[59] 사무실규모 축소,[60] 임원의 임금동결,[61] 임시적·유기근로자 등의 재계약정지,[62] 신규채용의 중지,[63] 연장근로의 축소,[64] 전직 등 배치전환,[65] 일시 휴업,[66] 퇴직희망자 모집[67] 등의 경우, 사용자가 고용보험법상 휴업수당지원금, 근로시간단축지원금, 고용유지훈련지원금 및 인력재배치지원금 등의 고용안정지원제도를 활용하는 경우[68]

2) 부정한 사례

경영상 필요에 따라 일부 생산부서를 폐지하고자 할 때 회사가 먼저 경영합리화 노력을 보이지 않고 일방적인 감원계획을 실행한 경우,[69] 회사의 적자가 누적된 사실은 인정되더라도 근

---

57) 대판 1992.12.22, 92다14779
58) 대판 1993.11.23, 92다12285
59) 대판 1992.12.22, 92다14779
60) 대판 1995.11.24, 94누10931
61) 중노위 1996.12.17, 96부해174
62) 대판 1993.12.28, 92다34858
63) 대판 1990.3.13, 89다카24445
64) 대판 1992.12.22, 92다14779
65) 대판 1992.12.22, 92다14779
66) 대판 1992.12.22, 92다14779
67) 대판 1992.12.22, 92다14779
68) 1998.3.28, 근기 68201-586
69) 대판 1993.11.23, 92다34858

로자 다수를 공개모집하는 광고를 게재한 경우,[70] 조합운영상 어려움을 예상하여 직제를 개편하고 일부 근로자를 해고하였으나 얼마 후 폐지하였던 직제를 부활시키고 직원도 증원한 경우,[71] 직제개편 후 해고하였으나 해고 후 해고근로자와 동일한 자격증을 지니고 있는 근로자를 채용한 경우[72]

3. 공정하고 합리적인 해고자 선정기준

(1) 공정하고 합리적인 선정

경영상 해고는 합리적이고 공정한 해고의 기준을 정하고 이에 따라 그 대상자를 선정하여야한다. 이 경우 남녀의 성을 이유로 차별하여서는 아니 된다. (동조 제2항 후단). 설령, 단체협약에 정한 바가 있더라도 여성을 우선적인 해고대상자로 선정할 수 없다.

해고대상자 선정기준은 근로자 측 입장으로서 연령, 건강, 가족상황 및 재취업가능성을 종합적으로 고려하여 사회적·경제적 약자를 우선적으로 보호하고, 사용자 측 입장으로서 근로자의 근무능력, 근속기간 및 능률성 등을 고려하여 경영에 필요한 근로자가 우선적으로 보호되도록 설정되어야 한다.

(2) 구체적 사례

1) 인정한 사례

특정직급 이상 직원을 감축하기로 설정한 경우,[73] 직급별로 구성된 직제개편 위원회에서 자치 선정한 기준으로 해고한 경우,[74] 희망퇴직제를 시행 후 예정된 감축 인원에 미달하자 각 직급별 투표로 선출된 직원으로 구조조정 위원회를 구성하여 상호평가의 방법으로 구조조정 대상자를 선정한 경우,[75] 산재환자 등 보호필요성에 따른 해고제외기준의 경우,[76] 운전기사의 교통사고 발생전력과 징계전력을 기준을 한 경우[77]

2) 부정한 사례

객관적인 근무평가가 전혀 없는 상태의 경우,[78] 불명확한 내용의 기준과 비교평가가 결여된

70) 중노위 1997.6.12, 97부해21

71) 대판 1993.12.28, 92다34858

72) 대판 1987.4.28, 86다카1873

73) 대판 2002.7.9., 2001다 29452

74) 대판 2002.7.9., 2000두9373

75) 대판 2002다212339

76) 대판 2000.10.13., 98다11437

77) 서울고법 2000.6.9., 99누11235

78) 서울행법 2000.12.8, 99구31779

경우,[79] 객관적 평가기준 없이 위원들의 투표만으로 행한 대상자 선정의 경우,[80] 해고기준을 적용할 평가 기간의 차별에 대한 경우,[81] 회사측 이해관계만을 고려한 기준의 경우[82]

관련판례 〉〉

2. 대법 2011두11310 (2012-05-24)
  객관적 합리성과 사회적 상당성을 가진 구체적인 해고대상자 선정기준이 마련되어야 하고, 그 기준을 실질적으로 공정하게 적용하여 정당한 해고대상자의 선정이 이루어져야 한다.

[요 지]

1. 사용자가 경영상의 이유에 의하여 근로자를 해고하고자 하는 경우 근로기준법 제24조제1항 내지 제3항에 따라 합리적이고 공정한 해고의 기준을 정하고, 이에 따라 그 대상자를 선정하여야 하는바, 이때 합리적이고 공정한 기준이 확정적·고정적인 것은 아니고 당해 사용자가 직면한 경영위기의 강도와 정리해고를 실시하여야 하는 경영상의 이유, 정리해고를 실시한 사업 부문의 내용과 근로자의 구성, 정리해고 실시 당시의 사회경제상황 등에 따라 달라지는 것이기는 하지만, 객관적 합리성과 사회적 상당성을 가진 구체적 기준이 마련되어야 하고, 그 기준을 실질적으로 공정하게 적용하여 정당한 해고대상자의 선정이 이루어져야 한다.

2. 이 사건 정리해고 대상자 선정기준은 근무태도에 대한 주관적 평가와 객관적 평가 및 근로자 측 요소가 각 1/3씩 비중을 차지하고 있는데, 근무태도라는 단일한 대상을 주관적 평가와 객관적 평가로 나누어 동일하게 배점하고 주관적 평가 항목에서 참가인들과 잔존 근로자들 사이에 점수를 현격하게 차이가 나도록 부여함으로써 결국 근무태도에 대한 주관적 평가에 의하여 해고 여부가 좌우되는 결과가 된 점, 근무태도에 대한 주관적 평가의 개별 항목 중 현장직 근로자들의 업무 특성에 비추어 적절해 보이지 않는 부분이 있고, 참가인들에 대하여 부여된 주관적 평가 점수가 객관적 평가 점수나 잔존 근로자에 대한 주관적 평가 점수와 비교해 볼 때 납득하기 어려울 만큼 차이가 큰 점 등 그 판시와 같은 사정들에 비추어 보면 그 선정기준 자체가 합리적이고 공정하다고 인정하기 어렵고, 그 기준을 정당하게 적용하여 해고 대상자를 선정하였다고 보이지도 아니하므로 이 사건 참가인들에 대한 해고가 위법하다.

---

79) 서울행법 2000.8.22., 99구27282
80) 서울행법 2000.6.16., 99구30967
81) 서울행법 2000.12.8. 99구31779
82) 서울행법 2000.7.7., 99구34600

3. 대법 2001다29452 (2002-07-09)
합리적이고 공정한 해고의 기준은 사용자가 직면한 경영위기의 강도와 정리해고를 실시해야 하는 경영상의 이유 등에 따라 달라진다

[요 지]

1. 정리해고의 요건 및 그 요건의 충족 여부의 판단 방법 : 사용자가 경영상의 이유에 의하여 근로자를 해고하고자 하는 경우에는 긴박한 경영상의 필요가 있어야 하고, 해고를 피하기 위한 노력을 다하여야 하며, 합리적이고 공정한 기준에 따라 그 대상자를 선정하여야 하고, 해고를 피하기 위한 방법과 해고의 기준 등을 근로자의 과반수로 조직된 노동조합 또는 근로자대표에게 해고실시일 60일 전까지 통보하고 성실하게 협의하여야 한다. 여기서 긴박한 경영상의 필요라 함은 반드시 기업의 도산을 회피하기 위한 경우에 한정되지 아니하고, 장래에 올 수도 있는 위기에 미리 대처하기 위하여 인원삭감이 객관적으로 보아 합리성이 있다고 인정되는 경우도 포함되는 것으로 보아야 하고, 위 각 요건의 구체적 내용은 확정적·고정적인 것이 아니라 구체적 사건에서 다른 요건의 충족 정도와 관련하여 유동적으로 정해지는 것이므로 구체적 사건에서 경영상 이유에 의한 당해 해고가 위 각 요건을 모두 갖추어 정당한지 여부는 위 각 요건을 구성하는 개별사정들을 종합적으로 고려하여 판단하여야 한다.

2. 정리해고의 요건으로서 사용자가 해고회피노력을 다하였는지 여부의 판단 방법 : 사용자가 정리해고를 실시하기 전에 다하여야 할 해고회피노력의 방법과 정도는 확정적·고정적인 것이 아니라 당해 사용자의 경영위기의 정도, 정리해고를 실시하여야 하는 경영상의 이유, 사업의 내용과 규모, 직급별 인원상황 등에 따라 달라지는 것이고, 사용자가 해고를 회피하기 위한 방법에 관하여 노동조합 또는 근로자대표와 성실하게 협의하여 정리해고 실시에 관한 합의에 도달하였다면 이러한 사정도 해고회피노력의 판단에 참작되어야 한다.

3. 정리해고의 요건으로서 합리적이고 공정한 해고 기준인지 여부의 판단 방법 : 합리적이고 공정한 해고의 기준 역시 확정적·고정적인 것은 아니고 당해 사용자가 직면한 경영위기의 강도와 정리해고를 실시하여야 하는 경영상의 이유, 정리해고를 실시한 사업 부문의 내용과 근로자의 구성, 정리해고 실시 당시의 사회경제상황 등에 따라 달라지는 것이고, 사용자가 해고의 기준에 관하여 노동조합 또는 근로자대표와 성실하게 협의하여 해고의 기준에 관한 합의에 도달하였다면 이러한 사정도 해고의 기준이 합리적이고 공정한 기준인지의 판단에 참작되어야 한다.

4. 정리해고의 절차적 요건으로서 노동조합 또는 근로자대표와의 성실한 협의를 규정한 취지 : 근로기준법 제31조제3항이 사용자는 해고를 피하기 위한 방법 및 해고의 기준 등에 관하여 당해 사업 또는 사업장에 근로자의 과반수로 조직된 노동조합이 있는 경우에는 그 노동조합, 근로자의 과반수로 조직된 노동조합이 없는 경우에는 근로자의 과반수를 대표하는 자(근로자대표)에 대하여 미리 통보하고

성실하게 협의하여야 한다고 하여 정리해고의 절차적 요건을 규정한 것은 같은 조 제1, 2항이 규정하고 있는 정리해고의 실질적 요건의 충족을 담보함과 아울러 비록 불가피한 정리해고라 하더라도 협의 과정을 통한 쌍방의 이해 속에서 실시되는 것이 바람직하다는 이유에서이다.

5. 정리해고가 실시되는 사업장에 근로자의 과반수로 조직된 노동조합이 있는 경우 사용자가 그 노동조합과의 협의 외에 정리해고의 대상인 일정 급수 이상 직원들만의 대표를 새로이 선출케 하여 그 대표와 별도로 협의를 하지 않았다고 하여 그 정리해고를 협의절차의 흠결로 무효라 할 수는 없다.

6. 인사발령과 휴직명령이 근로자를 정리해고하는 과정에서 그 근로자에게 퇴직을 강요하기 위하여 인사재량권을 남용하여 한 인사처분이므로 무효라고 판단한 원심판결은 위법하다.

---

4. 해고협의조항

(1) 해고협의 조항

사용자는 해고회피방법 및 해고의 기준 등에 관하여 당해 사업 또는 사업장에 근로자의 과반수로 조직된 노동조합이 있는 경우에는 그 노동조합(근로자의 과반수로 조직된 노동조합이 없는 경우에는 근로자의 과반수를 대표하는 자. 이하 "근로자대표"[83]라 함)에 대하여 해고를 하고자 하는 날의 50일 전까지 통보하고 성실하게 협의하여야 한다(동조 제3항).

(2) 사전협의의 법적 의미

사전협의의 법적 의미[84]는 정리해고의 절차를 담보하는 기능을 수행하기에 강행규정으로서 이를 거치지 아니하면 무효이다.[85] 다만, 통보 시기는 해고실시 50일 이전이 아니더라도 위법하다고 볼 수 없다.[86] 한편, 개별근로자에 대한 해고예고는 해고 30일전에 이루어져야 하므로 해고예고는 50일간의 사전통보 및 협의기간 중에도 할 수 있으나 노사 간의 협의가 종료된 후에 하여야 한다.

정리해고의 실시여부는 경영주체에 의한 고도의 경영상 결단에 속하는 사항으로 경영권의 본질에 속하는 사항으로서 정리해고에 대한 합의약정을 하였을 지라도 노동조합과의 협의만으로도 충분하다고 본다.[87] 이 경우 사전협의의 법적 성질에 관하여는 근로조건에 관한 단체교섭을 하

---

83) 다른 요건을 모두 충족하고 '성실한 협의의무'를 다했다면 합의나 동의가 없더라도 정당성이 인정된다는 것이 판례의 입장이다(대판 2002.8.27, 2000두3061, 하이닉스 사건).

84) 사용자가 정리해고를 단행하기 위해서는 반드시 사전협의를 거쳐야 하는데 이와 같은 사전협의를 거치지 아니하고 행한 해고는 무효라고 해석되며(대판 1991.5.14,91다2656), 또한 사전통보기간을 단축(60일→50일)함으로써 해고의 유연성 제고와 노사 간의 갈등을 줄일 수 있다.

85) 대판 1991.5.14 91다22656; 대판 1993.1.26, 92누376.

86) 대판 2003.11.13, 2003두4119.

87) 서울고판 2003. 7.10, 2002 나 58138; 노동조합의 "합의"가 있을 경우에만 구조조정을 할 수 있다면 경영주체에 의한 고도의

는 것과 같다는 입장도 있으나, 단체교섭을 의미하는 것이 아니라 노사 협의적 성질이라고 판단해야 할 것이다.[88]

관련판례 >>

4. 대법 2003다69393 (2006-01-26)

1. 형식적으로는 근로자 과반수의 대표로서의 자격을 명확히 갖추지 못하였더라도 실질적으로 근로자의 의사를 반영할 수 있는 대표자라고 인정할 수 있는 경우, 절차적 요건을 충족하였다고 볼 수 있다.

2. 정리해고자가 사용자가 신규채용하려는 직책에 맞지 아니하여 다른 근로자를 채용한 경우, 우선재고용 노력의무의 위반으로 볼 수 없다

[요 지]

1. 근로기준법 제31조 제3항이 사용자는 해고를 피하기 위한 방법 및 해고의 기준 등에 관하여 당해 사업 또는 사업장에 근로자의 과반수로 조직된 노동조합이 있는 경우에는 그 노동조합, 근로자의 과반수로 조직된 노동조합이 없는 경우에는 근로자의 과반수를 대표하는 자(근로자대표)에 대하여 미리 통보하고 성실하게 협의하여야 한다고 하여 정리해고의 절차적 요건을 규정한 것은 같은 조 제1, 2항이 규정하고 있는 정리해고의 실질적 요건의 충족을 담보함과 아울러 비록 불가피한 정리해고라 하더라도 협의과정을 통한 쌍방의 이해 속에서 실시되는 것이 바람직하다는 이유에서라고 할 것이므로, 근로자의 과반수로 조직된 노동조합이 없는 경우에 그 협의의 상대방이 형식적으로는 근로자 과반수의 대표로서의 자격을 명확히 갖추지 못하였더라도 실질적으로 근로자의 의사를 반영할 수 있는 대표자라고 볼 수 있는 사정이 있다면 위 절차적 요건도 충족하였다고 보아야 할 것이다.

2. 근로기준법 제31조의2는 정리해고를 한 사용자는 정리해고일로부터 2년 이내에 근로자를 채용하고자 할 때에는 정리해고 된 근로자가 원하는 경우 해고 전의 직책 등을 감안하여 그 근로자를 우선적으로 고용하도록 노력하여야 한다고 규정하고 있는바, 이는 사용자가 신규채용의 기회가 생기기만 하면 반드시 정리해고자를 우선 재고용하여야 한다는 법적인 의무를 부과한 것이 아니라, 사용자가 신규채용하고자 하는 직책에 맞는 정리해고자가 있으면 그를 우선적으로 고용하도록 노력하라는 취지에 불과하다 할 것이므로, 정리해고자가 사용자가 신규채용하려는 직책에 맞는 사람이라고 볼 만한 사정이 인정되지 아니한다면 사용자가 그의 합리적인 경영판단에 의하여 다른 근로자를 채용하였다고 하더라도 근로기준법이 정한 위 우선재고용 노력의무를 위반하였다고 평가할 수는 없다.

경영상의 결단, 즉 경영권은 부인되는 결과를 가져올 수 있을 것이다. 따라서 기업의 존립과 관련된 구조조정의 실시여부는 원칙적으로 합의의 대상이 될 수 없고, 단체교섭 대상이 되지 않는다는 것이 다수설이고 판례입장이다(대판 2003.7.22, 2002도7225; 대판 2002.2.6, 99도5380)

88) 대판 2001.4.24, 99도4893.

5. 고용노동부 사전신고의무

(1) 사전신고의무 취지

근기법 제24조제4항에 사용자는 경영상의 이유에 의하여 대통령령이 정하는 일정한 규모 이상의 인원을 해고하려면 대통령령이 정하는 바에 따라 고용노동부장관에게 신고하여야 한다. 라고 규정하고 있다. 이와 같이 고용노동부에 경영상의 이유에 의한 해고계획을 신고토록 한 것은 경영상 해고가 근로자에게 아무런 귀책사유가 없음에도 불구하고 사용자 측의 경영사정에 의하여 근로계약관계를 종료시키는 것이므로, 이에 대한 행정적인 규제와 감독이 필요하여 마련된 규정이라 할 수 있다. 아울러 집단적인 해고로 인한 문제점을 최소화하고 나아가 노사간의 갈등을 사전에 예방하고자 함에 있다 할 것이다.

(2) 사전신고 절차

① 경영상의 이유에 의해 사용자는 1개월 동안에 다음 각 호의 어느 하나에 해당하는 인원을 해고하려면 최초로 해고하려는 날의 30일전까지 고용노동부장관에게 신고하여야 한다(영 제10조 제1항).
 - 상시 근로자수가 99인 이하인 사업 또는 사업장 : 10인 이상
 - 상시 근로자수가 100인 이상 999인 이하인 사업 또는 사업장 : 상시 근로자수의 10% 이상
 - 상시 근로자수가 1000인 이상 사업 또는 사업장 : 100인 이상

② 상기 신고에는 다음 각 호의 사항이 포함되어야 한다(영 제10조 제2항).
 해고 사유, 해고예정인원, 근로자대표와 협의내용, 해고일정

③ 신고제도는 대량해고에 대한 행정적 감독과 지도를 하기 위한 것이므로 신고를 하지 않더라도 위반시 벌칙규정도 없고, 해고의 효력에 영향을 미치지는 않는다.

6. 우선 재고용 의무

(1) 사용자의 우선 재고용의무

근기법 제 24조에 따라 근로자를 해고한 사용자는 근로자를 해고한 날부터 3년 이내에 해고된 근로자가 해고 당시 담당했던 업무와 같은 업무를 할 근로자를 채용하려고 할 경우 제 24조에 따라 해고된 근로자가 원하면 그 근로자를 우선적으로 고용하여야 한다(근기법 제25조 제1항).[89]

---

89) 우선적 고용의무를 규정함으로써 의무규정화 하였으나 위반시 처벌규정은 없다. 다만, 동규정 위반시 형사처벌로 이행을 강제하지 않고 민사상의 권리의무만을 확정시켜, 사용자가 재고용의무 불이행시 근로자에게 민사상 청구권이 발생토록 하였다. 또한 정리해고를 한 후 일정한 기간(2년)이 경과하기 전에는 당해 업무에 파견근로를 사용하여서는 아니된다(파견법 제16조 제2항).

⑵ 국가의 의무

정부는 경영상의 이유에 의하여 해고된 근로자에 대하여 생계안정, 재취업, 직업훈련 등 필요한 조치를 우선적으로 취하여야 한다(동조 제2항).

THEME 08 저성과자 해고관련 법적기준

Ⅰ. 저성과자의 개념

1. 의의

저성과자란 주어진 직무를 처리할 능력·자질·의욕이 부족하여 조직이 요구하는 실적을 올리지 못하는 사람을 말한다. 그 중에서도 해고를 해야 할 정도의 저성과자는 직무를 처리할 능력·자질·의욕이 '현저히 부족'해서 근무성적이 '극히 불량'하고 기회를 주었음에도 '스스로 개선하지 않는' 사람으로 제한된다.

2. 저성과자의 문제점

최근 우리나라 기업은 계속되는 인력 적체로 인해 효율적인 조직관리에 어려움을 겪고 있다. 특히 저성과자들의 출현은 무임승차 논란과 더불어 우수인재의 기회를 잠식하고 제한하기까지 하는 문제를 발생시키게 된다.

저성과자가 기업에 미치는 부정적 영향에 관한 연구[90]에 의하면 저성과자들은 기업이 고성과자들에게 쓰는 시간을 잠식시키며 저성과자 관리에는 다른 인력보다 더 많은 시간과 노력이 든다. 또한 저성과자들은 고객들에게 회사가 점점 부실해져 가고 있다거나 또는 고객에게 관심이 없다는 인상을 심어 주며 저성과자들은 회사가 추구하는 방향과는 다른 방향으로 회사 분위기를 몰고 간다. 따라서 기업 내에서는 효율적인 저성과자 관리에 중심을 두어야 한다. 특히 인사권행사 및 해고관련 법적기준에 대한 검토가 시급하다.

Ⅱ. 저성과자에 대한 인사권행사와 정당성

1. 저성과자에 대한 기업 내 인사이동

기업 내 인사이동은 동일 기업 안에서 근로자의 직종, 직무내용, 직급, 근로 장소 등을 긴 시간에 걸쳐 변경하는 사용자의 행위이다. 이런 기업 내 인사이동에는 전보, 전직, 전근이 있으며, 이를 전체적으로 나타내는 용어는 '배치전환'이다.

사용자의 인사이동명령권은 정당한 인사권에 근거해야 하며, 근로기준법에서는 정당한 사유를 요구하고 있다(근로기준법 제23조). 또한 그 명령이 법령에 위반되지 않아야 하며, 특히 근로기준법 제6조와 남녀고용평등및일·가정양립지원에관한 법률에서 정한 균등처우, 노동조합법 제81조에

---

90) John Sullivan이 미국내 전자 통신 분야 초일류 기업 20개사를 대상으로 조사

서 정한 부당노동행위 규정에 위반되는 경우 부당한 배치전환이 될 수 있다. 그리고 근로기준법 제 104조 제2항에 위반하거나 민법 제2조에서 정한 권리남용에 해당되지 않아야 한다.

판례는"근로자에 대한 전보나 전직은 원칙적으로 인사권자인 사용자의 권한에 속하므로 업무상 필요한 범위 내에서는 사용자는 상당한 재량을 가지며, 그것이 근로기준법에 위반되거나 권리남용에 해당 되는 등의 특별한 사정이 없는 한 유효하다"는 입장이다.[91] 배치전환 등 기업 내 인사이동은 특별한 사정이 없는 한 사용자의 인사권 행사로서 상당한 재량이 인정된다. 따라서 적절한 직무에 적절한 인재를 배치하는 차원에서 저성과자를 다른 부서로 배치전환 하는 것은 정당하다. 그러나 사용자의 인사권이라 하더라도 일정한 한계를 가지고 있으므로 근로자가 일반적으로 예상하지 못했던 부서로의 배치전환이나 직무가 변경되는 경우에는 신의칙상 근로자의 동의를 얻기 위한 노력이 선행되어야 한다.

2. 저성과자에 대한 전출, 전적 등 기업 간 인사이동

기업 간 인사이동은 근로자가 원래 기업에서 그 신분을 유지하면서 다른 기업의 지휘감독을 받아 근로를 제공하는'전출'과 원래의 기업과의 근로관계를 종료하고 새로운 기업과 근로계약을 체결하는 '전적'이 있다.[92]

전출의 경우 별개의 법인격을 가진 기업 간의 인사이동이므로 세 당사자 간 합의가 있어야 하며 특히 근로자의 동의가 있어야 한다. 대상기업, 전출기간, 조건 등이 단체협약, 취업규칙, 근로계약에 구체적으로 규정되어있는 상태에서 객관적이고 합리적인기준에 의하여 내려진 전출명령은 근로조건의 저하가 없고 권리남용이 아니라면 근로자는 이에 따라야한다.[93]

전적은 사용자와 근로자가 근로계약을 해지하고 다른 사용자와 그 근로자가 새로운 근로계약을 체결하거나 근로계약상의 사용자의 지위를 양도하는 것을 말한다. 종래에 종사하던 기업과 근로계약을 합의해지한 후 이적하게 될 기업과 새로운 근로계약을 체결하는 것이므로 근로계약의 존속을 전제로 하는 전출 또는 동일기업 내 인사이동인 전근이나 전보와 다르다. 이때 특별한사정이 없는 한 근로자의 동의를 얻어야 하는 것은 물론이다.

저성과자와 합의해서 다른 기업이나 관련업체로의 전출, 전적을 하는 것은 계약자유의 원칙상 인정된다. 그러나 근로자가 원하지 않는 전출이나 전적을 강요하는 것은 부당한 인사권 행사가 될 가능성이 높으므로 주의해야한다.

91) 대판2007.10.11, 2007두11566
92) 근로기준과-1154, 2005.2.25
93) 근기68207-1549, 2000.5.20

그런데 전출의 경우에는 저성과자에게 오히려 새로운 기회가 될 가능성이 있기 때문에 전적과 동일하게 볼 필요는 없다.

3. 저성과자에 대한 대기발령과 당연퇴직의 정당성

대기발령 이라함은 일반적으로 회사의 사정이 있는 경우 또는 근로자가 종전과 동일하게 작업을 하는 것이 업무상 지장을 초래하거나 사업장 질서를 문란케 할 위험이 큰 경우에 사용자가 근로자에게 일정기간 보직을 부여하지 않고 대기시키는 잠정적인 인사 조치를 말한다.[94] 즉, 대기발령은 업무를 부여하지 않고 자택에서 일정기간 대기하게 하거나 또는 출근하더라도 업무가 없이 일정한 장소에서 대기하게 하는 인사명령이다. 이러한 대기발령은 새로운 업무를 부여하기 위한 일시적인 대기일 경우도 있고, 징계절차를 이행하기 전에 잠정적으로 대기하는 기간일수도 있다.

대부분의기업에서는 단체협약 또는 취업규칙등에 '직무수행능력이 부족하거나 근무성적이 극히 불량한 자 또는 직원으로서 근무태도가 심히 불성실한 자'등과 같이 직위해제 또는 대기발령을 명할 수 있는 사유를 규정하고 있다. 또한 대기발령 기간 중 직위해제의 사유가 소멸 또는 해소된 때에는 지체 없이 직위를 부여하되 대기발령 또는 직위해제처분을 받은 자가 그 기간 중 능력의 향상 또는 개선의 가능성이 없다고 인정되는 경우에는 징계위원회의 동의를 얻어 면직할 수 있다는 규정을 함께 두고 있다.

4. 저성과자에 대한 직위해제의 정당성

직위해제란 근로자가 직무수행능력이 부족하거나 근무성적 또는 근무태도 등이 불량한 경우와 같이 당해 근로자가 장래에 있어서 계속 직무를 담당하게 될 경우 예상되는 업무상의 장애 등을 예방하기 위하여 일시적으로 당해 근로자에게 직위를 부여하지 아니함으로써 직무에종사하지 못하도록 하는 잠정적인조치로서의 보직의 해제를 의미하므로 징벌적 제재인 징계와는 그 성질이 다르다.[95]

5. 저성과자에 대한 임금감액의 정당성

근로조건의 변경 중에서 가장 문제가 되는 것은 임금의 감액이다. 저하된 근로능력이나 업적, 실적에 비례해서 해당 근로자의 임금 감액이 가능하다면 사용자의 위험은 충분히 제거되고 굳이 해고를 고집하지 않을 것이다. 그런데 현실적으로 특별한 사정이 없는 한 근로자의 임금은 매년 상승하는 구조로 되어있고, 하방경직성이 그 특징으로 되어있어 임금을 감액하는 것은 해당 근로자가 동의하지 않는 한 불가능하다는 문제가 있다. 물론 성과나 업적에 따라 임금액이 확정되는 성과급, 업적급 등의 임금체계에서는 일정한성과나 업적을 올리지 않는 경우 아예 그 부분에 대한 임금이 발생하지 않으므로 실제로 임금을 적게 받아도 임금 감액의 문제가 발생하지 않는다. 임금의 감

94) 대판 1996.10.29, 95누15926
95) 대판2007.5.31, 2007두1460

액은 이미 고정적으로 정해진 통상임금 수준을 저성과를 이유로 일정한 금액의 한도에서 감액하는 것이므로 반드시 근로자의 동의가 필요하다. 만약 근로자가 동의하지 않으면 사용자가 일방적으로 임금을 감액할 수 없다. 그렇다면 근로자가 동의하지 않는 경우 사용자가 인사권의 일환으로서 임금 감액이 가능한지 논란이 있다.

근로기준법 제23조에서는 불이익 처분의 한 유형으로 감봉을 예정하고 있고, 제95조에서는 감급 제재의 법정한계를 명시하고 있다. 그러나 근로기준법 제95조에서 명시하고 있는 감급의 제재는 징벌적인 의미를 내포하고 있다는 점을 고려할 때 단순히 사용자가 가지고 있는 인사권 행사로서 근로자의 임금을 감액하는 것은 근로조건의 대등결정원칙과 취업규칙 불이익 변경원칙 등 노동법의 기본원칙에 어긋난다. 따라서 해당 근로자가 임금감액에 대하여 동의하지 않는 한 사용자가 인사권을 활용해서 기존의 임금을 감액하는 것은 허용되지 않는다.

Ⅲ. 저성과자에 대한 해고의 정당성

1. 저성과자 해고의 정당성 요건

저성과자에 대한 해고가 정당하려면 저성과자 선발기준의 합리적 타당성(업무관련성), 저성과자 평가의공정성(기회의공평성), 저성과자에 대한 기업의 성과향상노력(개선기회 제공), 법령·단체 협약·취업규칙·근로계약 등 근거규정의 존재(근거규범), 사전에 성실한 협의 등 실체적 정당성과 절차적 정당성요건을 충족 시켜야 할 것이다.

또한 저성과자에 대한 해고가 정당하기 위해서는 이들 요건의 구비 여부를 전체적·종합적으로 고려하여 그 해고가'객관적 합리성'과'사회적 상당성'을 지닌 것으로 인정되어야 한다. 이렇게 저성과자 해고에 대한 법적 정당성 확보를 위해서는 저성과자 선정 기준을 타당성 있게 설정하고, 평가제도의 공정성을 높여야 한다. 그리고 저성과자를 관리할 근거 규정을 제정하고, 성과향상에 대한 배려의무를 충분히 이행해야 한다. 아울러 해고는'최후의 마지막 수단'으로서 고려할 사항이므로 선제적, 공격적인 해고는 저성과자 해고에 대한 정당성요건을 위반한 행위가 된다.

(1) 저성과자 선발기준의 객관적 합리성

객관적 지표로 삼을 수 있는 저성과자 기준이 필요하다. 저성과자 선정 및 대응 시 대상자 보다 성과가 더 낮은 자에게 불이익이 없는 경우 등 모순도 없어야 한다. 아울러 선발기준 및 세부적 배제기준을 마련하여 전보, 교육, 하위직 발령 등 인사권행사에 있어서 법률적 정당성을 확보할 수 있는 기준을 확립해야 한다.

판례의 저성과자 판단 기준을 정리해 보면, 지속된 저성과로 성과개선 가능성이 없는 자가 소위 '저성과자'에 해당된다고 볼 수 있다. 따라서 일시적인 저성과의 경우 또는 개인의 노력으로는 개선이 불가능한 조직적인 저성과의 경우는 저성과자로 보기 어렵다. 그러나 부서장이나 지점장 등의 경우에는 개인 성과뿐만 아니라 부서나 지점의 성과 등도 고려요소로 삼는다는 점, 나아가 회사의 전략적 목표 달성에 있어서 중요한 업무에 해당하는 성과에 미달하거나 단순 업무에 있어서도 실수를 반복하는 등 기본적 업무수행 능력이 부족한 경우 등은 저성과자에 포함시킬 수 있을 것이다. 저성과자 선발 기준은 실질적으로 조직 내에서 저성과자로 분류되는 것이 누가 보더라도 합당하다는 인식을 줄 수 있을 만큼 공정하고 객관적이어야 한다. 그러나 해당 선발기준을 '몇년 동안 인사고과 결과 하위 몇 %'라는 방식으로 대강만 정할 경우 개인별사정이나 인사고과의 불합리성으로 공정하지 못하다는 평가를 받을 수 있을 뿐만 아니라, 기존 인사고과제도 자체의 공정성이 의심받을 수도 있다.

(2) 저성과자 평가의 공정성

평가를 공정하게 하는 것은 인사권자의 권리이면서 의무이다. 따라서 평가가 공정하지 않다면 당연히 저성과자에 대한 해고도 부당하다는 결론이 된다. 성과주의 인적자원관리에서 평가는 정당성 판단기준에서 가장 중요한 준거 틀이 된다. 평가결과 공유, 개선점, 소명기회 등 피 평가자에 대한 피드백을 강화하고, 다수의 평가자(관찰자)의 일관된 판단이 필요하며, 상대평가가 아닌 절대평가(임의분포)요소를 강화하는 등 평가의 오류를 보완할 수 있는 시스템이 필요하다. 목표부여 및 평가에 대한 사전 동의를 받을 필요가 있고, 평가자 교육 실시 및 평가점수 조정 기준이 갖추어져야 한다. 저성과자에 대한 일차적 선발기준 요건을 충족한 경우 다시 검토대상이 되는 것은 어떤 기준에 의해 어떤 방식으로 평가됐느냐 하는 소위 평가의 객관성과 공정성에 대한 인정여부다.

판례는 '해당 근로자에게 목표를 부여하고, 그 근로자가 평가 관리에 동의한 사실'을 근거로 그와 같은 평가 절차를 본인이 수용한 것이므로 정당하다고 봤다. 또한 상대평가를 하면서 최하위 등급에 일정 수준 할당량을 부여하고 해당 근로자들을 임의 분포시킨 것에 대한 정당성을 부정했다. 그러나 다면평가, 평가위원회 등을 통한 평가나 동료 · 상사 · 노동조합 등 해당 근로자의 구체적인 행위를 중심으로 한 직무능력과 근무태도 등의 평가 결과에 대해서는 그 정당성을 인정하고 있다. 따라서 저성과자의 선발기준이 객관적으로 마련됐다고 하더라도 이를 선발하기 위한 평가기준의 합리성, 객관성 및 공정성의 확보가 또한 매우 중요한 과제가 된다 할 것 이다.

(3) 저성과자에 대한 기업의 성과향상 노력

근로계약상의 배려의무와 기업의 사회적 책임을 고려할 때 저성과자에 대한 기업의 성과향상 노력은 저성과자 개인의 노력만큼이나 중요한 기준이 된다. 직무능력 향상을 위한 교육과 전보를 보장해 주어야 하고, 저성과자에게는 보다 낮은 수준의 목표를 부여해야 하며, 사용자의 성과향상 노력에도 불구하고 저성과가 지속될 경우의 불이익에 대해서도 사전에 충분한 경고가 있어야 한다.

저성과자에 대한 교육을 제공하되 교육태도 등을 평가하여 조치하고, 현업에서실제 수행가능한 적절한 업무목표를 부여하되 본인이 희망하는 부서나 업무를 부여토록 한다. 특정근로자를 근무성적 저조 등을 이유로 저성과자로 분류한 것이 정당하다고 하더라도 당해 근로자에게 불이익한 조치를 내리기 이전에 그의 성과를 향상시키기 위한 사전적 노력을 하지 않았다면 그 조치가 정당한 것으로 인정받기는 어려울 것이다.

이에 대해 판례는 '직무를 부여하지 않고, 성과 향상의 기회도 주지 않았다'는 점을 이유로 당해 해고가 부당하다고 한 경우가 있지만, '미수금액을 감액해 주고, 그 기간을 연장해 줬음에도 불구하고 성과가 없었던 근로자를 면직한 것은 정당하다'고 본 경우가 있다. 또한'분기별로 저성과자에 대한 격려·주의·경고등의 조치'를 했거나'보직해임 이나 전보 가능성을 사전 고지'하는 등 미리 저성과자에 대한 조치 가능성을 통보한 사안에서 그 정당성을 인정한 바 있다. 이는 사용자가 해당근로자 들의 성과를 향상시키기 위해 얼마나 노력하고, 사전적으로불이익조치의가능성여부를통지했느냐 하는 부분이 정당성 판단의 또 다른 기준이 될 수 있음을 시사하고 있다.

관련판례 》》

1. 서울행법 99구33638 (2000-11-03)
판매실적이 부진해 징계처분을 받았음에도 전혀 나아지지 않아 가중처벌 규정에 의해 해고됐다면 정당하다.

[요 지]

원고는 이미 근무태도, 판매실적 등으로 정직 1개월의 징계처분을 받은 바 있다. 그 후 판매실적이 종전과 같이 극히 부진하고, 회사의 징계처분의 가중 사유를 규정한 상벌규정의 내용과 그 취지를 고려해 보면 이 사건 비위행위로 인하여 사회통념상 원고와 참가인 사이에는 근로계약을 더이상 계속시킬 수 없는 사정이 발생하게 되었고 그러한 귀책사유가 원고에게 있다고 할 것이므로 결국 이 사건 비위 행위를 이유로 원고를 징계해고한 것에는 정당한 이유가 있다고 보인다.

관련판례 》》

2. 대법 90다카25420 (1991-03-27)
근로기준법에 위배되어 무효가 아닌 이상 취업규칙·근로계약 등 사규의 해고규정에 의한 해고는 정당하다

[요 지]

근로기준법 제27조 제1항에서 규정한 "정당한 이유"라 함은 사회통념상 근로계약을 계속시킬 수 없을 정도로 근로자에게 책임있는 사유가 있다든가 부득이한 경영상의 필요가 있는 경우를 말하는 것이므로,

근로계약이나 취업규칙 등 사규에 해고에 관한 규정이 있는 경우 그것이 근로기준법에 위배되어 무효가 아닌 이상 그에 따른 해고는 정당한 이유가 있다 할 것이므로, 보험회사가 거수실적(보험계약을 체결하여 보험료를 입금시킨 실적)이 불량한 사원에 대하여 징계할 수 있다는 인사규정에 의해 한 징계면직은 정당한 것이다.

I.노동조합 가입범위

1. 노조법상의 조합원 가입자격과 범위

(1) 노조법상 근로자의 개념 및 문제점

노동조합및노동관계조정법 제2조 제1호에서는 「"근로자"라 함은 직업의 종류를 불문하고 임금·급료 기타 이에 준하는 수입에 의하여 생활하는 자를 말한다」고 규정함으로써 조합원 자격이 인정되는 근로자의 개념에 대해 정의하고 있다.

동법의 규정에 의하여 사용자와의 근로관계가 전제되어 있는 자, 즉 사용자와의 사용종속관계에 있는 자가 조합원 자격을 가진 근로자에 해당된다는 점에는 아무런 문제가 되지 않을 것이다. 문제는 현재 사용자와의 사용종속관계에 놓여 있지 않은 자, 예컨대 실업자나 학생, 직업훈련생 등과 같이 사실상의 근로계약관계에 있지 아니한 자들의 조합원 자격이 인정되는지, 즉 노조법 제2조 제1호의 규정에 의한 근로자에 해당되는지 여부가 문제된다.

한편 동법 제2조 제4호 라목 단서의 규정에서는 「해고된 자가 노동위원회에 부당노동행위의 구제신청을 한 경우에는 중앙노동위원회의 재심판정이 있을 때까지는 근로자가 아닌 자로 해석하여서는 아니된다」라고 규정되어 있어 해고된 자의 조합원 자격에 대한 논란의 소지가 되고 있다.

(2) 실업자 조합원 자격

근로기준법은 현실적으로 근로를 제공하는 자에 대하여 국가의 관리·감독에 의한 직접적인 보호의 필요성이 있는가라는 관점에서 개별적 노사관계를 규율할 목적으로 제정된 것인 반면에, 노조법은 노무공급자들 사이의 단결권 등을 보장해 줄 필요성이 있는가라는 관점에서 집단적 노사관계를 규율할 목적으로 제정된 것으로서 그 입법목적에 따라 근로자의 개념을 상이하게 정의하고 있다.
이와 같이 노조법상의 근로자는 근로기준법상의 근로자와 명확히 구분하고 있다. 이러한 점을 근거로 노조법 제2조 1호 및 4호 라목 본문에서 말하는 근로자에는 특정한 사용자에게 고용되어 현실적으로 취업하고 있는 자뿐만 아니라, 일시적으로 실업상태에 있는 자나 구직 중인 자도 노동3권을 보장할 필요성이 있는 한 그 범위에 포함된다.

(3) 해고된 자의 조합원 자격

노조법 제2조 제4호 라목 단서에서 「다만, 해고된 자가 노동위원회에 부당노동행위의 구제신청을 한 경우에는 중앙노동위원회의 재심판정이 있을 때까지는 근로자가 아닌 자로 해석하여서는 아니된다」라고 규정하고 있어, 동 규정의 근로자와 제2조 제1호 및 제4호 라목 본문의 근로자 개념이 일치하는가의 문제가 제기될 수 있다.

원칙적으로 노조법상의 근로자는 사용종속관계가 있을 것을 전제로 하지 않음으로써 실업자는 물론이고 해고된 자의 조합원 자격을 인정하고 있다. 노조법 제2조 제4호 라목 단서는 「기업별 노동조합의 조합원이 사용자로부터 해고됨으로써 근로자성이 부인될 경우에 대비하여 마련된 규정으로서, 이와 같은 경우에만 한정적으로 적용되고 원래부터 일정한 사용자에의 종속관계를 필요로 하지 않는 산업별 · 직종별 · 지역별 노동조합 등의 경우에까지 적용되는 것은 아니다. 따라서 노조법 제2조 제1호 및 제2조 제4호 라목 본문의 근로자와는 그 개념이 다르며, 제2조 제4호 라목 단서는 기업별 노조에만 적용된다고 볼 수 있다.

관련판례 >>

1. 대법 2001두8568 (2004-02-27)
실업자와 구직중인 노동자도 노조에 가입할 수 있다.

[요 지]

노조법 제2조 제1호 및 제4호 라목 본문에서 말하는 근로자에는 특정한 사용자에게 고용되어 현실적으로 취업하고 있는 자 뿐만 아니라, 일시적으로 실업상태에 있는 자나 구직중인 자도 노동3권을 보장할 필요성이 있는 한 그 범위에 포함되고, 따라서 지역별 노동조합의 성격을 가진 원고가 그 구성원으로 구직중인 여성 노동자를 포함시키고 있다 하더라도, 구직중인 여성노동자 역시 노조법상의 근로자에 해당한다.

2. 노동조합 가입자격의 제한과 한계

(1) 법률에 의한 제한과 한계

1) 사용자 및 그 이익대표자의 조합원 자격의 제한

노조법 제2조 제4호 단서 가목에서는 「사용자와 그 이익대표자」의 노동조합에의 참가 즉 그들의 조합원자격을 제한하고 있다. 그런데 사업주인 사용자가 노동조합에 가입할 수 없다는 것은 노동조합의 성격에 비추어 노조법상의 근로자의 정의에 포함되지 않는 것은 당연하다.

2) 사용자의 개념과 구체적인 범위

노조법 제2조 제4호 가목에서 정의하고 있는 사용자의 개념을 분설하면 ① 경영담당자 ② 그 사업의 근로자에 관한 사항에 대하여 사업주를 위하여 행위하는 자 ③ 항상 사용자의 이익을 대표하여 행동하는 자를 말한다.

가. 사업의 경영담당자

사업의 경영담당자라 함은 사업경영 일반에 관하여 책임을 지는 자로서 사업주로부터 사업경영의 전부 또는 일부에 대하여 포괄적인 위임을 받고 대외적으로 사업을 대표하거나 대리하는 자를 말한다. 이에 해당하는 자로서는 주식회사의 대표이사(상법 제389 제3항, 제209), 합명회사·합자회사의 업무집행사원(상법 제200조, 제201조, 제202조, 제209조, 제269조), 유한회사의 이사(상법 제567조, 제389조 제3항), 정리회사의 관리인(회사정리법 제53조), 상법상 지배인(상법 제11조) 등을 들 수 있다.

관련판례 >>

2. 대법 88도1162 (1988-11-22)

근로기준법상의 "사업경영담당자"라 함은 사업주로부터 경영의 전부 또는 일부에 대하여 포괄적인 위임을 받고 대외적으로 회사를 대표하거나 대리하는 자를 말한다.

[요 지]

근로기준법 제15조 소정의 근로자에게 임금지급의무를 부담하는 사업경영담당자라 함은 사업경영일반에 관하여 책임을 지는 자로서 사업주로부터 사업경영의 전부 또는 일부에 대하여 포괄적인 위임을 받고 대외적으로 사업을 대표하거나 대리하는 자를 말한다.

나. 근로자에 관한 사항에 대하여 사업주를 위하여 행동하는 자

근로자에 관한 사항에 대하여 사업주를 위하여 행동하는 자는 경영에 대하여 책임을 지고 대외적으로 사업을 대표하지는 않지만 사업 내부적으로 일정한 책임을 지는 관리직근로자를 중심으로 그 해당여부가 고려될 수 있다.

관련판례 >>

3. 대법 88누6924 (1989-11-14)

"근로자에 관한 사항에 대하여 사업주를 위하여 행동하는 자"라 함은 근로조건의 결정, 업무상의 명령 등에 관해 사업주로부터 권한과 책임을 받은 자를 말한다.

[요 지]

노동조합법 제5조 소정의 "근로자에 관한 사항에 대하여 사업주를 위하여 행동하는 자"라 함은 근로자의 인사, 급여, 후생, 노무관리 등 근로조건의 결정 또는 업무상의 명령이나 지휘감독을 하는 등의 사

항에 대하여 사업주로부터 일정한 권한과 책임을 부여받은 자를 말하므로 공작과 과장대리로서 근로에 관한 사항을 감독할 수 있다는 이유만으로 그를 사용자라고 단정할 수 없다. 따라서 공작과 과장대리가 조합원인 근로자에게 대의원대회에서의 발언내용 및 소감을 적은 유인물을 배포한 행위를 구실삼아 사직서 제출을 요구한 것은 부당노동행위에 해당되지 아니한다.

행정해석 >>

1. 노조 01254-2642
사업경영담당자라 함은 법인의 대표이사, 이사회 또는 이와 유사한 기구의 구성원, 사업부서(본부)의장, 공장, 지점, 지사 등의 장을 말한다.

노동조합법 제3조 단서 1호의 규정에 의하여 사용자 또는 항상 그의 이익을 대표하여 행동하는 자의 노동조합 참가를 허용하고 있지 아니한 바, 동 조항의 사용자에 대하여는 동법 제5조의 규정에 "이 법에서 사용자라 함은 사업주, 사업의 경영담당자 또는 그 사업의 근로자에 관한 사항에 대하여 사업주를 위하여 행동하는 자"로 정하고 있다.

통상적으로 "사업주라 함은 법인인 경우에는 법인 그 자체이고, 개인기업인 경우에는 그 사업에 있어서 자본이나 시설의 투자를 하여 기업경영을 하는 자연인을 말하며, 사업의 경영담당자라 함은 그 사업의 경영관리에 대한 책임을 맡고 있거나 이에 직접 관여하고 있는 자를 말하며 일반적으로는 법인의 대표이사, 이사회 또는 이와 유사한 기구의 구성원, 사업부서(본부)의 장, 공장, 지점, 지사 등의 장을 말하며 "그 사업의 근로자에 관한 사항에 대하여 사업주를 위하여 행동하는 자"라 함은 고용, 해고, 승진, 전보 등 인사관리를 담당하거나 임금, 근로시간, 휴게시간 기타 근로조건의 결정과 노무관리의 기획 또는 집행에 관여하는 자, 노동관계에 관한 기밀사무를 담당하는 자, 대내외 관계 규정 기타의 방침결정에 대하여 권한을 갖거나 혹은 이에 관여하는 자 등을 말하며 일반적으로는 인사담당직원 및 책임자, 노무담당 직원 및 책임자, 경영기획담당직원 및 책임자 등을 말하며, 동법 제3조 단서 1호 후단의 "항상 사용자의 이익을 대표하여 행동하는 자"는 동법 제5조의 "그 사업의 근로자에 관한 사항에 대하여 사업주를 위하여 행동하는 자"와 유사한 의미를 가지나, 통상 사용자에 전속되어 사용자의 업무를 보조하는 비서, 전용운전수, 사용자의 지시를 받아 근로자에 관한 감시, 감독적 지위에 있는 감사담당 부서의 직원과 회사내의 경리, 회계를 전담하는 부서의 직원 및 책임자, 회사내의 재산의 보호, 출입자 감시, 순찰 등의 경찰적 업무를 담당하는 경비직 등이 이에 해당한다고 할 것이다.

그러나 이와 같은 사용자 및 사용자의 이익대표자는 부장, 과장, 계장 등의 형식적인 지위, 명칭에 따를 것이 아니고 그 사업에 있어서 담당한 업무의 성격이 성질적으로 사용자 또는 그 이익대표자로서의 업무를 수행하는 지에 따라 판단하여야 할 것임.

사용자 또는 그의 이익대표자를 노동조합에 참가함을 허용하지 않는 법 제정의 기본취지는 이러한 자의 노동조합 가입으로 노동조합의 조직·운영에 지배·개입하여 노조의 어용화하는 행위를 방지하는 등 노동조합의 자주성을 보호하고 사용자의 주요 노무 관련 비밀에 관한 사항을 노동조합에 누설됨을 예방하여 노사교섭력의 균형을 기하기 위한 것임.

따라서 위 법 조항의 사용자 또는 그의 이익대표자 여부는 실제 문제와 관련되므로 노사공동으로 판단하여 협의되어야 할 것임.

다. 사용자의 이익대표자

항상 사용자의 이익을 대표하여 행동하는 자의 범위와 관련하여 근로자의 임용·승진·이동 등 인사의 기획에 관여하는 자, 위와 같은 인사의 기획을 실천하는 자, 위와 같은 인사의 비밀에 접하는 자 등이 해당된다. 또한 통상 사용자에 전속되어 그의 업무를 보조하는 자(예컨대 임원의 비서·운전수)와 회사재산을 보호하기 위하여 출입자를 감시하는 등의 경찰적 업무를 맡고 있는 자가 이에 해당된다.

관련판례 >>

4. 대법 97누8076 (1998-05-22)
신분상의 불안감을 느끼게 하여 조합활동을 위축시킴으로서 조합의 조직과 활동에 영향을 미치게 할 의도로 사용자가 연설을 하였다면 부당노동행위에 해당한다

직책 및 직급상 그 부하직원을 지휘하고 그 휘하의 일정 직급 이하의 직원에 대한 1차적 평가를 하지만 그 상사인 부장이 2차 평정권자로서 그 평정의 권한 및 책임은 궁극적으로 부장에게 귀속되고, 부하직원의 지휘도 부장을 보조하는데 지나지 않으며, 인사·급여·후생·노무관리 등 근로조건의 결정에 관한 권한과 책임을 사업주로부터 위임받은 사실이 없다면, 그는 법규정 소정의 '사용자 또는 항상 그의 이익을 대표하여 행동하는 자'에 해당하지 아니한다.

행정해석 >>

2. 노사관계법제팀-273 (2006-01-31)
팀장, 전산담당 직원 등이 사용자에 해당되는지 여부

[질의]

A대학교의 교직원 중 아래의 업무를 담당하는 팀장, 기획, 인사, 감사, 경리·회계 담당직원 및 비서·운전기사, 경비직원에 대하여 학교측은 노조법상의 사용자 또는 그 이익대표자에 해당되어 조합원 자격이 없는 것으로 보고 있으나 이에 대해 노동조합과 논란이 있어 질의하니 귀 부의 의견은

– 팀장 : 소속직원에 대한 1차 근무성적 평정자로서 소속직원에 대한 업무지시 및 감독, 근태관리 등을 수행
– 기획 : 학교의 조직편제 및 관리, 중·단기 발전계획 수립, 제 규정의 제정·개폐, 예산편성, 교직원

의 보수책정 등 담당

- 인사 : 정원관리, 채용·승진·전보, 근무성적 평정, 복무 및 상벌, 교육훈련, 연구실적 등 담당
- 감사 : 직무진단·심사분석, 내부감사, 예산집행 분석 및 보고
- 경리·회계 : 회계·결산 및 장부관리, 수입·지출, 급여 정산지급, 제세공과금 납부 등
- 전산 : 대학행정 업무의 전산화, 네트워크 관리 및 홈페이지 운영, 전화 등 통신 운영 및 관리, 교내 서버관리 등
- 비서·기사 : 이사장 및 총장의 비서 및 기사
- 경비 : 수위로서 교내 출입자의 감시·통제, 순찰 등

[회 시]

1. 노동조합 및 노동관계조정법 제2조제4호 가목에서 노동조합의 결격사유의 하나로 "사용자 또는 항상 그의 이익을 대표하여 행동하는 자의 참가를 허용하는 경우"를 정하고 있는 것은 사용자에 해당하는 자가 노동조합에 가입하여 노동조합의 운영에 지배·개입하는 행위를 방지하여 노동조합의 자주성을 보호하는 한편, 사용자의 노무 관련 기밀에 관한 사항이 노동조합에 누설됨을 예방하여 노사 교섭력의 균형을 기하고자 하는데 그 입법취지가 있는 바,
- 사용자 또는 그 이익대표자에 해당되는지 여부에 대하여는 형식적인 직급 명칭이나 지위보다는 회사 규정의 운영실태, 구체적인 직무내용 및 근로자에 관한 사항에의 관여정도 등 구체적인 사실관계를 토대로 인사·급여·후생·노무관리 등 근로조건의 결정 또는 업무상의 명령이나 지휘감독을 하는 등의 사항에 대하여 사업주 또는 사업의 경영담당자로부터 일정한 권한과 책임을 부여받고 있는지 여부, 근로관계에 대한 계획과 방침 등 사용자의 기밀에 속하는 사항을 접하고 있어 그 직무상의 의무와 책임이 조합원으로서의 성의와 책임에 직접적으로 저촉되는지 여부 등을 종합적으로 고려하여 판단하여야 할 것임.

2. 〈팀장〉의 사용자 해당 여부에 대하여
   귀 질의 내용과 같이 "팀장"이 학교장으로부터 일정 범위의 업무에 대한 전결권을 위임받아 해당 부서의 소속 직원들을 지휘·감독하며 근태관리 및 근무성적을 평정하는 경우라면 사용자에 해당한다고 볼 수 있을 것이나, 구체적으로는 상기 기준에 따라 그 직무내용 및 권한과 책임의 정도 등을 살펴 판단하시기 바람.

3. 〈기획, 인사, 감사, 경리·회계 담당직원, 사용자의 비서·운전기사, 경비직〉의 사용자 해당 여부에 대하여
   귀 질의와 같이 근로자들이 수행하는 업무의 성격이 근로조건의 결정 또는 노동관계에 대한 계획과 방침의 결정 등과 관련하여 사용자를 지원하고 사용자의 기밀에 속하는 사항을 접하고 있는 경우라면 사용자의 이익을 대표하여 행동하는 자로 볼 수 있을 것임. 따라서, 동 근로자들이 귀 대학교의 예산 편성(통제·조정) 및 보수책정 업무, 인사 및 감사업무, 경리·회계업무 등을 전담하고 있거나 사용자에 전속되어 사용자의 업무를 보조하거나 학교의 물적·인적 재산관리와 보안책임을 맡고 있는 경우라면

달리 볼 사정이 없는 한 사용자의 이익을 대표하여 행동하는 자에 해당될 수 있다고 봄.

4. 〈전산 담당 직원〉의 사용자 해당 여부에 대하여

"전산담당 직원"의 경우 전산관리 업무를 수행하고 있다는 이유만으로 사용자의 이익을 대표하여 행동하는 자에 해당된다고 보기는 어려울 것이므로 동 규정의 입법취지와 상기 사용자성 판단기준을 참고하여 판단하시기 바람.

---

(2) 노동조합 규약에 의한 제한과 한계

헌법상 단결권의 주체는 근로자개인과 함께 단결체까지 포함하는 것이므로, 근로자의 단결체로서의 노동조합은 그 자체의 자주성 확보를 위하여 규약에 의하여 조합가입자격을 제한하는 규정을 둘 수 있다.

이런 점에서 노조법상의 근로자에 해당되는 자일지라도 규약에 의하여 특정조합에의 가입자격이 배제될 수 있다. 그러나 그렇다고 해서 구체적인 내용이 아무렇게나 규정될 수 있는 것은 아니다. 구체적인 내용은 노동조합의 지위 및 조합자치의 본질에 어긋나지 않는 범위 내에서 허용될 수 있다.

(3) 단체협약에 의한 제한과 한계

조합원의 자격범위는 노조법 제2조 제4호 단서에 반하지 않는 한 당해 노조규약에서 정한 바에 따르는 것이 원칙이다. 그런데 실무적으로 조합원의 자격범위와 관련하여 노사간 합의사항을 명시하는 단체협약에서 이를 정하는 경우가 종종 있으며, 이와 관련하여 동 단체협약상의 조합원 자격을 정한 규정의 효력과 관련하여 종종 다툼이 되고 있다.

1) 조합원의 범위를 단체협약에서 정하도록 한 규약의 효력

여기서는 조합원의 범위전체를 단체협약에서 정하도록 위임한 경우와 조합원 자격의 일부분에 대해 단체협약에 위임한 경우로 구분할 수 있다.

노동조합의 규약에서 조합원의 범위전체를 단체협약을 통해 결정하도록 위임하고 있는 경우라면 사실상 노동조합의 존립기초를 노조 스스로가 결정하지 못하고 사용자의 지배·개입 하에 두는 것과 마찬가지이므로, 이는 노동조합의 자주성 유지라는 명제 하에서 허용될 수 없는 것이다. 이에 반해 단체협약에 위임하고 있는 바가 노동조합의 조합원 자격 일반에 관한 것이 아니라 그 중 일부분에 한정된 것으로, 예컨대 자주성의 유지를 위해 사용자의 이익을 위하여 행위하는 자의 가입이 이미 법률에 의해 금지되어 있는 상황에서 당해 사업장의 구체적인 직무의 내용과 관행 등을 토대로 노사가 합의로써 그 구별기준을 긋는 범위 내에서의 위임은 노동조합의 자주성을 해하는 것이 아니라 오히려 자주성을 정립하기 위한 것으로 볼 수 있어 허용된다고 하겠다.

3. 노조 01254-455 (1999-06-26)

노동조합은 단체협약에 비조합원의 범위를 정한 것을 이유로 규약상 조직범위에 포함되는 근로자의 가입을 거부할 수 없다.

노동조합에 가입할 수 있는 자의 자격 및 범위는 노동조합및노동관계조정법 제2조 제2호 및 제4호 가목 소정의 사용자 또는 그 이익대표자에 해당되지 않는 범위내에서 당해 노동조합의 규약으로 정하는 것이 원칙이므로 규약상의 조직범위에 포함되는 자는 당해 노동조합에 가입할 수 있는 것이다. 또한 노동조합이 단체협약에서 비조합원의 범위를 규정하고 있는 경우 그 조항은 단체협약의 적용범위를 정한 것으로 보는 것이 타당할 것이므로 노동조합은 단체협약에 비조합원의 범위를 정한 것을 이유로 규약상 조직범위에 포함되는 근로자의 가입을 거부할 수 없을 것이다.

다만, 노동조합이 규약상 일부 근로자를 조직대상에서 제외하고 있는 경우라면 당해 노동조합의 규약상 조직범위에서 제외되는 자는 새로운 노동조합을 조직할 수 있을 것이다.

---

2) 단체협약상의 조합원 자격상실 규정의 효력

조합원인 근로자가 배치전환(또는 승진)으로 단체협약에서 정한 직무를 맡게 되자마자 다른 절차를 밟음이 없이 곧 조합원 자격 상실이라는 법률효과를 초래하느냐의 문제가 발생할 수 있다.

이에 관해서는 조합원의 자격에 대한 본질적인 요소를 설정하고 있는 경우라면 별도의 절차를 거치지 않더라도 자격요건을 상실하는 때에 조합원관계도 즉시 종료하는 것으로 보아야 하지만, 그렇지 않은 경우에는 즉시 조합원관계를 종료시키는 사유로 해석되어서는 곤란할 것이다. 이러한 이론적 토대에 비추어 본다면, 특정 직무에 종사하는 자가 조합원의 자격을 상실하도록 한 단체협약상의 규정은, 노동조합의 자주성의 명제에 부합하기 위한 것으로 그 주된 초점은 노동조합성의 유지에 있고 자주성의 유지 관념에서도 사용자의 이익을 위하여 행동하는 자의 일부가 조합원으로 가입하여 총회의 의결과정에 참여했다 하더라도 이로 말미암아 노동조합의 자주성의 침해가 곧바로 발생하였다고 볼 수 없으므로,[96] 조합원의 자격에 대한 본질적인 요소를 설정한 것이라고 보기는 어렵다고 할 것이다. 따라서 단체협약에 규정한 조합원 자격 상실에 관한 요건을 갖춘 경우에 노동조합이 규약에 따른 적정한 절차를 거쳐 조합원관계의 종료를 확정하거나 아니면 사용자 또는 이해관계당사자의 조합원 자격에 대한 이의제기를 받아 적정한 절차를 통한 조합원관계의 종료를 확정지을 수 있는 것일 뿐이며, 그러한 사실의 발생만으로는 당연히 조합원 자격의 상실이라는 결과가 발생하는 것으로 볼 수 없다.

---

96) 대법원 1971.3.30, 71누9 ; 대법원 1995.11.24, 94다23982 참고.

THEME 10 정당한 조합활동의 범위

Ⅰ. 조합활동의 개설

1. 조합 활동의 의의

(1) 개념

일반적으로 조합 활동이라 함은 노동조합의 목적달성과 단결력의 유지 강화를 위해 행하는 일상적 제반활동으로서, 단체교섭과 쟁의행위를 제외한 활동, 즉 협의의 조합 활동을 말한다.

(2) 유형

보통 노동조합이 기본적인 활동으로서 조직의 유지와 확대를 위하여 ① 조합원의 모집 · 가입권유, ② 노동조합 방침의 결정 · 홍보 · 집행 ③ 게시판 · 조합사무실 등의 회사 시설물 사용, ④ 각종 현수막 유인물 등 홍보물의 부착, ⑤ 조합비의 징수, ⑥ 공제 · 수양 · 기타 복리사업 등이 해당된다.

2. 조합활동의 한계

헌법상 단결권 보장 내용에는 단결체 결성의 자유 뿐만 아니라, 단결활동의 자유, 즉 조합활동의 자유까지 포함하고 있다. 그러나 이러한 조합활동의 자유는 무제한적으로 보장되는 것이 아니라, 사용자의 재산권 보호와의 양립 또는 조화가 가능한 범위 내에서만 보장되는 것이라 할 것이다.

이와 관련하여 특히 우리나라의 노동조합은 주로 기업 내 종업원을 조직대상으로 하는 기업별 조직형태를 취하고 있는 관계로, 조합활동이 사업장 내에서 이루어지거나 또는 근로시간 중에 수행될 수 있으며, 이로 인해 사용자의 시설관리권이나 노무지휘권과의 충돌이 문제될 수 있다. 다만, 사용자의 노무지휘를 받지 않고 조합업무에만 임하는 특수한 지위에 있는 자로서 노조전임자가 인정되고 있다.

또한 조합원과의 관계에 있어서도 헌법상 보장된 조합원들의 언론활동이나 정치활동의 자유를 침해하는 조합활동은 허용될 수 없을 것이다.

Ⅱ. 사용자와의 관계에 있어서의 정당한 조합활동의 범위

1. 노무지휘권 관련

(1) 노무지휘권의 의의

근로자는 근로시간 중에는 사용자의 노무지휘를 받아 근로를 제공할 의무를 부담한다. 이와 관련하여 근로자에 대해 구체적으로 근로시간이나 장소, 근로의 내용 등을 지정·지시하고 감독할 수 있는 사용자의 권리를 노무지휘권이라 한다.

(2) 취업시간 중의 조합활동

① 근로시간 중의 조합활동은 원칙적으로 허용되지 않는다. 다만, 예외적으로 근로시간 중의 조합활동이 단체협약, 취업규칙 또는 노사관행으로 인정되거나, 사용자의 명시적인 승낙이 있는 경우에 한하여 인정될 수 있다.

② 그러나 단체협약 등이나 사용자의 승낙이 없는 경우에도 근로시간 중의 조합활동이 완전히 부인되는 것은 아니며 당해 조합활동의 필요성 및 긴급성, 노무 지휘권의 침해의 정도를 종합적으로 판단하여 인정하여야 한다.

③ 근로자가 근로시간 중에 사용자와 협의 또는 교섭하는 것을 사용자가 허용하는 것은 부당노동행위에 해당되지 아니한다(제81조 제4호 단서).

관련판례 >>

1. 대법 93도613 (1994-02-22)

근무시간 중에 임시총회개최에 대하여 회사에 2회에 걸친 서면통보를 하였고, 전체조합원이 참석할 수 있도록 부득이 근무시간 중의 쟁의행위 찬반투표를 위한 임시총회 개최는 노동조합의 정당한 행위이다.

[요 지]

1. 노동조합의 활동이 정당하다고 하기 위하여는 행위의 성질상 노동조합의 활동으로 볼 수 있거나 노동조합의 묵시적인 수권 또는 승인을 받았다고 볼 수 있는 것으로서 근로조건의 유지 개선과 근로자의 경제적 지위의 향상을 도모하기 위하여 필요하고 근로자들의 단결강화에 도움이 되는 행위이어야 하며, 취업규칙이나 단체협약에 별도의 허용규정이 있거나 관행 또는 사용자의 승낙이 있는 경우 외에는 취업시간 외에 행하여져야 하고, 사업장 내의 조합활동에 있어서는 사용자의 시설관리권에 바탕을 둔 합리적인 규율이나 제약에 따라야 하며, 폭력과 파괴행위 등의 방법에 의하지 않는 것이어야 한다.

2. 쟁의행위에 대한 찬반투표 실시를 위하여 전체 조합원이 참석할 수 있도록 근무시간중에 노동조합 임시총회를 개최하고 3시간에 걸친 투표 후 1시간의 여흥시간을 가졌더라도 그 임시총회 개최행위가

전체적으로 노동조합의 정당한 행위에 해당한다.

2. 시설관리권 관련

(1) 시설관리권의 의의

시설관리권이란 사용자가 사업장내 시설물을 유지·관리할 수 있는 권리를 말한다. 우리나라의 경우 대다수 노조가 기업별노조 형태를 취하고 있음으로 인해 조합활동이 사업장 내에서 이루어질 수밖에 없는 상황에서 노조의 기업시설 이용권한은 합리적인 범위 내에서 용인되어져야 할 것이며, 사용자는 업무의 정상적 운영에 지장이 없는 합리적이고 객관적인 범위 내에서 노조의 기업시설사용에 대한 수인의무를 부담한다고 할 것이다.

(2) 유인물 배포행위

① 사업장 내에서 기업질서를 유지하기 위하여 사업장 내에서의 유인물 배포에 관해 취업규칙에서 사용자의 허가를 얻도록 한 규정이나 이를 위반한 근로자에 대하여 징계할 수 있도록 한 징계규정이 언론의 자유를 보장한 헌법조항에 위반하여 무효라고 할 수 없다.

② 그러나 유인물 배포에 관하여 사전 승인을 얻도록 하고 있다고 하더라도 근로자의 근로조건을 유지, 향상을 위한 정당한 행위까지 금지 할 수 없는 것이므로 그 행위가 정당한가는 회사의 승인 여부만을 가지고 판단 할 것은 아니고 그 유인물의 내용, 매수, 배포의 시기, 대상, 방법, 이로 인한 기업이나 업무에의 영향 등을 기준으로 하여야 할 것이다.

(3) 기업시설물 사용을 전제로 한 조합활동

① 강당, 현관 등 기업의 물적 시설을 사용하여 조합활동을 하는 경우 기업시설 이용권의 침해 정도에 따라 정당성을 판단하고 있다. 판례는 실질적으로 기업의 시설관리권을 침해하지 않는 합리적인 범위 내에서만 조합활동을 위하여 사업시설을 이용할 수 있다고 보아야 할 것이라고 판시하고 있다.

② 사용자의 시설관리권행사가 여러 사정에 비추어 노동조합의 정당한 기업시설의 이용을 지나치게 제한하는 것으로 판단될 때에는 시설관리권의 남용이 되고, 일반적으로 지배·개입의 부당노동행위가 성립한다고 본다.

③ 이와 반대로 노동조합에 대한 조합사무소제공 또한 지배·개입의 부당노동행위로 볼 여지가 있으나, 노조법은 최소한의 규모의 노동조합사무소의 제공은 부당노동행위에 해당하지 아니한다고 규정하고 있다(제81조 제4호 단서).

관련판례 **≫**

2. 대법 90도357 (1990-05-15)
중재위원회의 중재대상은 이익분쟁과 권리분쟁이 모두 포함된다

조합활동이 정당하려면 취업규칙이나 단체협약에 별도의 허용규정이 있거나, 관행, 사용자의 승락이 있는 경우 외에는 취업시간외에 행해져야 하며 사업장 내의 조합활동에 있어서는 사용자의 시설관리권에 바탕을 둔 합리적인 규율이나 제약에 따라야 하고, 비록 조합활동이 근무시간 외에 사업장 밖에서 이루어졌을 경우에도 근로자의 근로계약상의 성실의무(사용자의 이익을 배려해야 할)는 거기까지도 미친다고 보아야 하므로 그 점도 이행되어야 할 것인 바, 근무시간중에 조합간부들과 공동하여 지하철 공사의 사무실내의 집기 등을 부수고 적색 페인트, 스프레이로 복도계단과 사무실 벽 등 200여군데에 "노동해방", "김○○ 퇴진", "양키고홈"등의 낙서를 하여 수리비 42,900,000원이 소요되는 재물손괴를 하였다면, 이는 조합활동권의 정당성의 범위 밖에 속한다.

* 참고사례(총회와 대의원회의 의결사항)

관련판례 **≫**

3. 대법 2012두6063 (2014-08-26)
노동조합 규약에서 총회와 대의원회를 병존시키면서 '규약의 제 · 개정에 관한 사항'을 대의원회의 의결 사항으로 정하고 있는 경우, 총회에서 '규약의 개정에 관한 사항'을 의결할 수 있다

[요 지]

노조법 제16조, 제17조제1항 등의 규정에 따라 노동조합이 그 규약에서 총회와는 별도로 총회에 갈음할 대의원회를 두고 총회의 의결사항과 대의원회의 의결사항을 명확히 구분하여 정하고 있는 경우, 특별한 사정이 없는 이상 총회가 대의원회의 의결사항으로 정해진 사항을 곧바로 의결하는 것은 규약에 반한다.

다만, 규약의 제정은 총회의 의결사항으로서(노조법 제16조제1항제1호) 규약의 제 · 개정권한은 조합원 전원으로 구성되는 총회의 근원적 · 본질적 권한이라는 점, 대의원회는 그 규약에 의하여 비로소 설립되는 것으로서(노조법 제17조제1항) 대의원회의 존재와 권한은 총회의 규약에 관한 결의로부터 유래된다는 점 등에 비추어 볼 때, 총회가 규약의 제 · 개정결의를 통하여 총회에 갈음할 대의원회를 두고 '규약의 개정에 관한 사항'을 대의원회의 의결사항으로 정한 경우라도 이로써 총회의 규약개정권한이 소멸된다고 볼 수 없고, 총회는 여전히 노조법 제16조제2항 단서에 정해진 재적조합원 과반수의 출석과 출석조합원 3분의 2 이상의 찬성으로 '규약의 개정에 관한 사항'을 의결할 수 있다고 할 것이다.

<table>
<tr><td>THEME
11</td><td>근로시간면제자와 무급전임자의 지위</td></tr>
</table>

Ⅰ. 노조전임자

1. 의 의

노조전임자는 사업 또는 사업장에서 근로자로서의 지위를 가지면서 단지 근로제공의무의 전부 또는 일부를 면제받고 조합업무에만 임하는 특수한 지위에 있는 자를 말한다. 이는 기업별 조합체계에서 나타나는 현상이다.

2. 법적 근거

(1) 학설

1) 단결권설

헌법 제22조에 의해 보장된 단결권에 기초하여 노조전임자가 인정되며, 따라서 사용자는 승낙의무만을 질 뿐이라는 견해이다.

2) 협정설

노조전임제는 노사 간의 자율적 협정에 의해 인정된다는 견해이다.

(2) 검토

현행법 제24조에서 '단체협약으로 정하거나 사용자의 동의가 있는 경우'라 하여 협정설을 명문화하였다.

근로자는 단체협약으로 정하거나 사용자의 동의가 있는 경우에는 근로계약 소정의 근로를 제공하지 아니하고 노동조합의 업무에만 종사할 수 있다(제24조 제1항).

3. 법적 지위

① 전임자는 근로자의 신분을 그대로 유지하지만 사용자로부터 근로계약상의 의무를 면제받고 있다. 따라서 그 지위는 휴직상태에 있는 근로자와 유사하다 할 것이다. 교원노조법 제5조 제2항에서도 전임자는 당해 기간 중 교육공무원법 및 사립학교법의 규정에 의한 휴직명령을 받은 것으로 간주하고 있다.

② 전임자는 전임기간이 만료 후에도 단체협약이나 취업규칙, 노사관행에 따라 즉시 원직에 복귀

할 수 있다. 이때 사용자가 즉시 복귀시키지 않거나 원직에 있었던 근로자보다 승진 · 승급 등에 대해 차별을 할 경우 부당노동행위가 성립한다 할 것이다. 그리고 그 전임기간은 계속 근로년수에 당연히 산입해야 한다.

4. 노조전임자와 관련된 주요판례

(1) 취업규칙 적용여부

판례는 노조전임자라 하더라도 사용자와의 사용종속관계는 그대로 유지되므로 전임자에게도 출퇴근 등에 관한 사규가 적용된다고 한다. 그러나 전임자가 결근을 하는 경우에는 근로자의 자주적 단결체인 노동조합의 규약에 의하여 규율되는 것이 마땅하다고 본다.

관련판례 >>

1. 대법 94다58087 (1995-04-11)

노조전임자라 하여 사규의 적용이 전면적으로 배제되는 것이 아니므로 특별한 사정이 존재하지 않는 한 출 · 퇴근에 대한 사규의 적용을 받아야 한다.

[요 지]

1. 노조전임자라 할지라도 사용자와의 사이에 기본적 근로관계는 유지되는것으로서 취업규칙이나 사규의 적용이 전면적으로 배제되는 것이 아니므로 단체협약에 조합전임자에 관하여 특별한 규정을 두거나 특별한 관행이 존재하지 아니하는 한 출 · 퇴근에 대한 사규의 적용을 받게 된다.

2. 노동조합의 업무가 사용자의 노무관리업무와 전려 무관한 것이 아니고 안정된 노사관계의 형성이라는 면에서 볼 때는 오히려 밀접하게 관련되어 있으므로, 근로계약 소정의 본래 업무를 면하고 노동조합의 업무를 전임하는 노조전임자의 경우에 있어서 출근은 통상적인 조합업무가 수행되는 노조사무실에서 조합업무에 착수할 수 있는 상태에 임하는 것이라 할 것이고, 만약 노조전임자가 사용자에 대하여 취업규칙 등 소정의 절차를 취하지 아니한 채 위와 같은 상태에 임하지 아니하는 것은 무단결근에 해당한다.

관련판례 >>

2. 대법 95다46715 (1997-03-11)

노조전임자가 조합의 업무와 무관하게 개인적인 범죄를 저지르고 도피하느라 회사에 사전통보나 승인을 얻지 아니하고 10일간 결근한 것은 무단결근에 해당된다.

[요 지]

노조전임자라 할지라도 사용자와의 사이에 기본적 근로관계는 유지되는 것으로서 취업규칙이나 사규의 적용이 전면적으로 배제되는 것이 아니므로, 노조전임자에 관하여 단체협약상의 특별한 규정이나 특별한 관행이 없는 한 출·퇴근에 관한 취업규칙이나 사규의 적용을 받으며, 근로계약 소정의 본래 업무를 면하고 노동조합의 업무를 전임하는 <u>노조전임자의 경우 출근은 통상적인 조합업무가 수행되는 노조사무실에서 조합업무에 착수할 수 있는 상태에 임하는 것이므로, 노조전임자가 사용자에 대하여 취업규칙 등에 규정된 소정의 절차를 취하지 아니한 채 위와 같은 상태에 임하지 아니하는 것은 무단결근에 해당된다</u>(노조전임자가 조합의 업무와 무관하게 개인적인 범죄를 저지르고 도피하느라고 회사에 사전통보나 승인을 얻지 아니하고 10일간 결근한 것이 무단결근에 해당한다고 본 사례).

(2) 업무상재해 인정여부

판례는 노동조합 업무 중의 재해를 업무상 재해로 인정하고 있다. 조합업무도 노사관계의 범위 내에서 넓은 의미에서 산재법상의 업무로 해석될 수 있기 때문이다. 다만, 사용자의 사업과의 무관한 상부 또는 연합단체와 관련된 활동이나, 불법적인 조합활동, 사용자와 대립관계로 되는 쟁의단계에 들어간 이후 조합활동 중에 발생한 재해 등은 업무상 재해로 볼 수 없다고 한다.

관련판례 〉〉

3. 대법 96다12733 (1996-06-28)
회사의 승낙에 의한 노조전임근로자가 노동조합업무 수행중 입은 재해는 특별한 사정이 없는 한 업무상 재해로 보아야 한다

노동조합업무 전임자가 근로계약상 본래 담당할 업무를 면하고 노동조합의 업무를 전임하게 된 것이 사용자인 회사의 승낙에 의한 것이며 재해 발생 당시 근로자의 지위를 보유하고 있었고 그 질병이 노동조합업무 수행 중 육체적·정신적 과로로 인하여 발병된 경우, 특별한 사정이 없는 한 이는 근로기준법상 재해보상이 되는 업무상 재해로 보아야 하고, 다만 <u>그 업무의 성질상 사용자의사업과는 무관한 상부 또는 연합관계에 있는 노동단체와 관련된 활동이거나 불법적인 노동조합 활동 또는 사용자와 대립관계로 되는 쟁의단계에 들어간 이후의 노동조합 활동 중에 생긴 재해 등은 이를 업무상 재해로 볼 수 없다.</u>

관련판례 〉〉

4. 대법 2014두35232 (2014-05-29)
노동조합업무 전임자가 아닌 노조 간부가 노조업무를 수행하거나 이에 수반하는 통상적인 활동을 하는 과정에서 업무에 기인하여 발생한 재해의 경우도 업무상 재해에 해당한다.

[요 지]

노동조합업무 전임자가 근로계약상 본래 담당할 업무를 면하고 노동조합의 업무를 전임하게 된 것이 단체협약 혹은 사용인 회사의 승낙에 의한 것이라면, 이러한 전임자가 담당하는 노동조합업무는, 업무의 성질상 사용자의 사업과는 무관한 상부 또는 연합관계에 있는 노동단체와 관련된 활동이나 불법적인 노동조합활동 또는 사용자와 대립관계로 되는 쟁의단계에 들어간 이후의 활동 등이 아닌 이상, 회사의 노무관리업무와 밀접한 관련을 가지는 것으로서 사용자가 본래의 업무 대신에 이를 담당하도록 하는 것이어서 그 자체를 바로 회사의 업무로 볼 수 있고, 따라서 전임자가 노동조합업무를 수행하거나 이에 수반하는 통상적인 활동을 하는 과정에서 업무에 기인하여 발생한 재해는 산업재해보상보험법 제5조제1호 소정의 업무상 재해에 해당한다. 이러한 법리는 노동조합업무 전임자가 아닌 노동조합 간부가 사용자인 회사의 승낙에 의하여 노동조합업무를 수행하거나 이에 수반하는 통상적인 활동을 하는 과정에서 업무에 기인하여 발생한 재해의 경우에도 마찬가지로 적용된다.

(3) 연월차수당청구권 인정여부

판례는 노조전임자에 대해 단체협약에 별다른 규정이 없는 한 사용자에 대하여 상여금, 연월차휴가 등을 당연히 청구할 수 있는 것이 아니라고 한다.

관련판례 >>

5. 대법 94다54566 (1995-11-10)

사업주가 급여를 부담한다고 하여 노조전임자의 상여금 지급을 요구하거나 연·월차휴가수당 등을 당연히 사업주에게 청구할 권리가 있는 것은 아니나, 단체협약에 그러한 급여를 부담할 의무가 명시된 경우에는 그 단체협약을 근거로 이를 청구할 수 있다

노조전임자는 기업의 근로자의 신분은 그대로 유지하지만 근로계약상의 근로를 하지 않을 수 있는 지위에 있으므로 휴직상태에 있는 근로자와 유사한 지위를 가진다고 보아야 하고, 따라서 사업주가 급여를 부담한다고 하여 노조전임자의 상여금지급을 요구하거나 연·월차휴가수당 등을 당연히 사업주에게 청구할 권리가 있는 것은 아니나, 단체협약에 그러한 급여를 부담할 의무가 명시된 경우에는 그 단체협약을 근거로 이를 청구할 수는 있을 것이다.

5. 전임자 급여 지급

① 노조전임자는 그 전임기간 동안 사용자로부터 어떠한 급여도 지급받아서는 아니된다(제24조 제2항). 규정하고 있고, 사용자가 노조전임자에게 급여를 지원하는 행위는 경비원조에 해당되어 부당노동행위(제81조 제4호)가 성립한다. 전임자의 급여를 사용자가 지급하는 것은 노동조합의 자주성을 침해하는 행위로서 금지되는 것이다.

② 그러나 노조전임자 급여지원을 금지하는 대신 단체협약으로 정하거나 사용자가 동의하는 경우에는 사업 또는 사업장별로 조합원 수 등을 고려하여 법 제24조의2에 따라 결정된 근로시간 면제 한도(이하 "근로시간 면제 한도"라 한다)를 초과하지 아니하는 범위에서 근로자는 임금의 손실 없이 사용자와의 협의 · 교섭, 고충처리, 산업안전 활동 등 이 법 또는 다른 법률에서 정하는 업무와 건전한 노사관계 발전을 위한 노동조합의 유지 · 관리업무를 할 수 있다.

Ⅱ. 근로시간면제 제도

1. 근로시간면제 제도

전임자 급여는 노조가 부담하는 것이 당연함에도 그동안 우리나라는 사용자가 전적으로 부담하는 불합리한 관행이 고착되어 왔다. 이러한 관행을 해소하기 위해 전임자 급여지급 금지규정이 '97년 입법화된 이후, 13년간 유예되었으나 노사정 합의를 토대로 '10. 1. 1 노조법을 개정하여 해당규정을 전면 시행토록 하였다.

아울러 예외적으로 근로자가 근무시간 중에 노조법에서 인정하고 있는 소정의 활동을 하는 경우 일정한도 내에서 유급 처리할 수 있도록 하는 근로시간면제제도를 새로이 도입하여 '10. 7. 1부터 시행하게 되었다.

2. 근로시간면제자와 노조전임자(무급전임자)의 차이

① 근로시간면제자는 "근로시간면제 한도 이내에서 면제 대상업무를 수행하는 자"로서 단체협약 또는 사용자가 동의할 경우 임금의 손실 없이 해당업무를 근무시간 중에 할 수 있다.

② 노조전임자는 "노동조합 업무에만 종사하는 자"로서 사용자의 급여지급이 금지되므로 급여는 노동조합이 스스로 부담하여야 한다.

구분	노조전임자	근로시간면제자
근거	노조법 제24조 제1항 및 제2항	노조법 제24조 제4항
업무범위	노조업무로서 제한 없음	⊙ 사용자와의 협의 · 교섭, 고충처리, 산업안전 활동 등 노조법 또는 다른 법률에서 정하는 업무 ⊙ 건전한 노사관계 발전을 위한 노동조합의 유지 · 관리 업무 – 노조법 제2장 제3절 규정에 의한 노조 관리 업무 – 기타 사업장 내 노사공동의 이해관계에 속하는 노동조합의 유지 · 관리 업무
급여지급	무급	근로시간 한도 내에서 유급처리 가능
인원수	인원수 노사가 협의 결정	근로시간면제 한도 내에서 노사가 결정

THEME 12 근로시간 면제한도 및 적용

I. 근로시간 면제 인원과 시간

근로시간면제 한도를 초과하지 않는 범위 내에서 전체 조합원 수와 업무의 범위 등을 고려하여 노사 간 교섭을 통해 총 사용시간과 그 시간을 사용할 인원을 정 할 수 있다.

고시는 최고 한도이므로 사업장의 분포, 근무형태, 사업주 지불능력 등 당해 사업장의 특성을 고려, 한도 이내에서 노사가 합리적 수준에서 결정할 수 있다.

파트타임 사용 가능 인원은 조합원 규모별 시간한도 내에서 노사가 정한 근로시간면제 한도를 당해 사업의 연간 소정근로시간으로 나눈 숫자에 해당하는 인원(소수점 이하는 1명 인정)의 2배 또는 3배 이내 인원이다. (조합원 300명 미만은 3배, 조합원 300명 이상은 2배)

예시

조합원 350명, 노사가 정한 면제시간 4,500시간, 연간 소정근로시간 2,000시간인 경우, 인원 한도는 6명임 (4,500시간 ÷ 2,000시간 = 2.25 , 3명으로 산정) × 2배 = 6명

[조합원 규모별 근로시간면제 한도]

조합원 규모*	연간 시간 한도	사용가능인원
99명 이하	최대 2,000시간 이내	○조합원수 300명 미만의 구간 : 파트타임으로 사용할 경우 그 인원은 풀타임으로 사용할 수 있는 인원의 3배를 초과할 수 없다
100명~199명	최대 3,000시간 이내	
200명~299명	최대 4,000시간 이내	
300명~499명	최대 5,000시간 이내	
500명~999명	최대 6,000시간 이내	
1,000명~2,999명	최대 10,000시간 이내	○조합원수 300명 이상의 구간 : 파트타임으로 사용할 경우 그 인원은 풀타임으로 사용할 수 있는 인원의 2배를 초과할 수 없다.
3,000명~4,999명	최대 14,000시간 이내	
5,000명~9,999명	최대 22,000시간 이내	
10,000명~14,999명	최대 28,000시간 이내	
15,000명 이상	최대 36,000시간 이내	

* '조합원 규모'는 「노동조합 및 노동관계조정법」 제24조제4항의 '사업 또는 사업장'의 전체 조합원 수를 의미하며, 단체협약을 체결한 날 또는 사용자가 동의한 날을 기준으로 산정한다.

[지역분포에 따른 근로시간 면제 한도]

대 상	추가 부여 되는 근로시간면제 한도	
	광역자치단체 개수	시 간
• 전체 조합원 1,000명 이상인 사업 또는 사업장	2~5개	(사업 또는 사업장 연간 근로시간면제 한도)×10%
	6~9개	(사업 또는 사업장 연간 근로시간면제 한도)×20%
	10개 이상	(사업 또는 사업장 연간 근로시간면제 한도)×30%

* 광역자치단체 개수 산정기준
① 광역자치단체는 지방자치법 제2조제1항제1호에 따른 특별시, 광역시, 특별자치시, 도, 특별자치도를 말한다.
② 광역자치단체의 개수는 해당 사업 또는 사업장의 전체 조합원 5% 이상이 근무하는 것을 기준으로 산정한다.

Ⅱ. 근로시간면제 대상 업무 범위

근로시간면제 대상 업무의 범위는 노조법 등 법률에 정해진 소정의 업무를 수행하기 위한 회의 참석 등 해당 업무를 직접 수행하는 시간과 이와 직접 관련된 시간이다.
① 사용자와의 협의·교섭, 고충처리, 산업안전 활동 등 노조법 또는 다른 법률에서 정하는 업무
② 노조법상 단체교섭 업무
③ 근참법상 노사협의회 및 고충처리 업무, 산안법상 산업안전보건위원회 업무
④ 근로자대표로서 동의·입회·의견청취 업무
⑤ 근로기준법상 협의·합의 업무
⑥ 사내근로복지기금법(근로복지기본법)상 사내근로복지기금협의회 위원 등으로 활동하는 업무
⑦ 건전한 노사관계 발전을 위한 노동조합의 유지·관리 업무
⑧ 노조법 제2장 제3절의 노동조합 관리 업무(규약상 정기 총회·대의원회, 임원선거, 회계감사)
⑨ 그 밖의 생산성 향상 등을 위한 노사공동위원회, 사용자의 위탁교육 등 기타 사업장 내 노사공동의 이해관계에 속하는 노동조합의 유지·관리 업무
⑩ 파업, 공직선거 출마 등과 같이 사업장 내 노사공동의 이해관계에 속하는 업무와 무관한 활동은 제외

Ⅲ. 근로시간면제 한도 적용 단위

근로시간면제는 사업 또는 사업장 단위로 적용된다. 하나의 법인체는 원칙적으로 하나의 사업으로 인정되므로 모든 사업장·사업부서의 전체 조합원 수를 기준으로 근로시간면제 한도를 정해야 한다.
은행의 지점, 용역업체, 건설업체의 각 현장은 하나의 사업 속에 포함된다. 다만, 하나의 법인체(사업체)라 하더라도 각 사업장이 근로조건의 결정권이 있고, 인사·노무관리, 회계 등이 독립적으로

운영되는 등 독립성이 있는 경우에는 각 사업장의 조합원 규모에 따라 근로시간면제 한도를 각각 적용한다.

즉 각 사업장별로 근로조건이 달리 결정되고 인사 · 노무관리, 회계 등이 구분되는 경우에 개별 사업장을 기준으로 근로시간면제 한도 적용하게 된다.

IV. 조합원 규모 산정기준일

근로시간면제 한도 적용을 위한 조합원 수는 통상 단체 교섭이 시작되는 시점인 단체협약 만료일 이전 3개월이 되는 날을 기준으로 산정하되 단체협약 등에 노사가 별도의 기준을 정한 경우 그에 따를 수 있다.

단체협약 체결 이후 전체 조합원 수가 다소 변동되었다 하더라도 단체협약 유효기간 동안에는 당초 체결 당시 정한 시간 총량 및 사용인원 한도 내에서 계속 적용하는 것이 바람직하다.

그러나 단협 유효기간 중 조합원 수 변동으로 인한 법령상 한도 위반 문제를 예방하기 위해서는 단협으로 규모 변동에 따른 적용방법을 미리 정하여 두는 것이 필요할 것이다.

V. 근로시간면제 한도 사용방법

근로시간면제 한도(시간 · 인원)가 정해지면 노동조합은 노사가 정한 기준 및 절차에 따라 사용자에게 근로시간면제 대상자 명단을 사전에 통보해야 한다.

사업장 내 근로시간면제 대상 업무는 근로시간면제자(파트타임 포함)로 지정된 자가 수행하게 된다.

근로시간면제자(파트타임 포함)가 사용자와의 교섭 · 협의, 고충처리 등 대상 업무 이외의 활동을 하는 경우 원칙적으로 급여를 지급받을 수 없다.

행정해석 >>

1. 노사관계법제과-741 (2010-09-10)

1. 근로시간면제자로 지정되지 않은 노조임원에게 근무시간 중 일정시간을 고정적, 주기적으로 부여하여 유급으로 노조활동을 하도록 한다면 법에 위반된다

2. 근로시간면제자(파트타임 포함)에 대해 사업장 내 전체 직원에게 지급되는 정기상여금이나 특별성과급 등을 지급하는 것에 대해서는 노사가 자율적으로 정할 수 있다

3. 근로시간면제 대상 업무를 1일 소정근로시간을 초과하여 계속 수행하는 경우 초과시간을 유급으로 하여 시간외근로수당을 지급할지 여부는 노사가 자율적으로 정할 수 있다.

[질 의]

1. 근로시간면제 한도 고시에 의거 근로시간면제를 사용할 수 있는 "사용가능인원"의 범위에 노조전임

자, 부분전임자 외에 비전임 조합간부, 조합대의원 및 조합원도 포함되는지 여부

2. 단체협약에서 "비전임 조합간부에 대해 주○○시간, 조합대의원 및 지부대의원에 대해서는 월○○시간, 조합원 교육시간으로 분기○○시간"을 각각 유급으로 인정하고 있는 사업장의 경우, 이러한 조합활동 인정시간이 금번 근로시간면제 대상의 규제를 적용받는지 여부

3. "질의2"와 관련하여 만약 상기 조합활동 인정시간이 근로시간면제 한도의 규제를 적용받아 근로시간면제 한도를 초과하였다면 단체협약과 관계없이 향후 "무급"처리하여도 무방한지 여부

4. 노사 간 합의에 의거 고용안전위원회, 인사제도 개선위원회, 월급제위원회 등의 별도 위원회를 노사 공동으로 운영하고 있는 사업장의 경우, 이러한 위원회 활동시간도 금번 근로시간면제 한도의 규제를 적용 받는지 여부

5. 노조법 제24조 제2항에서 "전임자는 그 전임기간 동안 사용자로부터 어떠한 급여도 지급받아서는 아니 된다."고 규정하고 있는데, 여기에서 "급여"의 범위에는 전임자에게 지급하는 급여(월급)외에 노동조합에 지원하는 차량렌탈비, 유류비, 통신비 등 기타 경비도 포함되는지 여부

6. 통신비, 차량렌탈비, 유류비, 사무집기류, 복합기 임대료 등 운영경비를 노동조합에 지원하는 경우, 이러한 지원이 부당노동행위에 해당되는지 여부

7. 현행 타임오프제가 전면 시행되는 7월 1일 이후에는 노조전임자에 해당하는 "풀타임 근로시간면제자"에 대해서도 정기상여금이나 특별성과급을 지급하여야 하는지 여부

8. 현행 노조전임자 규모를 노동부 고시와 같이 축소하면서 그 재원을 노조재정 자립기금으로 출연하는 것이 부당노동행위에 해당하는지 여부

9. 현행 노조전임자의 규모를 노동부 고시와 같이 축소하면서 조합 재정자립기금으로 조합원 1인당 소정의 금액(예 :5만원)을 월단위로 지급하는 것이 부당노동행위에 해당되는지 여부

10. 노조재정자립방안의 일환으로 주차장 관리권, 식당 운영권, 구판장 운영권, 자판기 관리권, 피복사업 등의 수익사업을 노조에 부여하는 것이 부당노동행위에 해당하는지 여부

11. 노동조합이 현행 노조전임자 규모를 노동부 고시와 같이 축소하면서 그 재원 마련을 위하여 회사에 일정한 "수당" 명목으로 소정의 금액(예 : 5만원)을 지급하기로 요구하여 회사와 합의한 경우, 위 수당을 노동조합에서 "조합비 인상건"으로 총회 의결을 거쳐 조합비 일괄공제대상으로 하였다면 이를 일괄공제 하여 노동조합에 인도하여야 하는지 여부

12. 현행 노조전임자 규모를 노동부 고시와 같이 축소하면서 회사가 그에 상응한 일정금액(예: 축소 예정 전임자 1년치 급여총액)을 법 시행일 7월 1일 이전에 노동조합에 일시금으로 재정자립기금의 일환으로 지급·완료한 경우 법적 저촉이 없는지 여부

13. 조합원수가 약 2,300명으로 근로시간면제 상한이 10,000시간이 적용되는 사업장에서, 기존 단체협약에 "비전임 조합간부에 대해 주○시간 조합 활동, 조합대의원 및 지부대의원에 대해서 월○시간 조합 활동, 조합원 교육시간으로 분기○시간"을 각각 유급으로 인정하고 있는 바, 금번 노동부 "근로시간면제 한도 적용 매뉴얼" 30쪽에 의하면 "노사가 합리적인 수준에서 단체협약으로 달리 정하는 것은 가능하나 부당노동행위에 해당하는 사례가 발생할 수 있다"고 설명하고 있는 바, 위 조합 활동이 부당노동행위에 해당하는지 여부

14. 만약 기 단협상 규정하고 있는 "조합원 교육시간"을 근로시간면제 대상 업무로 보아 위 교육시간을 사용할 경우 해당 시간만으로 근로시간면제 한도를 초과하는 결과가 되는데, 향후 회사에서 어떻게 조치해야 하는지

15. 현행 근로시간면제 제도가 전면 시행되는 7월 1일 이후 1)노조전임자, 2)부부 노조전임자, 3)풀타임 근로시간면제자, 4)파트타임 근로시간면제자에 대해서 ①정기상여금, ②특별성과급(비임금성이라 전제함), ③의료비 지원이나 자녀 장학금 지원 등의 복지제도에 대해 향후 어떻게 적용되는지 여부

16. 고용노동부 근로시간면제 한도 적용 매뉴얼에 의하면 교섭, 협의 시간 등이 1일 소정근로시간을 초과하여 계속될 경우, 그 초과시간을 유급으로 할지 여부는 노사가 자율적으로 정할 수 있도록 되어 있는데 그럴 경우 풀타임 근로시간면제자에게는 기본근무시간분과 그 초과분만 가산하여 임금을 지급해야 되는지, 아니면 기존 노사 간에 약정한 지급기준(급여+일2hr의 연장근로+월 2일의 특근+직책수당)을 적용해도 부당노동행위에 해당되지 않는지, 근로시간면제 한도에서 그 초과분은 공제되어야 하는지

[회 시]

1. 〈질의 1,2,3,13,14에 대하여〉

근로시간면제 한도를 사용할 수 있는 대상자는 고용부 고시(제2010-39호) 한도 내에서 노사 당사자가 정한 근로자이므로, 기존의 노조 전임자나 부분전임자를 포함하여 일반 조합원이라면 누구나 그 대상이 될 수 있다고 할 것임

한편, 근로시간면제자로 지정되지 않은 자의 조합활동은 근무시간 외에 하여야 하고 근무시간 중 행할 경우 무급이 원칙이나 예외적으로 근로시간면제자가 아닌 노조간부 및 일반 조합원의 근무시간 중 조합활동(조합원 교육 등)을 단체협약 등으로 합리적인 수준에서 정하고 유급으로 한다 하더라도 이를 부당노동행위로 보기는 어려울 것이며, 이러한 조합활동 시간은 근로시간면제 한도에 포함되지 않음

이때의 합리적 수준이란 개별적·구체적으로 판단되어야 할 것이지만 구체적인 사유, 횟수, 시간을 정해 놓고 허용하며 그 시간이 본래의 근로제공 의무를 훼손할 정도가 아닌 정도를 의미한다 할 것임

그러나 귀 질의와 같이 근로시간면제자로 지정되지 않은 조합간부 및 대의원에게 근무시간 중 일정시간을 구체적 사용용도도 정함이 없이 고정적, 주기적으로 부여하여 유급으로 노조활동을 하도록 한다면 이는 근로시간면제자가 아닌자가 실제로는 부분전임자로 활동하는 정도에 이르러 법에 위반된다 할 것임

2. 〈질의 4에 대하여〉
노조법 제24조 제4항에서 근로시간면제자는 사용자와 협의·교섭, 고충처리, 산업안전 활동 등 노조법 또는 다른 법률에서 정하는 업무와 건전한 노사관계 발전을 위한 노동조합의 유지·관리 업무를 할 수 있다고 규정되어 있음

이때 '건전한 노사관계 발전을 위한 노동조합의 유지·관리업무'란 노조법 제2장 제3절의 노동조합 관리 업무, 그 밖의 생산성 향상 등을 위한 노사공동위원회, 사용자의 위탁교육 등 기타 사업장 내 노사 공동의 이해관계에 속하는 노동조합의 유지·관리 업무를 말하는 바,

질의상 노사가 합의에 의해 노사공동으로 운영하고 있는 고용안정위원회, 인사제도개선위원회, 월급제위원회 등의 경우 노사 공동의 이해관계에 속하는 업무로서 근로시간면제 대상 업무에 포함되는 것으로 판단됨

3. 〈질의 5, 6, 10에 대하여〉
노조법 제81조 제4호에서 사용자가 노동조합의 전임자에게 급여를 지원하거나 노동조합의 운영비를 원조하는 행위를 부당노동행위로 규정하여 이를 금지하면서 단서에서 예외적으로 근로자의 후생자금 또는 경제상의 불행 기타 재액의 방지와 구제 등을 위한 기금의 기부와 최소한의 규모의 노동조합사무실의 제공은 허용되는 것으로 규정하고 있음

따라서 노조사무실을 제공하면서 그에 따른 필요적 시설(책상, 의자, 전기시설 등)을 지원하는 것은 가능할 것이나 차량렌탈비, 유류비, 통신비, 복합기임대료 등 금품을 노동조합에 지원하는 행위는 같은 법 제81조 제4호 단서에서 정하고 있는 예외사항으로 볼 수 없어 부당노동행위에 해당된다 할 것임

한편, 사용자가 주차장 관리권, 식당 운영권, 구판장 운영권, 자판기 관리권, 피복 사업권 등의 수익사업권을 노동조합에 제공하는 것이 부당노동행위에 해당하는지 여부는 노동조합의 수익사업에 소요되는 제반 비용 및 운영상 발생되는 경영상 위험을 노동조합 스스로 부담하는지와 수익사업권을 노동조합에 제공할 때 특혜를 부여했는지 여부 등에 따라 판단하여야 할 것이며,
상기와 같은 수익사업권을 노동조합에 무상으로 부여하는 등 특혜를 부여하는 경우라면 이는 사용자가 노조 운영비를 원조하는 것으로서 동법 제81조 제4호에 따른 부당노동행위에 해당한다 할 것임

4. 〈질의 7,15에 대하여〉

　노조전임자는 그 전임기간 중 사용자로부터 어떠한 급여도 지급받아서는 안되므로 정기상여금이나 특별성과급을 지급받을 수 없다 할 것이나 일반 복리후생적 금품 중 근로제공과 무관하게 후생복지 차원에서 일정한 사유 발생시 은혜적으로 지급하는 금품(의료비, 자녀장학금 등)으로서 일반 무급휴직자에게도 일률적으로 지급되는 것을 노조전임자에게 지급하는 경우라면 이를 부당노동행위(경비원조)로 보기는 어렵다 할 것이며, 부분전임자의 경우도 전임에 해당하는 시간에 대해서는 마찬가지로 판단하면 될 것임

　근로시간면제자(파트타임 포함)에 대해 사업장 내 전체 직원에게 지급되는 정기상여금이나 특별성과급 등을 지급하는 것에 대해서는 노사가 자율적으로 정할 수 있을 것임

5. 〈질의 8,9,11,12에 대하여〉

　노조법(법률 제5310호) 부칙 제6조 제2항은 전임자 급여 금지규정의 전면 적용을 앞두고 제도의 연착륙 차원에서 노사가 자발적으로 법 시행 전에 전임자수를 줄여 나가는 것을 촉진하기 위해 규정된 조항임. 즉, 재정자립기금 지원 조항은 당연히 노조법 제81조 제4호가 금지하는 부당노동행위임에도 불구하고 법 시행 전 전임자 축소를 위해 특별히 예외조항으로 둔 것으로서 법 적용 이후에는 효력이 상실되는 것이며, 지원 가능한 재원도 법 시행 이전 전임자가 축소된 이후 시점부터 법 시행시까지 절감된 급여분에 한정된다고 하겠음

　따라서 2010. 7. 1. 이전까지는 전임자를 축소하면서 전임자 축소에 따른 상응금액을 노조재정자립기금으로 지원하는 것이 가능했겠으나 2010. 7. 1. 근로시간면제제도가 시행되면서부터는 그 적용여지가 없다 할 것임

6. 〈질의 16에 대하여〉

　노조법 제24조 제4항의 규정에 의한 근로시간면제대상 근로자에 대해 지급하는 급여수준은 해당 근로자가 근로시간면제대상자가 아닌 일반 근로자로서 정상적으로 근로하였다면 받을 수 있는 급여수준으로서 사업(장)의 통상적인 급여 지급기준을 토대로 노사가 자율적으로 정할 수 있을 것이나, 이 경우 통상적으로 받을 수 있는 급여보다 과도한 기준을 설정하여 지급하는 것은 노동조합에 대한 경비원조로 부당노동행위에 해당한다 할 것임

　또한 근로시간면제자에 대한 1일 단위의 면제근로시간은 법정근로시간의 범위 내에서 당해 사업(장)의 근로자와 사용자 사이에 정한 1일 소정근로시간 이내로 이를 초과한 시간은 무급이 원칙임. 다만, 근로시간면제 대상 업무를 1일 소정근로시간을 초과하여 계속 수행하는 경우 초과시간을 유급으로 하여 시간외근로수당을 지급할지 여부는 노사가 자율적으로 정할 수 있겠으며, 유급으로 정할 경우 근로시간면제자의 면제 한도 총량시간에서 공제하여야 할 것임

2. 노사관계법제과-165(1) (2010-07-21)

[질 의]

근로시간면제자가 1년간의 근로시간면제 한도를 10개월 쯤에 모두 소진한 경우, 근로시간면제 한도를 초과하여 교섭, 협의, 고충처리 등의 활동을 할 경우 유급처리를 해야 하는지 여부

[회 시]

노조법 제24조 제4항 및 제24조의2에 의한 근로시간면제 한도는 사업 또는 사업장별 연간단위로 사용할 수 있는 최대시간임.

따라서 근로시간면제 한도를 초과하여 수행된 근로시간면제업무에 대해 유급처리 하는 것은 노조법 제81조 제4호 위반으로 부당노동행위에 해당할 것임

3. 노사관계법제과-1056 (2010-10-18)

[질 의]

1. 회사의 생산직 사원이었던 근로시간면제자가 정상적으로 근로했다면 받을 수 있는 임금은 기본급뿐만 아니라 상여금, 시간외근로수당, 근속수당 및 기타 수당을 포함하며 근속년수에 따른 호봉 적용, 매년 임금조정 및 정기 호봉승급 적용이 이루어진 금액이라 판단되는데 귀 부의 견해는? 이에 노사는 근로시간면제자의 처우를 사업장에서 근로시간면제자와 동일한 조건(직무, 근속기간, 경력, 직책, 기타 조건)에 해당하는 근로자에게 지급하는 수준의 위와 같은 일체의 급여를 지급하는 것이 타당한지

2. 회사 생산직 사원에게 지급되는 시간외근로수당은 매월 발생한 시간외근로에 따라 달라지게 되는데, 근로시간면제자에게 지급하는 시간외근로수당의 경우 동일한 조건의 근로자에게 지급되는 매월 변동되는 시간외근로수당을 기준으로 매월 변동된 금액을 지급하면 되는 것인지, 근로시간면제자 지정 직전 3개월 또는 1년간 동일 조건 근로자의 평균 시간외근로수당을 매월 고정 시간외근로수당으로 책정해 지급하면 되는 것인지, 또는 근로시간면제자 지정 직전 3개월 또는 1년간 사업장 전체 생산직 사원의 평균 시간외 근로수당을 매월 고정 시간외근로수당으로 책정해 지급하면 되는 것인지 여부, 아니면 위 방식들 중 어느 하나라도 노사가 합의하면 시행이 가능한 것인지

[회 시]

1. 노조법 제24조 제4항의 규정에 의한 근로시간면제자는 근무시간 내에서 근로계약 소정의 업무를 면제받고 근로시간면제 대상 업무를 수행할 수 있도록 지정된 자이며, 근로시간면제자의 급여수준은 해

당 근로자가 근로시간면제대상자가 아닌 일반 근로자로서 정상적으로 근로하였다면 받을 수 있는 급여수준으로서 사업(장)의 통상적인 급여 지급기준을 토대로 노사가 자율적으로 정할 수 있을 것이나, 이 경우에도 통상적으로 받을 수 있는 급여보다 과도한 기준을 설정하여 지급하는 것은 노동조합에 대한 경비원조로 부당노동행위에 해당한다 할 것임.

2. 따라서 귀 질의상 휴가, 상여금 등에 대해서는 일반 근로자와 동일한 기준을 적용할 수 있을 것이며, 연장 및 야간근로수당은 일반 근로자로서 정상적으로 근로하였다면 받을 수 있는 범위 내에서 지급하는 것은 가능하다 할 것이나 근로시간면제자라는 이유로 별도의 고정적인 연장 및 야간근로수당을 과도하게 지급하는 것은 정해진 근로시간면제 한도를 초과하는 결과를 초래하여 부당노동행위에 해당할 소지가 있다 할 것임.

복수노조의 창구단일화 절차 및 교섭대표노동조합

I. 단체교섭의 의의와 유형

1. 의의

(1) 개념

단체교섭이라 함은 노동조합과 사용자 또는 사용자 단체 간에 근로조건의 유지·개선 기타 근로자의 경제적·사회적 지위향상을 도모하기 위한 집단적인 교섭(협상)을 말한다. 단체교섭은 엄격히 따지면 사실행위인 교섭 그 자체와 법률행위인 협약체결의 양면으로 구별하여 생각할 수 있다.

(2) 단체교섭의 보장

헌법 제33조 제1항에 의거하여 보장된 단체교섭권에 관한 노조법상의 구체적 보장규정을 살펴보면 다음과 같다.

① 단체교섭이 본래의 목적 범위 내에서 행해질 경우 이는 정당행위로서 그 형사상 책임이 면제된다(제4조).

② 사용자가 정당한 이유 없이 단체교섭을 거부하거나 해태하는 경우 이는 부당노동행위가 된다(제30조 및 제81조 제3호).

③ 근로시간 중에 단체교섭을 행한데 대하여 임금을 지급하더라도 경비원조에 해당하지 않는다(제81조 제4호).

2. 유형

(1) 개설

단체교섭의 방식은 노동조합의 조직형태, 노동운동의 발전과정 또는 산업사회의 발전양태에 따라 상이한 양상을 보이고 있다. 현행법은 단체교섭의 방식에 관하여 아무런 규정을 두지 않고 있으므로 노사 간에 자유로이 택할 수 있다.

(2) 방식

1) 기업별교섭

특정기업 내의 근로자로 구성된'노동조합과 그 상대방인 사용자 사이에 행하여지는 단체교섭으로 서 우리나라나 일본에서 가장 일반적으로 행하여지는 방식이다.

2) 통일교섭

㉮ 전국적 또는 지역적인 산업별 또는 직종별 노동조합과 이에 대응하는 전국적 또는 지역적 인 사용자단체 사이에 행하여지는 초 기업적인 단체교섭을 말한다.

㉯ 노동조합이 산업별 또는 직종별로 전국적 또는 지역적인 노동시장을 지배하고 강력한 통 제력을 가지고 있는 경우 이 방식을 취한다.

㉰ 독일 · 영국 등 선진국에서 이 방식을 활용하는 것이 일반적이다.

3) 대각선교섭

㉮ 산업별 노동조합이 개별 사용자와 교섭하는 방식이다.

㉯ 이것은 산업별 노동조합에 대응하는 사용자단체가 없거나 또는 이러한 사용자단체가 있더 라도 각 기업에 특수사정이 있을 때에 이 방식이 사용된다.

4) 공동교섭

산업별 노동조합이 지부와 공동으로 사용자와 교섭하는 것을 말한다. 산업별 노동조합과 지 부가 연명으로 사용자에 대하여 단체교섭을 요청하기 때문에 연명교섭이라고도 한다.

5) 집단교섭

몇 개의 기업별노조가 이에 대응하는 사용자들과 집단적으로 교섭하는 방식을 말하며, 연합 교섭 또는 집합교섭이라고도 한다. 이는 노동조합이 상부단체에 소속되어 있지 아니하거나 상부단체가 없는 경우에 취하는 방식이다.

Ⅱ. 단체교섭의 방법

1. 개설

① 현행법은 단체교섭의 절차, 즉 그 시기 · 장소 · 참가인원 등에 관하여 아무런 규정을 두고 있 지 않다. 따라서 단체교섭의 절차에 관하여는 이를 단체협약 등에서 정하고 있는 경우가 일반 적이다.

② 단체협약에 의하든 또는 노동관행에 의하든 단체교섭의 절차가 정립되어 있고 노동조합이 그러 한 절차에 의하여 사용자 측에게 단체교섭을 요구하고 있는 경우에 만약 사용자측이 정당한 이 유 없이 단체교섭을 거부한다면 이는 부당노동행위가 된다.

2. 폭력 등의 금지

노동조합이 단체교섭을 수행하는 경우 어떠한 경우에도 폭력이나 파괴행위는 허용될 수 없다(제4조). 폭력이나 파괴행위에 의한 단체교섭은 민·형사상의 책임을 면할 수 없다.

3. 성실교섭의무와 권한남용금지

(1) 법 규정

① 노동조합과 사용자 또는 사용자단체는 신의에 따라 성실히 교섭하고 단체협약을 체결하여야 하며 그 권한을 남용하여서는 아니된다(제30조 제1항).

② 노동조합과 사용자 또는 사용자단체는 정당한 이유 없이 교섭 또는 단체협약의 체결을 거부하거나 해태하여서는 아니된다(동조 제2항).

(2) 개념

① 성실교섭의무란 노동조합과 사용자 또는 사용자 단체가 단체교섭에 있어서 신의에 따라 성실히 교섭하고 단체협약을 체결하고 그 권한을 남용하여서는 아니 될 의무를 말한다.

② 사용자가 부담하는 단체교섭의무에는 단순히 단체교섭에 응할 의무뿐만 아니라 교섭의 과정에서 합의형성을 위하여 성실하게 노력할 의무도 포함된다.

③ 이러한 성실교섭의무의 법적근거는 민법상의 신의칙에서 찾을 수 있다.

(3) 취지

① 단체교섭권은 사용자와의 실질적인 대등성을 확보하고 노사자치주의를 실현하기 위하여 노동조합에 인정된 권리이다. 이러한 단체교섭권을 구체적으로 실현하기 위하여 법은 사용자와 노동조합에게 성실교섭의무를 부과하고 있는 것이다.

② 노동조합의 성실교섭의무의 위반은 사용자의 단체교섭에 대한 거부권 행사의 정당한 사유가 될 뿐이므로, 법 제 81조 제 3호에서 부당노동행위로서 규정하고 있는 사용자의 단체교섭거부를 고려할 때 실질적으로 성실교섭의무는 사용자가 부담하는 의무이다.

(4) 성실교섭의무의 이행자

1) 사용자 또는 사용자단체와 노동조합

사용자가 단체교섭에 있어 성실교섭의무를 이행하는 것은 당연하며, 위반한 경우는 부당노동행위에 의한 처벌의 대상이다. 또한 노동조합도 사용자에 대하여 성실교섭의무를 부담한다.

2) 단체교섭의 담당자 또는 위임을 받은 자

단체교섭의 담당자 또는 위임을 받은 자 또한 노동조합과 사용자 또는 사용자 단체의 이익을 위해서 성실하게 교섭할 의무를 부담한다.

행정해석 >>

1. 노조 01254-599 (1997-07-01)

[질 의]

1. 교섭도중에 노조가 상급노동단체에 단체교섭 및 체결권을 위임한 것은 고의적으로 교섭에 혼란을 초래케 하는 교섭질서 문란행위로서 이 경우 공사에서 상급노동단체의 교섭요구를 거부하여도 정당한 사유가 될 수 있는지 여부

2. 교섭권을 위임받은 상급단체의 교섭위원이 해고 등으로 근로자의 자격에 하자가 있는 경우 회사에서 교섭위원의 교체요구를 할 수 있는지, 이로 인해 교섭을 거부하더라도 정당한 사유에 해당되는지

[회 시]

1. 노동조합과 사용자는 신의에 따라 성실히 교섭할 의무가 있으며 현행법에서는 사용자가 정당한 이유 없이 교섭을 거부하는 것을 부당노동행위의 하나로 규정하여 이를 금지하고 있음. 다만, 사용자에게 정당한 사유가 있는 경우에는 성실교섭 의무가 면제되어 단체교섭을 거부할 수 있다 할 것이나 이 때 사유의 정당성 여부는 노사간 대등한 지위에서의 정상적인 교섭의 실현이라는 단체교섭권 보장의 취지를 고려하여 개별 사례별로 판단하여야 할 것임.

2. <u>15차에 걸쳐 교섭을 진행하던중 노동조합이 상급노동단체에 교섭권 및 체결권을 위임하였다는 이유만으로 사용자가 단체교섭을 거부하는 경우라면 그 정당성을 인정받기 어려울 것임.</u>
   교섭당사자인 노동조합과 사용자는 각각 원하는 자에게 법과 규약이 정한 절차에 따라 교섭권을 위임할 수 있으며, 이 경우 상대방은 정당하게 교섭권한을 위임받은 수임자와 성실히 교섭할 의무가 있음.

---

(5) 내용

1) 합의달성을 위한 노력의 의무

사용자는 단체교섭과정에 있어서 합의도달을 위해 신의칙상 진지하게 노력하여야 할 의무를 진다. 따라서 ㉠ 단체교섭을 처음부터 거부하는 행위, ㉡ 주로 서면에 의한 회답만 하는 행위, ㉢ 조건을 부과하는 행위, ㉣ 체결권한이 없는 자를 교섭담당자로 하는 행위 등은 성실교섭의무 위반이 된다.

2) 설명의무와 자료제공의무

사용자는 교섭대상과 관련하여 노동조합 측에 필요한 설명을 하거나 관련 자료를 제공해야 한다. 따라서 기업비밀준수 등을 이유로 한 관련 자료의 제공거부행위는 성실교섭의무의 위반이 될 수 있다. 다만 개별근로자의 비밀보호 또는 그 필요성이 있는 경우에의 거부는 동 의무의 위반이라고 할 수 없다.

3) 단체협약 체결의무

사용자는 교섭의 결과 합의가 성립되면 이를 단체협약으로 체결해야한다. 따라서 사용자에게 단체협약의 체결을 의무지우는 것은 아니지만, 합의가 달성된 이상 그 내용을 단체협약화 하지 않는 것은 성실교섭의무의 위반이 된다.

(6) 한계

1) 의의

법상 사용자 또는 사용자단체와 성실교섭의 의무를 부과하고 있더라도 무조건적으로 사용자와 노동조합이 동 의무를 지는 것은 아니다. 즉, 사용자 또는 사용자 단체는 교섭거부의 정당한 사유가 존재하면 정당하게 이를 거부할 수 있다.

2) 주체

사용자는 교섭권한이 없는 노동조합 또는 그로부터 위임을 받은 자가 교섭을 요구하는 경우에는 이를 정당하게 거부할 수 있다.

3) 교섭대상

사용자에게 처분할 권한이 없거나 근로조건과 관계없는 사항에 대하여 사용자는 이를 정당하게 거부할 수 있다.

4) 교섭방법 및 절차

교섭방법 및 절차에 대하여 협약 등에 정함이 있거나 관행이 있는 경우에는 노사당사자는 그에 따라야 하나, 이를 무시한 경우에는 정당하게 단체교섭을 거부할 수 있다.

Ⅲ. 교섭창구 단일화

1. 원칙

하나의 사업 또는 사업장에서 조직형태에 관계없이 근로자가 설립하거나 가입한 노동조합이 2개 이상인 경우 노동조합은 교섭대표노동조합(2개 이상의 노동조합 조합원을 구성원으로 하는 교섭대표기구를 포함)을 정하여 교섭을 요구하여야 한다. 다만, 교섭대표노동조합을 자율적으로 결정하는 기한[97] 내에 사용자가 교섭창구 단일화 절차를 거치지 아니하기로 동의한 경우에는 그러하지 아니하다(법 제29조의2 제1항).

이러한 교섭창구 단일화 의무는 원칙적으로 기업단위 복수노조가 허용되는 2011.7.1.부터 시행되나 2009.12.31. 현재 하나의 사업 또는 사업장에 조직형태를 불문하고 근로자가 설립하거나 가입한 노동조합이 2개 이상 있는 경우에는 2012.7.1.부터 시행된다.

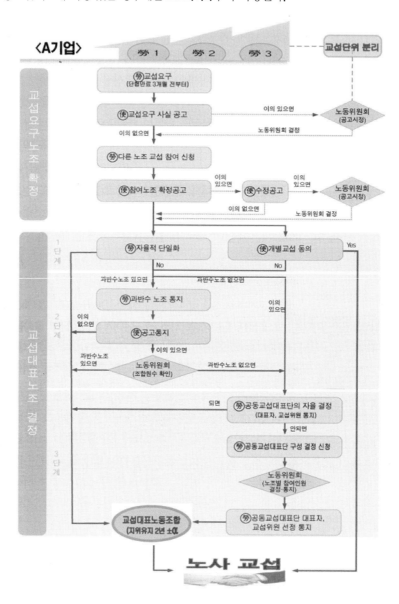

---

97) 참여 노동조합이 확정된 날부터 14일(법 시행령 제14조의6)
　※ 단협 유효기간 3개월이 되는 날부터 교섭요구가 가능하며(법 시행령 제14조의2), 최초 교섭요구일로부터 7일간 공고하여 다른 노동조합의 교섭참여 요구를 받은 후(동 개정안 제14조의4), 교섭참여 노동조합을 확정함(법 시행령 제14조의5).

112

관련판례 >>

1. 서울행법 2012구합39292 (2013-07-11)

교섭요구안 의제선택에 있어 교섭요구 의제의 중요성 판단, 교섭력 집중과 목표달성을 위한 전략 선택 등에 대해 교섭대표노동조합에 광범위한 재량권이 인정된다.

[요 지]

1. 노동조합 및 노동관계조정법(이하 '노조법'이라 한다) 제29의2는 하나의 사업 또는 사업장에 노동조합이 2개 이상인 경우 교섭대표노동조합을 정하도록 규정하고 있는데, 이는 복수노조가 각각 독자적인 교섭권을 행사할 경우 노조 상호간의 반목, 교섭효율성 저하 및 교섭비용 증가, 동일하거나 유사한 내용의 근로를 제공함에도 상이한 근로조건이 적용되는 불합리성을 방지하는 데 그 취지가 있다. 그런데 이와 같은 교섭창구단일화제도는 필연적으로 소수노조의 교섭권을 제한하게 되는 면이 있는데, 이를 최소화하기 위해 노조법은 교섭대표노동조합을 정하는 절차에 소수노조가 참여하도록 하고 교섭대표노동조합의 대표자로 하여금 교섭을 요구한 모든 노동조합 또는 조합원을 위하여 사용자와 교섭하고 단체협약을 체결할 권한을 부여하여(제29조, 제29조의2) 교섭대표노동조합의 교섭력을 강화시키고 교섭의 결과를 함께 향유하는 주체가 될 수 있도록 하는 한편, 교섭대표노동조합에게 공정대표의무를 부과하여 교섭창구단일화 절차에 참여한 노동조합 또는 그 조합원에 대한 차별을 금지하고 있다. 따라서 교섭대표노동조합은 교섭요구안에 대한 의견을 수렴하고 이를 확정하는 과정에서 교섭창구단일화 절차에 참여한 노동조합 등에 대하여 의견을 제출할 기회를 충분히 부여하고 협의할 뿐만 아니라 교섭요구안 결정 이유 등에 대하여 설명할 의무가 있다. 또한 교섭요구안 의제 선택에 있어서도 합리적 이유 없이 소수노조의 교섭요구안 의제를 배제하면 이를 공정대표의무 위반으로 볼 수 있을 것이나, 교섭대표노동조합의 대표자에게 모든 노동조합 또는 조합원을 위하여 사용자와 교섭할 권한을 부여하고 소수노조 역시 교섭의 결과를 함께 향유할 수 있도록 한 노조법의 취지 등을 고려해 볼 때, 교섭요구안 의제를 선택함에 있어 교섭요구할 각 의제의 중요성 판단, 교섭력 집중과 목표달성을 위한 전략 선택 등에 관하여 교섭대표노동조합에 광범위한 재량권이 인정된다고 보아야 한다.

2. 세부 절차

(1) 자율적 교섭대표노조 결정 및 과반수 노동조합의 교섭대표노조 지위 인정

교섭대표노동조합을 자율적으로 결정하는 기한 내에 교섭대표노동조합을 정하지 못하고 교섭창구 단일화절차를 거치지 아니하기로 하는 사용자의 동의도 얻지 못한 경우에는 교섭창구 단일화 절차에 참여한 노동조합의 전체 조합원 과반수로 조직된 노동조합(2개 이상의 노동조합이 위임 또는 연합 등의 방법으로 교섭창구 단일화 절차에 참여한 노동조합 전체 조합원의 과반수가 되는 경우를 포함)이 교섭대표노동조합이 된다(법 제29조의2 제3항).

관련판례 >>

2. 서울행법 2013구합2457 (2014-01-16)

교섭대표노동조합을 결정하기 위해 특정 노동조합의 조합원 수를 산정함에 있어서 '해고된 근로자가 노동위원회에 부당노동행위에 구제신청을 하여 중노위의 재심판정이 있을 때까지는' 그 해고된 근로자를 조합원수에 산입하여야 한다.

[요 지]

1. 교섭창구단일화제도는 하나의 사업 또는 사업장 내에 복수의 노동조합이 존재하는 경우 그 단체교섭권을 어떻게 부여할 것인가에 관한 문제이고, 복수의 노동조합 중 대표성을 갖는 노동조합으로 하여금 단체교섭을 하도록 하기 위해 교섭창구단일화절차를 마련한 것이므로, 교섭창구단일화절차에서 과반수 노동조합을 결정함에 있어서는 그 노동조합의 전체 조합원 수를 기준으로 할 것이 아니라 그 노동조합의 전체 조합원 중 그 사업 또는 사업장에 종사하는, 다시 말해 그 사업 또는 사업장의 사용자와 사용종속관계를 맺고 있는 근로자에 해당하는 조합원 수를 기준으로 함이 타당하다.

2. 해고된 근로자가 노동위원회에 부당노동행위에 구제신청을 하여 중노위의 재심판정이 있을 때까지는 그 해고된 근로자는 노조법 제2조제4호 (라)목 단서에 의해 그 사업 또는 사업장의 근로자로 간주되게 되는 것이고, 교섭대표노동조합을 결정하기 위해 각 노동조합의 조합원 수를 산정함에 있어서도 그 해고된 근로자를 조합원수에 산입하여야 한다.

3. 교섭대표노동조합 결정을 위한 조합원 수 산정에 있어서는 기업별 노동조합과 산업별·직종별·지역별 노동조합을 불문하고 노조법 제2조제4호 (라)목 단서가 적용되어 그 노동조합의 조합원으로서 그 사업 또는 사업장의 근로자이다가 사용자로부터 해고당한 사람이 있더라도 그 사람이 노동위원회에 부당노동행위 구제신청을 하였고 그에 대한 중노위의 재심판정이 있을 때까지는 그 사람 또한 조합원 수에 산입되어야 한다.

4. 사용자가 특정 근로자를 해고한 경우 그 근로자가 부당노동행위 구제신청을 하였다면 그에 대한 중노위의 재심판정이 있을 때까지는 해고의 유·무효를 불문하고 노조법 제2조제4호 (라)목 단서에 의해 그 근로자는 여전히 근로자의 지위를 갖는 것으로 간주되어 교섭대표노동조합 결정을 위한 조합원 수에도 포함되는 것이고, 중노위의 재심판정이 있은 후에는 위 원칙으로 돌아가 그 해고가 유효인지 무효인지를 가려 그 근로자가 여전히 근로자의 지위를 갖는지 여부 및 그에 따라 교섭대표노동조합 결정을 위한 조합원 수에 포함되는지 여부를 결정함이 옳다.

(2) 자율적 공동교섭대표단 구성

위 절차에 따라 교섭대표노동조합을 결정하지 못한 경우에는 교섭창구 단일화 절차에 참여한 모든 노동조합은 공동으로 교섭대표단(이하 "공동교섭대표단")을 구성하여 사용자와 교섭하여야 한다. 이 때 공동교섭대표단에 참여할 수 있는 노동조합은 그 조합원 수가 교섭창구 단일화 절차에 참여한 노동조합의 전체 조합원 100분의 10 이상인 노동조합으로 한다(동조 제4항).

(3) 노동위원회에 의한 공동교섭대표단 구성

교섭창구 단일화 절차에 참여한 노동조합 간에 공동교섭대표단의 구성에 합의하지 못할 경우에 노동위원회는 해당 노동조합의 신청에 따라 조합원 비율을 고려하여 이를 결정할 수 있으며,[98] 교섭대표노동조합을 결정함에 있어 교섭요구 사실, 조합원 수 등에 대한 이의가 있는 때에는 노동위원회는 노동조합의 신청을 받아 그 이의에 대한 결정을 할 수 있다(동조 제5항 및 제6항). 위와 같은 노동위원회의 결정에 대한 불복절차 및 효력은 중재재정의 확정과 효력에 관한 노조법 제69조와 제70조제2항을 준용한다(동조 제7항).

행정해석 >>

2. 노사관계법제-2992 (2012-10-29)

교섭에 참여한 어느 노조도 과반수 통지 및 자율적 공동교섭대표단 통지를 하지 않는 경우 창구단일화 절차

[질 의]
〈사실관계〉
- A노조: 기업 노조, 조합원수 300여명, 임〈단〉협 만료일: 2012.3.31,〈2013.4.7〉
- B노조: 산별 지부, 조합원수 160여명, 임〈단〉협 만료일:2012.3.31〈2013.8.11〉
- B노조는 2012.3.7, A노조는 2012.6.26 각각 임금교섭 요구
- 사측 교섭요구 사실공고(7.2-7.9), 참여노조 확정공고(7.10-7.16, 참여노조 A노조, B노조)
- 자율적 교섭대표노동조합 결정기간(7.17-7.31) 중 A노조와 B노조 개별교섭 요청
⇒ 사측 7.31 양 노조에 개별교섭 부동의 통지
- 과반수 노동조합의 통지 기한(8.1-8.6) 중 A노조 과반수 노조 미통지

〈질의내용〉
- A노조와 B노조가 자율적 교섭대표노동조합 결정기간 동안 교섭대표노동조합을 정하지 못하였고, 과반수 노조 통지도 하지 않는 등 교섭대표노동조합 결정기간이 도과한 후, 양 노조가 공동교섭대표노동조합을 구성 또는 A노조가 과반수 노조임을 사측에 통지할 경우 효력 여부

---

98) 이 경우 공동교섭대표단의 규모는 10명 이내로 함(법 시행령 제14조의9 제2항).

[회 시]

1. 노조법 제29조의2 제3항 및 동법 시행령 제14조의7에 따르면 자율적 교섭대표 결정 기한 내에 교섭 대표노동조합을 정하지 못하고 사용자의 개별교섭 동의를 얻지 못한 경우, 교섭창구단일화절차에 참여한 모든 노동조합의 전체 조합원 과반수로 조직된 노동조합은 자율적 교섭대표노동조합 결정 기한이 만료된 날부터 5일 이내에 사용자에게 과반수노조라는 사실 등을 통지하여야 함.

2. 그러나 해당 기한 내에 과반수 노동조합의 통지가 없어 과반수 노동조합의 교섭대표노동조합 확정 절차에 따른 교섭대표노동조합이 결정되지 못한 경우, 공동교섭대표단에 참여할 수 있는 노동조합은 자율적 교섭대표결정기한이 만료된 날부터 10일 이내에 자율적으로 공동교섭대표단을 구성하여 사용자에게 통지하여야 하며, 해당 기한까지 공동교섭대표단 구성에 합의하지 못한 경우 노동조합의 일부 또는 전부는 노동위원회에 공동교섭대표단 구성에 관한 결정 신청을 하여야 함.

3. 따라서 귀 질의와 같이 자율적 단일화 기간 동안 교섭대표노동조합을 결정하지 못하고 사용자의 개별교섭 동의도 득하지 못하였으며, 그 이후 교섭에 참여한 어느 노동조합도 과반수 노동조합 통지 및 자율적 공동교섭대표단 구성 통지를 해당 기한 내에 하지 않은 경우에는 그 다음 교섭창구단일화 단계인 노동위원회 결정에 의한 공동교섭대표단 구성 절차로 넘어갈 것인바, 교섭 참여 노조는 관할 노동위원회에 공동교섭대표단의 구성에 관한 결정을 신청하는 것이 바람직할 것임.

3. 교섭단위 분리

하나의 사업 또는 사업장에서 현격한 근로조건의 차이, 고용형태, 교섭 관행 등을 고려하여 교섭단위를 분리할 필요가 있다고 인정되는 경우에 노동위원회는 노동관계 당사자의 양쪽 또는 어느 한 쪽의 신청을 받아 교섭단위를 분리하는 결정을 할 수 있으며(법 제29조의3 제2항), 이러한 교섭단위 분리결정시 각 교섭단위 내에서 교섭창구 단일화절차에 따라 교섭대표노조를 결정하여야 한다.[99]

행정해석 〉〉

3. 노사관계법제과-900 (2011-06-03)
교섭단위분리 결정 권한은 노동위원회에 있으므로 노동위원회가 교섭단위 분리 결정을 한 이후 노사가 임의적으로 교섭단위 재결합을 할 수는 없다.(2011.6.3, 노사관계법제과-900)

[질 의]
노동위원회의 교섭단위 분리결정을 받은 이후, 여하한 환경이나 사유로 교섭단위 재결합이 요구될 경우 노사간 임의적 합의에 의하여 교섭단위를 통합할 수 있는지, 만약에 노사간 임의적 합의가 불가능하

---

99) 고용노동부 노조법 개정 설명자료, 22면

다면, 분리된 교섭단위 재결합의 요건과 절차는 어떻게 되는지

[회 시]

1. 노조법 제29조의3 제2항은 하나의 사업(장)에서 현격한 근로조건의 차이, 고용형태, 교섭 관행 등을 고려하여 교섭단위를 분리할 필요가 있다고 인정하는 경우에 노동위원회는 노동관계 당사자의 양쪽 또는 어느 한쪽의 신청을 받아 교섭단위를 분리하는 결정을 할 수 있다고 규정하고 있음.

2. 따라서 교섭단위분리 결정 권한은 노동위원회에 있으므로 노동위원회가 교섭단위 분리 결정을 한 이후 사정변경 등으로 교섭단위 분리 요건이 더 이상 충족되지 못하거나 교섭단위 분리의 조정을 필요로 하는 요건이 발생한 경우에는 당사자의 신청에 따라 노동위원회가 기존의 분리결정을 취소하거나 새로운 교섭단위 분리결정을 할 수 있을 것이며, 노사가 임의적으로 교섭단위 재결합을 할 수는 없음.

4. 공정대표의무

교섭대표노동조합과 사용자는 교섭창구 단일화 절차에 참여한 노동조합 또는 그 조합원 간에 합리적 이유 없이 차별을 하여서는 아니 된다(법 제29조의4 제1항). 노동조합은 교섭대표노동조합과 사용자가 이를 위반하여 차별한 경우에는 그 행위가 있은 날(단체협약의 내용의 일부 또는 전부가 공정대표의무에 위반되는 경우에는 단체협약 체결일)부터 3개월 이내에 노동위원회에 그 시정을 요청할 수 있다(동조 제2항). 노동위원회는 위 시정 신청에 대하여 합리적 이유 없이 차별하였다고 인정한 때에는 그 시정에 필요한 명령을 하여야 하며, 이러한 노동위원회의 명령 또는 결정에 대한 불복절차 등에 관하여는 노동위원회 구제명령의 확정과 효력에 관한 제85조 및 제86조를 준용한다(동조 제3항 및 제4항).

> **관련판례 >>**

3. 서울행법 2013구합4590 (2014-04-04)

단체협약에서 정한 1시간의 신입사원 교육시간을 교섭대표노동조합에게 50분, 소수 노동조합에게는 10분을 배분한 조치는 공정대표의무 위반이다.

[요 지]

1. 단체교섭 창구 단일화 제도와 공정대표의무의 입법목적에 비추어 보면 공정대표의무 위반 여부는 단체교섭의 결과물인 단체협약만을 놓고 판단할 수는 없고, 그 단체협약 이후에 단체협약에 기초하여 이루어진 회사와 교섭대표노동조합 사이의 협의나 회사의 노동조합들에 대한 조치도 그것이 애초부터 단체교섭과정에서 교섭대표노동조합과 회사 사이에 논의될 수 있는 성질의 것이라면 공정대표의무 위반 여부가 문제될 수 있다.

이 사건 단체협약 제18조는 노동조합에게 신입사원 교육시간을 1시간 부여한다고만 정하고 있을 뿐

복수의 노동조합이 있는 경우 그 노동조합들 사이에 교육시간을 어떻게 배분할 것인지에 대하여는 정하고 있지 아니하다. 이와 같은 상황에서 신입사원 교육시간 배분문제는 회사와 복수의 노동조합이 상호 협의하여 정하여야 할 것이나, 협의가 이루어지지 않는 경우 결국 단체교섭과정에 준하여 회사와 교섭대표 노동조합이 논의하여 정하여야 할 것으로 보인다.

그런데 공정대표의무 위반 여부가 문제된 원고의 이 사건 조치(노동조합에게 부여된 1시간의 교육시간의 신입사원 교육시간을 교섭대표노동조합에게 50분, 소수 노동조합에게 10분 할당)는 원고가 참가인 노동조합(소수 노동조합)과 소외 노동조합(교섭대표 노동조합)에게 이 사건 단체협약에 따라 부여된 이 사건 교육시간의 사용에 관한 협의를 요청한 후, 위 두 노동조합이 각자 이 사건 교육시간 전부를 사용하겠다고 회신함에 따라 원고가 그 시간을 임의로 배분한 것으로서, 복수의 노동조합이 있는 경우 그 노동조합들 사이에 교육을 어떻게 배분할 것인지는 단체교섭과정에서 교섭대표노동조합과 회사 사이에 논의될 수 있는 성질의 것이고 그것이 논의되지 아니하여 결국 원고가 이 사건 조치에 이르게 된 것이므로 원고의 공정대표의무 위반 여부가 문제될 수 있다.

2. 이 사건 단체협약 제18조는 노동조합의 활동에 관한 조항이므로 노동조합 조합원의 규모에 따라 그 정도에 차등을 두어야 할 별다른 이유를 찾을 수 없다. 신입사원의 교육시간에 노동조합 설명회 시간을 부여하는 것은 노동조합제도 및 관련 법령의 이해와 노동조합에 대한 홍보, 가입안내 등을 위한 것인데, 이러한 설명에 관한 시간이 소속 노동조합원의 수에 따라 크게 달라질 것이라고 보이지는 않고, 오히려 소수 노동조합으로서는 다수의 근로자에 대한 접촉 및 홍보가 어려울 것이기 때문에 조합의 규모 확대를 위하여 신입사원이 집결해 있는 교육과정에서 자신들을 홍보할 필요성이 더욱 높아 보인다. 그런데 회사가 소수 노동조합에게 할당한 10분은 노동조합의 홍보 및 가입안내를 하기에 지나치게 짧아 정상적인 노동조합 활동을 할 수 있는 시간으로 보기 어렵다.

따라서 신입사원 교육시간 배분에 있어서 소수 노동조합을 차별한 조치는 합리적 이유가 있다고 보기 어렵다.

THEME 14 단체교섭의 대상

I. 단체교섭의 주체 및 방법

1. 단체교섭의 당사자

단체교섭의 당사자란 단체교섭을 스스로의 이름으로 수행하고 단체협약이 체결되는 경우에 협약상의 권리·의무의 주체를 말한다.

예컨대, 노동조합의 대표자와 사용자의 대표자가 단체교섭을 하는 경우 단체교섭의 당사자는 노동조합과 사용자이다.

2. 단체교섭의 담당자

단체교섭의 담당자란 단체교섭을 직접적으로 담당하여 현실적으로 협의하고 교섭하는 자를 말하며 노동조합의 대표자와 사용자의 대표자가 단체교섭을 하는 경우 단체교섭의 담당자는 노사 양측의 대표자이다.

3. 단체교섭 방법

단체교섭의 방법에 관하여 법적으로 규정된바는 없으므로 노사 당사자간의 자율적인 교섭이 가능하다. 다만, 대체로 교섭방법 및 대상등에 대해 단체협약에 포함하는 것이 일반적인데 그러한 경우 단체교섭에 정한내용이 양 당사자를 구속하게 되고, 양 당사자는 이에 따를 의무를 부담한다.

관련판례 >>

1. 대법 2005도8606 (2006-02-24)

교섭일시 전에 어떠한 의사 표명도 없이 노동조합측이 정한 일시에 단체교섭에 응하지 아니한 것은 부당하다

[요 지]

1. 노동조합 및 노동관계조정법 제81조 제3호는 사용자가 노동조합의 대표자 또는 노동조합으로부터 위임을 받은 자와의 단체협약 체결 기타의 단체교섭을 정당한 이유 없이 거부하거나 해태할 수 없다고 규정하고 있는바, 단체교섭에 대한 사용자의 거부나 해태에 정당한 이유가 있는지 여부는 노동조합측의 교섭권자, 노동조합측이 요구하는 교섭시간, 교섭장소, 교섭사항 및 그의 교섭태도 등을 종합하여 사회통념상 사용자에게 단체교섭의무의 이행을 기대하는 것이 어렵다고 인정되는지 여부에 따라 판단하여야 한다.

2. 쟁의행위는 단체교섭을 촉진하기 위한 수단으로서의 성질을 가지므로 쟁의기간 중이라는 사정이 사용자가 단체교섭을 거부할 만한 정당한 이유가 될 수 없고, 한편 당사자가 성의 있는 교섭을 계속하였음에도 단체교섭이 교착상태에 빠져 교섭의 진전이 더 이상 기대될 수 없는 상황이라면 사용자가 단체교섭을 거부하더라도 그 거부에 정당한 이유가 있다고 할 것이지만, 위와 같은 경우에도 노동조합 측으로부터 새로운 타협안이 제시되는 등 교섭재개가 의미 있을 것으로 기대할 만한 사정변경이 생긴 경우에는 사용자로서는 다시 단체교섭에 응하여야 하므로, 위와 같은 사정변경에도 불구하고 사용자가 단체교섭을 거부하는 경우에는 그 거부에 정당한 이유가 있다고 할 수 없다.

3. 사용자인 피고인이 노동조합측이 정한 단체교섭 일시의 변경을 구할 만한 합리적 이유가 있었다고 보이지 아니하고, 위 교섭일시 전에 노동조합측에 교섭일시의 변경을 구하는 등 교섭일시에 관한 어떠한 의사도 표명한 적이 없었던 경우, 피고인이 노동조합측이 정한 일시에 단체교섭에 응하지 아니한 것에 정당한 이유가 없다.

Ⅱ. 근로자 측의 단체교섭 주체

1. 당사자

(1) 단위노조

근로자가 직접 그 구성원이 되어 있는 단위노조는 기업별노조건 산별노조건 단체교섭 당사자가 된다. 제2노조가 설립되어 있는 경우 제2노조도 단체교섭의 당사자가 될 수 있다.

(2) 법외조합

1) 비민주적 노조(헌법상 노조)

이러한 근로자단체는 법 제7조 등에 정한 불이익을 받는다 하더라도 그 근로자단체에 대하여 노동조합으로서의 자격을 전적으로 부인할 것은 아니므로 단체교섭의 당사자가 될 수 있다.

2) 비자주적 노조(비노조)

실질적 요건 중에서도 적극적 요건을 갖추지 못한 근로자단체는 단체교섭의 당사자가 될 수 없다. 그러나 실질적 요건 중 적극적 요건은 갖추었으나 법 제2조 제4호 각목의 소극적 요건 중의 일부에 해당하는 근로자단체의 경우에는 구체적인 경우에 따라 자주성확보의 정도를 기준으로 판단하여야 할 것이다.

(3) 일시적 쟁의단

당면한 특정 목적을 달성하기 위하여 조직된 일시적 쟁의단도 노동조합은 아니지만 단체교섭의 당사자가 될 수 있다는 견해도 있다. 그러나 특정목적을 위한 계약상의 당사자로 인정할 수 있지만, 단체교섭의 당사자자격은 부인된다고 본다.

(4) 노동조합의 상부단체

연합단체가 자신의 규약 내에 단체협약의 체결을 목적활동으로 삼고 있는 경우에는 연합단체에 고유한 사항이나 소속 단위노조에 공통적인 사항에 대해 단체교섭 당사자의 지위를 가질 수 있다고 본다.

(5) 노동조합의 하부조직

단위노동조합의 하부조직인 노동조합지부·분회도 독자적인 규약 및 기관을 가지고 독립된 단체로서 활동하는 경우에는 노동조합의 위임에 의해 그 조직이나 조합원에게 고유한 사항에 대하여 독자적으로 교섭하고 협약을 체결할 수 있다. 이는 그 분회나 지부가 그 설립신고를 하였는지 여부에 영향 받지 않는다.[100]

2. 담당자

(1) 노동조합의 대표자

① 근로자 측의 대표적인 단체교섭의 담당자는 노동조합의 대표자이다. 노동조합의 대표자는 조합규약 등에 의하여 선출된 대표임원을 말하며, 보통 위원장이 이에 해당된다. 그러나 노사협의회의 대표자는 이에 해당하지 않는다.

② 노동조합의 대표자는 그 노동조합 또는 조합원을 위하여 사용자나 사용자단체와 교섭하고 단체협약을 체결할 권한을 가진다(제29조 제1항). 1996.12.30. 개정법에서 노조대표자의 단체협약체결권을 명시하여 조합원 총회의 부결을 이유로 합의사항을 번복하고 다시 재교섭을 요구하는 사례를 방지하고 노사의 자율교섭을 촉진하도록 하였다.

관련판례 >>

2. 대법 91누12257 (1993-04-27)

1. 노동조합법 제33조 제1항의 교섭할 권한이란 단체교섭외에 교섭한 결과에 따라 단체협약을 체결할 권한을 포함한다

2. 단체협약안을 마련한 후 조합원 총회의 결의를 거치도록 한 단체협약규정은 법에 위반된다

1. 노동조합법 제33조 제1항 본문은 "노동조합의 대표자 또는 노동조합으로부터 위임을 받은 자는 그 노동자 또는 조합원을 위하여 사용자나 사용자단체와 단체협약의 체결 기타의 사항에 관하여 교섭할 권

---

100) 대판 2001.2.23. 2000도4299

한이 있다"고 규정하고 있는바, "교섭할 권한"이라 함은 사실행위로서의 단체교섭의 권한 외에 교섭한 결과에 따라 단체협약을 체결할 권한을 포함한다.

2. 노동조합의 대표자 또는 수임자가 단체교섭의 결과에 따라 사용자와 단체협약의 내용을 합의한 후 다시 <u>협약안의 가부에 관하여 조합원총회의 의결을 거쳐야만 한다는 것은 대표자 또는 수임자의 단체 협약체결권한을 전면적, 포괄적으로 제한함으로써 사실상 단체협약체결권한을 형해화하여 명목에 불 과한 것으로 만드는 것이어서 위 법 제33조 제1항의 취지에 위반된다.</u>

관련판례 ≫

3. 대법 2011두15404 (2013-09-27)
조합원 총회를 거쳐 단체협약을 체결하도록 한 발전노조의 규약상 소위 '총회인준조항'은 노조법에 위반 된다고 볼 수 없다

[요 지]

노조법 제29조제1항은 "노동조합의 대표자는 그 노동조합 또는 조합원을 위하여 사용자나 사용자단 체와 교섭하고 단체협약을 체결할 권한을 가진다"라고 규정하고 있는바, 노동조합의 대표자에게는 단체 교섭의 권한뿐만 아니라 교섭한 결과에 따라 단체협약을 체결할 권한이 있다. 따라서 노동조합 규약에 서 노동조합의 대표자가 단체교섭의 결과에 따라 사용자와 단체협약의 내용을 합의한 후 다시 그 협약 안의 가부에 관하여 조합원 총회의 의결을 거치도록 규정하고 있다면, 그 노동조합 규약은 노동조합 대 표자의 단체협약체결권한을 전면적, 포괄적으로 제한함으로써 사실상 단체협약체결권한을 형해화하여 명목에 불과한 것으로 만드는 것이어서 노동조합 대표자의 단체협약 체결권한을 규정한 노조법 제29조 제1항의 취지에 반한다.

이 사건 규약 제24조제1항제2호에서는 '산별 협약 체결에 관한 사항'을 원고 총회의 의결 사항으로 규 정하고 있고, 같은 규약 제68조제1항 전단에서는 '조합이 협약을 체결하고자 할 때에는 총회를 거쳐 위 원장이 체결하도록' 규정하고 있다. 그런데 <u>이 사건 규약 제24조제1항제2호와 같은 규약 제68조제1항 전단이 원고의 대표자인 위원장이 단체교섭의 결과에 따라 사용자와 단체협약의 내용을 합의한 후 다시 협약안의 가부에 관하여 조합원 총회의 의결을 거친 후에만 단체협약을 체결할 수 있는 것으로 한정한 것인지 불분명한 점,</u> 원고의 대표자인 위원장은 총회의 의결을 거쳐 조합원들의 의견을 수렴한 후, 수렴 한 의견을 반영하여 단체교섭을 할 수 있고, 단체교섭을 하는 과정에서도 사용자와 실질적인 합의에 이 르기 전까지는 총회의 의결을 거칠 수도 있다고 보이는 점, 기록상 원고의 대표자인 위원장이 사용자와 단체교섭을 하고 단체협약의 내용에 합의한 후 단체협약을 체결하기에 앞서 다시 협약안의 가부에 관하 여 조합원의 의견을 수렴하는 절차로서 총회를 거친 경우가 있었다고 볼 만한 자료가 제출된 바도 없는 점 등에 비추어 보면, 이 사건 규약 제24조제1항제2호와 같은 규약 제68조제1항 전단이 노동조합 대표

자의 단체협약 체결권한을 전면적 · 포괄적으로 제한하는 규정으로서 노조법 제29조제1항에 위배된다고 보기는 어렵다.

(2) 노동조합으로부터 위임을 받은 자

① 노동조합으로부터 위임을 받을 수 있는 자의 범위에 관하여는 아무런 제한이 없다. 따라서 당해 노동조합의 조합원은 물론 비조합원인 일반 근로자 및 타 조합원 기타 외부의 노동전문가에게 위임하는 것도 가능하다.

② 노동조합으로부터 교섭 또는 단체협약의 체결에 관한 권한을 위임받은 자는 그 노동조합을 위하여 위임받은 범위 안에서 그 권한을 행사할 수 있다(동조 2항).

③ 노동조합은 교섭 또는 단체협약의 체결에 관한 권한을 위임한 때에는 ㉠ 위임받을 자의 성명, ㉡ 교섭사항, ㉢ 권한 범위 등을 명시하여 그 사실을 상대방에게 통보하여야 한다(동조 제3항, 동법 시행령 제14조 제2항).

> **관련판례 >>**

4. 대법 98다20790 (1998-11-13)
단위노동조합이 상부단체인 연합단체에 단체교섭권한을 위임한 경우, 단위노동조합의 단체교섭권한은 상실되지 않는다

[요 지]
구 노동조합법(1996.12.31 법률 제5244호로 폐지) 제33조 제1항에서 규정하고 있는 단체교섭권한의 '위임'이라고 함은 노동조합이 조직상의 대표자 이외의 자에게 조합 또는 조합원을 위하여, 조합의 입장에서 사용자 측과 사이에 단체교섭을 하는 사무처리를 맡기는 것을 뜻하고, 그 위임 후 이를 해지하는 등의 별개의 의사표시가 없더라도 노동조합의 단체교섭권한은 여전히 수임자의 단체교섭권한과 중복하여 경합적으로 남아 있다고 할 것이며, 같은 조 제2항의 규정에 따라 단위노동조합이 당해 노동조합이 가입한 상부단체인 연합단체에 그러한 권한을 위임한 경우에 있어서도 달리 볼 것은 아니다.

Ⅲ. 사용자 측의 단체교섭 주체

1. 당사자

(1) 사용자

① 단체교섭의 상대방으로서의 사용자는 노동조합의 단체교섭 요구에 대하여 응낙의무를 지는

123

상대편 당사자를 말한다. 원칙적으로 개인기업의 경우에는 그 기업주 개인, 법인기업의 경우에는 법인이 사용자로서 단체교섭의 당사자가 된다.

② 그러나 반드시 근로계약 관계가 존재해야 하는 것은 아니며 실질적 영향력 내지 지배력을 행사하고 근로조건을 결정할 수 있는 자는 널리 단체교섭의 당사자가 된다고 본다. 따라서 여기에서의 사용자는 노조법 제2조 제2호 및 근기법 제2조 제2호의 사용자의 개념과 일치하는 것은 아니다.

③ 단체교섭 상대방으로서의 사용자에 해당하게 되면 단체교섭에 응낙의무가 있으므로 정당한 이유 없이 단체교섭을 거부·해태하게 되면 부당노동행위를 행한 것으로 되어 형사책임까지도 부담하게 된다.

(2) 사용자단체

① 사용자단체도 단체교섭의 당사자가 될 수 있다(제 29조 제1항). 여기에서 사용자 단체라 함은 근로관계에 관하여 그 구성원인 사용자에 대하여 조정 또는 규제할 수 있는 권한을 가진 사용자의 단체를 말한다.

② 노동조합과 단체협약을 체결할 것을 그 목적으로 하고, 그 구성원인 각 사용자에 대하여 조정 또는 규제할 수 있는 권한을 가진 사용자 단체는 교섭권을 가질 수 있다. 다만, 사용자 단체가 일시적으로 구성원으로부터 협약체결을 위임받아 단체협약을 체결하는 경우에는 단체협약의 당사자는 사용자단체가 아니라 사용자 개인이 된다.

(3) 사용자 개념의 확장

1) 인정취지

단체교섭의 상대방으로서의 사용자를 형식적인 근로계약당사자에 한정시킬 경우에 여러 불합리한 결과가 도출될 수 있다. 따라서 사회·경제의 변화에 따른 복잡 다양한 근로형태에 즉응하여 노사문제를 합리적으로 해결하기 위하여는 단체교섭상의 사용자 개념을 확대하여 인정할 필요가 있다.

2) 학 설

가. 근로계약관계설

이 설은 당해 근로자와 근로계약관계에 있는 자를 사용자로 보는 학설로 명시적이든 묵시적이든 최소한 근로계약관계가 존재해야 된다고 한다.

나. 사용종속관계설

이 설은 형식적 근로계약의 존재를 기준으로 하는 것이 아니라 그 실질을 살펴보아 사실상의 사용종속관계가 있는 경우에는 단체협약상의 사용자로 본다는 입장이다.

다. 지배력설
이 설은 근로관계의 유무에 관계없이 근로관계상의 제 이익에 대한 실질적인 영향력 내지 지배력을 가진 자를 사용자로 본다는 입장이다.

라. 대향(對向)관계설
이 설은 근로자의 자주적인 단결과 단결목적에 관련하여 대향관계에 있는 자를 사용자로 본다. 이 견해는 헌법상 보장된 노동3권을 구체화한 집단적 노사관계법상의 사용자개념의 정립이라는 관점에서 위 지배력·영향력설을 비판·발전시킨 이론이다.

관련판례 >>

5. 대법 2007두8881 (2010-03-25)
원청업체가 하청업체 노동자의 노동조건 등에 실질적인 지배력을 행사하고 있다면 원청업체도 부당노동행위에서의 사용자이다

[요 지]
부당노동행위의 예방·제거는 노동위원회의 구제명령을 통해서 이루어지는 것이므로, 구제명령을 이행할 수 있는 법률적 또는 사실적인 권한이나 능력을 가지는 지위에 있는 한 그 한도 내에서는 부당노동행위의 주체로서 구제명령의 대상자인 사용자에 해당한다고 볼 수 있다.

노동조합및노동관계조정법 제81조제4호는 '근로자가 노동조합을 조직 또는 운영하는 것을 지배하거나 이에 개입하는 행위'등을 부당노동행위로 규정하고 있고, 이는 단결권을 침해하는 행위를 부당노동행위로서 배제·시정하여 정상적인 노사관계를 회복하는 것을 목적으로 하고 있으므로, 그 지배·개입 주체로서의 사용자인지 여부도 당해 구제신청의 내용, 그 사용자가 근로관계에 관여하고 있는 구체적 형태, 근로관계에 미치는 실질적인 영향력 내지 지배력의 유무 및 행사의 정도 등을 종합하여 결정하여야 할 것이다.

따라서 근로자의 기본적인 노동조건 등에 관하여 그 근로자를 고용한 사업주로서의 권한과 책임을 일정 부분 담당하고 있다고 볼 정도로 실질적이고 구체적으로 지배·결정할 수 있는 지위에 있는 자가, 노동조합을 조직 또는 운영하는 것을 지배하거나 이에 개입하는 등으로 법 제81조 제4호 소정의 행위를 하였다면, 그 시정을 명하는 구제명령을 이행하여야 할 사용자에 해당한다.

(4) 사용자 개념의 확장예

1) 파견근로자의 경우

이는 근로자 파견계약 등에 근거하여 자기가 고용하고 있는 근로자를 사용기업의 사업장에 보내 그 업무에 종사하게 하는 경우를 말한다. 이 경우 사용기업이 사외근로자의 근로조건에 대하여 현실적, 구체적으로 지배력을 행사하여 왔다면 사용기업주도 파견근로자에 대하여 단체교섭상의 사용자로 인정된다.

2) 모회사와 그 지배를 받는 자회사가 있는 경우

이는 모회사가 주식소유, 임원파견, 업무도급관계 등에 의하여 자회사의 경영을 지배하는 경우를 말한다. 이 경우 모회사가 그 종업원의 임금, 인사 등 근로조건에 대하여도 현실적으로 지배력을 행사하여 왔다면 모회사는 종업원에 대하여 사용자인 자회사와 유사한 지위에 있기에 자회사와 함께 교섭상의 사용자로 인정된다고 본다.

3) 원청회사와 하청회사 근로자간의 경우

원청회사가 하청회사의 근로자들에 대한 근로조건에 대해 실질적인 지배력이나 영향력을 행사하고 있다면 원청회사가 하청회사 노동조합의 단체교섭상의 사용자로 인정될 수 있다고 본다.

4) 채권단

회사존립자체가 채권단의 처분에 맡겨진 상황에서 노동조합으로서는 회사와의 교섭은 무의미하고 채권단과의 직접 단체교섭을 하여야 실효성 있는 성과를 거둘 수 있다. 법정관리 등에 들어간 회사의 경우 중요결정이 채권단에 의해 결정되므로 제한적으로 교섭상의 사용자성이 인정되어야 한다고 본다.

2. 담당자

(1) 사용자 또는 사용자단체의 대표자

사용자 또는 사용자단체의 대표자는 단체교섭의 담당자가 된다(제29조 제1항).

(2) 사용자 또는 사용자단체로부터 위임을 받은 자

① 사용자 또는 사용자단체로부터 교섭 또는 단체협약의 체결에 관한 권한을 위임받은 자는 위임받은 범위 안에서 그 권한을 행사할 수 있다(동조 제2항).

② 이 경우 사용자 또는 사용자단체는 위임을 받은 자의 성명과 교섭사항의 권한범위 등에 관한 위임사실을 상대방에게 통보하여야 한다(동조 제3항).

③ 그 사업의 근로자에 관한 사항에 관하여 사업주를 위하여 행동하는 자등 기업 내부의 자는 물론, 외부의 전문가 등 교섭권한의 위임에는 제한이 없다.

Ⅳ. 단체교섭의 대상

1. 단체교섭의 대상

① 법에서는 「노동조합의 대표자는 그 노동조합 또는 조합원을 위하여 사용자나 사용자단체와 교섭하고 단체협약을 체결할 권한을 가진다(제29조 제1항).」라고만 규정하여 단체교섭의 대상에 관하여 아무런 언급이 없다.

② 교섭대상을 명시하지 않음으로써 이를 탄력적으로 운용할 수도 있지만, 한편으로는 교섭대상을 둘러싸고 불필요한 분쟁을 야기함으로써 원활한 단체교섭을 저해하는 요인이 될 수도 있으므로 이에 대한 기준을 명확히 제시할 필요가 있다고 본다.

③ 특히, 단체교섭의 대상이 조정대상이자 쟁의행위의 목적이 되며, 거부시 부당노동행위를 구성한다는 점에서 교섭대상을 법에서 명문으로 규정할 필요가 크다고 본다.

2. 교섭대상 판단기준

(1) 현행법의 태도

노조법 제2조 5호에서 노동쟁의를 「임금, 근로시간, 복지, 해고 기타 근로자의 대우 등 근로조건의 결정에 관한 주장의 불일치로 인해 발생한 분쟁상태」로 규정하고 있는 바, 이를 통해 교섭대상을 추론할 수 있을 뿐이며, 단체교섭대상에 대한 명문의 규정을 두고 있지 않고 있다.

(2) 교섭대상의 일반적 판단기준

1) 근로조건 개선성

근로조건을 중심으로 하되, 근로자의 경제적·사회적 지위향상을 위한 긴요한 사항은 단체교섭대상으로 될 수 있다는 것이 통설적 견해이다. 근로조건과 무관한 사항은 교섭대상이 될 수 없지만, 근로조건 그 자체는 아니지만, 근로조건과 밀접한 관련을 가지는 사항도 교섭대상이 될 수 있다고 보아야 할 것이다.[101] 비조합원의 근로조건은 교섭대상이 될 수 없음은 물론이다.

2) 집단성

① 단체교섭의 대상은 근로자전체의 근로조건과 관련된 집단성을 띠어야 한다. 따라서 근로자 개인과 관련된 고충 등은 노사협의회나 고충처리의 대상은 될 수 있어도 단체교섭의 대

---

101) 임종률, 노동법, p124.

상은 될 수 없다.

② 개별 근로자 해고반대, 복직요구 등은 원칙적으로 단체교섭대상이 되지 아니한다. 다만 근로자개인의 문제라도 그것이 「조합전체와 직결되는 한」 교섭대상으로 간주된다.

(3) 사용자의 처분가능성

사용자가 처리 또는 처분할 수 있는 사항이어야 한하며, 사용자에게 법률적으로나 사실적으로 처분권한이 없는 사항은 단체교섭대상이 될 수 없다. 따라서 구속자 석방, 정치와 관련되는 사항, 법령개정요구 등은 교섭대상으로 주장할 수 없다.

3. 교섭대상 3분론에 따른 분류

(1) 의무적 교섭대상(Mandatory Subject)

① 단체교섭대상이 근로자 측의 권리로 보장되어 있고 사용자측의 의무로 되어 있는 사항으로 임금 및 근로시간 등의 근로조건에 관한 사항 및 집단적 노사관계에 관한 사항이 해당된다.

② 특정근로자의 채용, 이동, 징계 또는 해고에 관한 사항은 고충처리나 노사협의회의 대상이 될 수 있지만 집단적 성격을 가지지 않는 한 교섭대상이 될 수 없다.

③ 이러한 사항에 대해 사용자측의 교섭거부는 부당노동행위가 성립되며, 단체교섭이 결렬되는 경우에는 쟁의행위를 할 수 있다.

(2) 임의적 교섭대상(Permissive Subject)

① 단체교섭대상이 사용자측의 의무는 아니지만, 근로자 측의 요구에 대해 단체교섭을 하는 것이 허용되어 있는 사항으로서 노조전임자인정, 쟁의행위기간 중 임금요구 등을 말한다.

관련판례 >>

---

6. 대법 94누9177 (1996-02-23)
노조조합원의 근무시간중 노조활동이나 노조전임제는 노동위원회의 중재재정의 대상이 아니다

노조전임제는 노동조합에 대한 편의제공의 한 형태로서 사용자가 단체협약 등을 통하여 승인하는 경우에 인정되는 것일 뿐 사용자와 근로자 사이의 근로계약관계에 있어서 근로자의 대우에 관하여 정한 근로조건이라고 할 수 없는 것이고, 단순히 임의적 교섭사항에 불과하다.

---

② 이러한 사항에 대한 사용자측의 교섭거부는 부당노동행위가 성립되지 아니하며, 단체교섭이 결렬되는 경우에도 단체행동을 할 수 없다.

③ 권리분쟁사항은 객관적으로 무엇이 법적으로 옳은 것인가를 판단할 사항으로서 교섭에 의하여 양보할 성질이 아니므로 원칙적으로 교섭대상에 포함되지 아니하나, 임의적 교섭대상은 될 수 있다고 본다.

(3) 위법적 교섭대상(Illegal Subject)

① 법규위반이나 공서양속에 위반되는 사항으로서 단체교섭하는 것 자체가 위법이며, 합의해도 무효가 되는 교섭대상을 말한다. 예를 들어 남녀 간 임금을 차별하거나, 퇴직금 제도를 폐지하는 것 등을 들 수 있다.

② 이러한 사항에 대해서는 당연히 쟁의행위가 인정되지 않고 사용자측의 교섭거부도 부당노동행위가 성립되지 않는다.

4. 인사 · 경영사항의 단체교섭 대상성

(1) 인사에 관한 사항

① 전직, 해고, 징계 등 인사사항은 경영사항과는 달리 그 자체가 근로조건에 속하므로 교섭대상이 된다고 보아야 할 것이다.

② 조합원의 배치전환 · 징계 · 해고 등의 인사의 기준이나 절차 등은 집단적 성질을 가지며 근로조건 기타 대우에 관한 사항이므로 의무적 교섭대상이 된다.

③ 그러나 인사권의 본질적 부분을 침해하거나 개별근로자에 관한 사항은 교섭의 대상이 될 수 없다.[102] 특히 채용은 사용자의 고유권한이다.

(2) 경영에 관한 사항

1) 문제의 소재

① 경영권이란 사용자가 사업의 합병 · 분할, 양도, 축소 · 확대, 경영진의 임면, 업무의 자동화, 사업장의 이전, 업무의 하도급화 등 기업경영에 필요한 기업시설의 관리 · 운영 및 인사 등에 관하여 갖는 권리라고 할 수 있다. 경영권의 기초는 헌법상 직업선택의 자유(제15조)와 재산권보장(제23조) 규정에 의하여 간접적으로 도출할 수 있다.

---

102) 1995.5.29, 노조 01254-614.

② 그러나 이러한 경영권에 관한 사항이 단체교섭의 대상이 될 수 있는지의 여부에 관하여 견해가 대립되고 있다.

2) 학설

① 부정설

경영에 관한 사항은 사용자의 고유한 경영권에 속하고 근로조건은 아니므로 어떠한 경우에도 의무교섭대상이 될 수 없고, 단지 사용자의 자유의사에 따른 임의교섭대상이라고 본다. 경영계가 취하고 있는 입장이다.

② 긍정설

경영에 관한 사항이라도 근로조건에 영향을 미치지 않거나 관련이 없다 하더라도 사용자의 처분권한 범위에 속하는 것이라면 교섭대상에 모두 포함된다고 본다. 노동계가 취하고 있는 입장이다.

③ 제한적 긍정설

경영에 관한 사항이라도 근로조건 기타 근로자의 경제적 지위의 향상에 관계되는 한 널리 단체교섭의 대상이 된다고 한다.[103] 다수설의 입장이다.

④ 제한적 부정설(결정ㆍ영향 구분설)

경영에 관한 결정 그 자체는 의무교섭대상이 될 수 없으나, 경영권의 행사로 인하여 영향을 받거나, 이와 밀접한 관련을 갖고 있는 근로조건은 의무교섭대상이 될 수 있다는 견해이다. 예를 들어 사업부 폐지 결정 자체는 교섭대상이 될 수 없으나, 사업부폐지로 인해 발생하는 해고나 전보 등 근로조건과 관련한 사항은 교섭대상이 된다는 것이다. 판례가 취하고 있는 입장이다.

관련판례 〉〉

7. 대법 99도5380 (2002-02-26)

정리해고나 사업조직의 통폐합 등 기업의 구조조정 실시 자체에 반대하기 위한 쟁의행위는 목적의 정당성을 인정할 수 없다고 본 사례

[요 지]

1. 정리해고나 사업조직의 통폐합 등 기업의 구조조정의 실시 여부는 경영주체에 의한 고도의 경영상 결단에 속하는 사항으로서 이는 원칙적으로 단체교섭의 대상이 될 수 없고, 그것이 긴박한 경영상의 필

---

103) 김유성, 노동법Ⅱ, p144; 김치선, 노동법강의, 340; 김형배, 노동법, pp743-745; 박홍규, 노동법2, p246; 심태식, , 노동법개론, p218; 이병태, 최신노동법, p240; 임종률, 노동법, p129

요나 합리적인 이유없이 불순한 의도로 추진되는 등의 특별한 사정이 없는 한, 노동조합이 실질적으로 그 실시 자체를 반대하기 위하여 쟁의행위에 나아간다면, 비록 그 실시로 인하여 근로자들의 지위나 근로조건의 변경이 필연적으로 수반된다 하더라도 그 쟁의행위는 목적의 정당성을 인정할 수 없다 할 것이다

2. 사용자가 경영권의 본질에 속하여 단체교섭의 대상이 될 수 없는 사항에 관하여 노동조합과 '합의'하여 결정 혹은 시행하기로 하는 단체협약의 일부 조항이 있는 경우, 그 조항 하나만으로 주목하여 쉽게 사용자의 경영권의 일부 포기나 중대한 제한을 인정하여서는 아니되고, 그와 같은 단체협약을 체결하게 된 경위와 당시의 상황, 단체협약의 다른 조항과의 관계, 권한에는 책임이 따른다는 원칙에 입각하여 노동조합이 경영에 대한 책임까지도 분담하고 있는지 여부 등을 종합적으로 검토하여 그 조항에 기재된 '합의'의 의미를 해석하여야 할 것이다.

관련판례 >>

8. 대법 2010두5097 (2014-12-11)

1. 정부교섭대표는 해당 기관 소속 공무원으로 구성되는 노동조합이 아니더라도 스스로 관리하거나 결정할 수 있는 권한을 가진 사항에 대하여 교섭의무를 부담한다

2. 조합활동 보장, 조합전임자의 처우, 시설편의 제공, 자료열람 및 정보제공 협조, 노사협의회 구성 등의 사항은 단체교섭대상에 해당한다

[요 지]

1. 전라남도청공무원노동조합과 전라남도 내 담양군·보성군·화순군·함평군·영광군·완도군공무원노동조합 등 7개의 단위노동조합으로 구성된 연합단체인 공무원노동조합 전남연맹의 대표자는 단체교섭 사항에 관하여 단체교섭권이 있다.

2. 정부교섭대표는 법령 등에 따라 스스로 관리하거나 결정할 수 있는 권한을 가진 사항에 대하여 노동조합이 교섭을 요구할 때에는 정당한 사유가 없으면 이에 응하여야 하고, 효율적인 교섭을 위하여 필요한 경우 다른 정부교섭대표와 공동으로 교섭하거나, 다른 정부교섭대표에게 교섭 및 단체협약 체결 권한을 위임할 수 있다.
공무원노조법 제8조제1항에 정부교섭대표로 열거된 자는 교섭을 요구하는 노동조합이 해당 기관에 소속된 공무원으로 구성되는 노동조합이 아니라 하더라도 법령 등에 따라 스스로 관리하거나 결정할 수 있는 권한을 가진 사항에 대하여 교섭의무를 부담한다.

3. 법령 등에 따라 국가나 지방자치단체가 그 권한으로 행하는 정책결정에 관한 사항, 임용권의 행사 등 그 기관의 관리·운영에 관한 사항이 단체교섭의 대상이 되려면 그 자체가 공무원이 공무를 제공하는

조건이 될 정도로 근무조건과 직접 관련된 것이어야 한다.

이 사건 단체교섭 사항 중 전라남도 소속 도, 시·군간 지방공무원 인사교류에 관한 사항은 인사교류의 일반적인 기준이나 절차를 정하는 것으로 단위노동조합 소속 공무원들의 근무조건과 직접 관련되어 있어 교섭대상에 해당하고, 이 사건 단체교섭 사항 중 원고의 조합활동 보장, 조합전임자의 처우, 시설편의 제공, 자료열람 및 정보제공 협조, 노사협의회 구성 등을 요구하는 등의 사항은 노동조합인 원고에 관한 사항으로서 교섭대상에 해당한다.

THEME 15 단체협약의 효력

제1절 단체협약 총설

I. 단체협약의 성립

1. 당사자

① 단체협약이란 노동조합과 사용자 또는 사용자단체가 자유의사로 개별적 근로관계와 집단적 노사관계에 적용할 사항에 관하여 합의한 문서를 말한다. 단체협약을 체결할 수 있는 법률상의 능력을 협약체결능력이라 하고, 이러한 능력을 가진 자를 단체협약의 당사자라 한다.

② 근로자 측에는 노동조합이, 사용자 측에는 사용자와 사용자단체가 단체협약의 당사자가 된다(제29조 제1항).

관련판례 ≫

1. 대법 99다72422 (2001-1-19)

회사정리개시결정시에는 '관리인'이 사용자 지위에 있게 되므로 정리회사 대표이사와 맺은 단협은 효력이 없다.

[요 지]

1. 노동조합과 사이에 체결한 단체협약이 유효하게 성립하려면 단체협약을 체결할 능력이 있는 사용자가 그 상대방 당사자로서 체결하여야 하고 나아가 서면으로 작성하여 당사자 쌍방이 서명날인함으로써 노동조합및노동관계조정법 제31조 제1항 소정의 방식을 갖추어야 하며 이러한 요건을 갖추지 못한 단체협약은 조합원 등에 대하여 그 규범적 효력이 미치지 아니한다.

2. 문서에 노조 위원장의 기명날인만 있고 회사 대표이사의 기명날인이 되어 있지 아니한 경우, 그 내용은 단체협약으로서의 효력을 가지지 못한다.

3. 회사정리개시결정이 있는 경우 회사정리법 제53조 제1항에 따라 회사사업의 경영과 재산의 관리 및 처분을 하는 권한이 관리인에게 전속되므로 정리회사의 대표이사가 아니라 관리인이 근로관계상 사

용자의 지위에 있게 되고 따라서 단체협약의 사용자측 체결권자는 대표이사가 아니라 관리인이므로, 정리회사에 대한 회사정리절차가 진행 중 노조와 정리회사의 대표이사 사이에 이루어진 약정은 단체협약에 해당하지 아니하여 그 효력이 근로자 개인에게 미칠 수 없다.

2. 방식

(1) 서면작성 및 서명 또는 날인

단체협약은 반드시 서면으로 작성하여 당사자 쌍방이 서명 또는 날인 하여야 한다(제31조 제1항). 구법에서는 서명과 날인을 모두 요구하였으나, 2006.12.30. 개정법에서는 서명 또는 날인 중 하나만으로도 단체협약이 유효하게 성립한다고 하고 있다. 한편, 법 개정 이전 판례도 단체협약의 진정성과 명확성이 담보된다면 기명날인이나 서명무인 모두 유효한 것으로 판시한 바 있다.

관련판례 〉〉

2. 대법 2001다79457 (2002-08-27)

단체협약의 진정성과 명확성이 담보된다면 단체협약의 당사자 쌍방이 서명날인을 하지 아니하고 기명날인을 하였더라도 그 단체협약이 강행법규를 위반하여 무효라고 할 수는 없다.

[요 지]

단체협약을 문서화하고 당사자 쌍방의 서명날인을 하도록 규정한 노동조합법 제31조 제1항의 취지는 단체협약이 규율대상으로 하고 있는 노사관계가 집단적·계속적이라는 점을 고려하여 체결당사자를 명백히함과 동시에 당사자의 최종적인 의사를 확인함으로써 단체협약의 진정성과 명확성을 담보하려는 데 있다고 할 것이므로 단체협약의 진정성과 명확성이 담보된다면 단체협약의 당사자 쌍방이 서명날인을 하지 아니하고 기명날인을 하였다고 하더라도 그 단체협약이 위 강행법규에 위반하여 무효라고 할 수는 없다고 할 것이다.

또 단체협약의 사용자측 당사자는 '사용자 또는 그 단체'이고, 그 중 '사용자'라 함은 개인기업인 경우에는 그 기업주 개인, 법인 내지 회사기업인 경우에는 그 법인 내지 회사를 의미한다고 할 것이나 구체적인 단체교섭의 당사자는 경영담당자 또는 사용자의 이익대표가 되는 경우가 많으며, 이들이 사용자의 위임에 의하여 단체교섭을 진행한 후 사용자가 단체협약서에 서명날인함으로써 단체협약이 체결된 경우에도 그 단체협약은 유효하게 성립한다고 할 것이다.

---

(2) 신 고

단체협약의 당사자는 단체협약체결일부터 15일 이내에 이를 행정관청에 신고하여야 한다(제31조 제2항). 이 신고는 당사자 쌍방이 연명으로 하여야 한다(영 제15조).

(3) 효력발생시기

단체협약의 효력은 다른 정함이 없으면 당사자 쌍방의 서명날인으로 그 효력이 발생하며 행정
관청의 신고가 효력발생요건은 아니다.

(4) 방식에 결함이 있는 단체협약

법 제31조의 요건은 효력발생요건으로서 이에 결함이 있는 경우 단체협약은 아무런 효력이 없
다는 것이 다수설 · 판례의 입장이다.

(5) 내용 중에 위법한 내용이 있는 단체협약

행정관청은 단체협약 중 위법한 내용이 있는 경우에는 노동위원회의 의결을 얻어 그 시정을 명
할 수 있다(제31조 제3항).

Ⅱ. 단체협약의 해석

1. 의의

단체협약의 해석 · 적용과 관련한 분쟁은 권리분쟁에 해당하며, 이는 법원을 통해 해결하는 것이
원칙이다. 그러나 이를 사법적 심사에만 의존하게 하는 것은 많은 시간과 비용이 소요된다는 문제
가 있다. 따라서 노동위원회의 판단을 통해 분쟁의 신속한 해결을 도모하기 위하여 1996.12.30. 개
정법에서 단체협약 해석 규정을 신설하였다.

※ 이익분쟁 : 근로조건의 기준에 관한 권리의 형성 · 유지 · 변경 등을 둘러싼 분쟁(임단협 갱신체결 관련 분쟁 등)
※ 권리분쟁 : 법령 · 단체협약 · 취업규칙 등에 의하여 이미 확정된 권리에 관한 노사간의 해석 · 적용 · 이행 등을 둘러싼 분쟁
   (단체협약 해석 · 이행 관련 분쟁 등)

2. 법 규정 내용

(1) 단체협약의 해석

① 단체협약의 해석 또는 이행방법에 관하여 관계 당사자간에 의견의 불일치가 있는 때에는 당
사자 쌍방 또는 단체협약에 정하는 바에 의하여 어느 일방이 노동위원회에 그 해석 또는 이행
방법에 관한 견해의 제시를 요청할 수 있다(제34조 제1항).

② 노동위원회는 위의 요청을 받은 때에는 그 날부터 30일이내에 명확한 견해를 제시하여야 한
다(동조 제2항).

③ 요청을 받은 노동위원회가 제시한 해석 또는 이행방법에 관한 견해는 중재재정과 동일한 효
력을 가진다(동조 제3항).

(2) 수락된 조정안의 해석

① 조정안이 관계 당사자의 쌍방에 의하여 수락된 후 그 해석 또는 이행방법에 관하여 관계 당사자간에 의견의 불일치가 있는 때에는 관계 당사자는 당해 조정위원회 또는 단독조정인에게 그 해석 또는 이행방법에 관한 명확한 견해의 제시를 요청하여야 한다(제60조 제3항).

② 조정위원회 또는 단독조정인은 제3항의 규정에 의한 요청을 받은 때에는 그 요청을 받은 날부터 7일 이내에 명확한 견해를 제시하여야 한다(제60조 제4항).

③ 조정위원회 또는 단독조정인이 제시한 해석 또는 이행방법에 관한 견해는 중재재정과 동일한 효력을 가진다(제61조 제3항).

(3) 중재재정의 해석

중재재정의 해석 또는 이행방법에 관하여 관계 당사자간에 의견의 불일치가 있는 때에는 당해 중재위원회의 해석에 따르며 그 해석은 중재재정과 동일한 효력을 가진다(제68조 제2항).

3. 단체협약 해석의 효력 및 분쟁처리

① 노동위원회가 제시한 해석 또는 이행방법에 관한 견해는 중재재정과 동일한 효력을 가지므로 위법·월권이 아닌 한 효력이 확정된다.

② 관계당사자는 중재재정이 위법이거나 월권에 의한 것이라고 인정하는 경우에는 그 중재재정서의 송달을 받은 날부터 10일 이내에 중앙노동위원회에 그 재심을 신청할 수 있다(제69조 제1항).

③ 관계 당사자는 중앙노동위원회의 재심결정이 위법이거나 월권에 의한 것이라고 인정하는 경우에는 행정소송법 제20조의 규정에 불구하고 그 재심결정서의 송달을 받은 날부터 15일 이내에 행정소송을 제기할 수 있다(제69조 제2항).

관련판례 >>

3. 대법 2009다102452 (2011-10-13)

단체협약과 같은 처분문서를 해석함에 있어서는 그 명문의 규정을 근로자에게 불리하게 변형 해석할 수 없다.

[요 지]

1. 처분문서는 그 진정성립이 인정되면 특별한 사정이 없는 한 그 처분문서에 기재되어 있는 문언의 내용에 따라 당사자의 의사표시가 있었던 것으로 객관적으로 해석하여야 하나, 당사자 사이에 계약의 해석을 둘러싸고 이견이 있어 처분문서에 나타난 당사자의 의사해석이 문제되는 경우에는 문언의 내

용, 그와 같은 약정이 이루어진 동기와 경위, 약정에 의하여 달성하려는 목적, 당사자의 진정한 의사 등을 종합적으로 고찰하여 논리와 경험칙에 따라 합리적으로 해석하여야 한다. 한편 단체협약과 같은 처분문서를 해석함에 있어서는, 단체협약이 근로자의 근로조건을 유지·개선하고 복지를 증진하여 그 경제적·사회적 지위를 향상시킬 목적으로 근로자의 자주적 단체인 노동조합과 사용자 사이에 단체교섭을 통하여 이루어지는 것이므로, 그 명문의 규정을 근로자에게 불리하게 변형 해석할 수 없다.

2. 피고와 그 노동조합 사이에 체결된 이 사건 단체협약 제46조제2호 본문은 "임금 미지급분에 대해서는 출근시 당연히 받아야 할 임금은 물론 평균임금의 100%를 가산 지급한다." 라고 규정하고 있는데, 위 가산보상금 규정의 내용과 형식, 그 도입 경위와 개정 과정, 위 규정에 의하여 피고의 노·사 양측이 달성하려는 목적, 특히 위 가산보상금 규정이 피고의 부당징계를 억제함과 아울러 징계가 부당하다고 판명되었을 때 근로자를 신속히 원직 복귀시키도록 간접적으로 강제하기 위한 것인 점 등에 비추어 보면, 미지급 임금 지급시 가산 지급되는 위 '평균임금의 100%'는 근로자가 위와 같은 부당해고 등 부당징계로 인하여 해고 등 당시부터 원직복직에 이르기까지의 전 기간에 걸쳐 지급받지 못한 임금을 의미한다고 보아야 할 것이다.

제2절 단체협약의 내용

Ⅰ. 서설

(1) 단체협약의 내용에 관하여는 명확한 규정이 없기에 협약내용을 유형적으로 분류하는데 있어서는 견해가 일치하지 않지만, 협약사항의 법적 성질과 그 효력을 중심으로 규범적 부분, 채무적 부분, 조직적 부분으로 분류하는 것이 일반적이다.

(2) 단체협약의 규범적 효력을 최초로 입법한 법전인 독일의 단체협약법(1918년)에서 강행적이고 직접적 효력을 부여하였다. 이하에서는 단체협약의 규범적 부분과 그 효력, 채무적 부분과 그 효력, 조직적 부분과 그 효력을 살피도록 한다.

Ⅱ. 규범적 부분과 그 효력

1. 규범적 부분

(1) 의의

① 단체협약 가운데 근로조건 기타 근로자의 대우에 관한 기준에 관하여 정한 사항을 규범적 부분이라 한다.

② 이는 단체협약의 핵심적 기능을 실현하는 본질적 부분이므로 이 부분이 없는 협약은 단체협약이라고 할 수 없으며, 이 규범적 부분에 위반되는 근로계약의 내용은 원칙적으로 무효이다.

③ 규범적 부분은 단체협약의 당사자인 사용자와 노동조합뿐만 아니라 조합원까지 구속한다.

(2) 규범적 부분의 구체적인 예

① 임금의 액 · 종류 · 지불방법, 지급시기
② 근로시간, 휴식, 휴일, 휴가, 퇴직금, 후생복리에 관한 사항
③ 안전, 보건, 재해보상의 종류와 산정방법
④ 승진, 이동, 해고, 상벌, 복무규율 등

2. 규범적 효력

(1) 강행적 효력

1) 법 규정

단체협약에 정한 근로조건 기타 근로자의 대우에 관한 기준에 위반하는 취업규칙 또는 근로계약의 부분은 무효로 한다(제33조 제1항).

2) 강행적 효력이 미치는 구체적인 경우

㉠ 기존의 취업규칙 또는 근로계약이 협약에 위반될 때
㉡ 협약에 위반하는 취업규칙 또는 근로계약이 새로 성립될 때
㉢ 기존의 취업규칙 또는 근로계약을 협약에 위반하여 변경한 때
㉣ 탈법행위에 의하여 단체협약의 강행적 효력을 회피하는 약정을 한 때

3) 일부무효의 법리 적용여부

단체협약의 강행적 효력에 의하여 근로계약의 일부가 무효로 되었다고 하여 계약당사자는 근로계약 전부를 무효로 할 수는 없다. 따라서 "법률행위의 일부분이 무효인 때에는 그 전부를 무효로 한다."는 민법 제137조 규정은 적용되지 않는다.

(2) 직접적 효력

1) 법 규정

취업규칙 또는 근로계약의 내용 중 단체협약의 강행적 효력에 의하여 무효가 된 부분은 단체협약에 정한 기준에 의하고, 취업규칙 또는 근로계약에 규정되어 있지 않은 사항에 대하여도 단체협약의 기준에 의한다(제33조 제2항).

2) 내 용

이와 같이 취업규칙 또는 근로계약의 내용 중 단체협약의 강행적 효력에 의하여 무효가 된 부분은 단체협약에 정한 기준에 의해 보충되는 효력을 직접적 효력이라고 하며, 대체적 또는 보충적 효력이라고도 한다. 이는 협약의 구속을 받는 근로자들의 이에 대한 개별적 합의나 동의 또는 인식을 전제하지 않는다.

(3) 자동적 효력

① 단체협약의 조항이 강행적 또는 직접적인 방법에 의하여 근로계약의 내용이 되는 것을 말하며, 화체설 또는 내부규율설이라고도 한다.

② 자동적 효력을 인정할 경우 단체협약이 실효된 후에도 규범적 부분이 그대로 근로계약의 내용으로 존속하게 되어 근로자들의 기존 근로조건 보호가 가능하게 된다. 이러한 자동적 효력을 부인하는 견해도 있다.

3. 규범적 효력의 한계

(1) 유리한 조건 우선의 원칙

1) 의 의

근로계약이 단체협약 내의 기준보다 유리한 근로조건을 규정하고 있을 때에는 단체협약은 강행적 효력을 갖지 않고 유리한 조건이 그대로 적용된다는 원칙이다.

2) 학설의 대립

근로계약 등이 단체협약에서 정한 기준보다 유리할 경우에 있어서는 어떻게 될 것인가에 대해서는 단체협약을 근로자를 보호하기 위하여 근로조건의 최저기준을 정한 것으로 보아야 하고 또한 부정할 경우 근로자의 계약자유의 원칙에 위배되므로 근로계약의 내용이 적용된다는 유리원칙 적용긍정설(최저기준설, 편면적용설)과, 우리나라 노조의 형태가 기업별형태인 점을 감안하면 단체협약은 표준적 기준이라고 보여 지고 이를 긍정할 경우 노조세력이 약화될 가능성이 있으므로 근로계약의 내용은 단체협약의 기준에 따라야 한다는 유리원칙 적용부정설(절대기준설, 양면적용설)이 대립한다.

3) 검토

유리조건 우선의 원칙을 인정할 경우 사용자가 비조합원들의 근로조건을 우대함으로써 조합세력의 약화를 초래할 가능성이 있으므로 유리조건 우선의 원칙을 부정하는 것이 타당하다고 보여 진다.

(2) 단협 불이익변경

新단체협약이 舊단체협약을 대치할 경우에는 유리한 조건우선의 원칙은 적용되지 않는다. 즉, 설령 신단체협약이 구단체협약보다 불리한 규정을 가지고 있더라도 新단체협약이 그대로 적용된다. 이는 「新法은 舊法에 優先한다」는 법의 일반원칙에 근거한다.

일부에서는 노동조합의 목적이 근로조건의 유지, 개선에 있기 때문에 근로조건을 저해하는 단체협약은 이에 반하는 것으로서 허용되지 않는다고 하는 견해가 있으나, 근로조건의 유지·개선은 장기적인 차원에서 파악하여야 할 필요가 있으므로 일시적으로 불리한 내용에 대해서도 합의할 수 있다고 보아야 할 것이다.

판례도 협약자치의 원칙상 단체협약의 불이익 변경이 가능하다는 입장을 보이고 있다.

관련판례 >>

4. 대법 2001다41384 (2002-04-12)

노동조합이 사용자와 사이의 단체협약만으로 이미 구체적으로 지급청구권이 발생한 근로자 개개인의 임금에 대하여 포기나 지급유예와 같은 처분행위를 할 수 없다

협약자치의 원칙상 노동조합은 사용자와 사이에 근로조건을 유리하게 변경하는 내용의 단체협약뿐만 아니라 근로조건을 불리하게 변경하는 내용의 단체협약을 체결할 수 있으므로, <u>근로조건을 불리하게 변경하는 내용의 단체협약이 현저히 합리성을 결하여 노동조합의 목적을 벗어난 것으로 볼 수 있는 경우와 같은 특별한 사정이 없는 한 그러한 노사간의 합의를 무효라고 볼 수는 없고, 노동조합으로서는 그러한 합의를 위하여 사전에 근로자들로부터 개별적인 동의나 수권을 받을 필요가 없으나,</u> 이미 구체적으로 그 지급청구권이 발생한 임금(상여금 포함)은 근로자의 사적 재산영역으로 옮겨져 근로자의 처분에 맡겨진 것이기 때문에, 노동조합이 근로자들로부터 개별적인 동의나 수권을 받지 않는 이상, 사용자와 사이의 단체협약만으로 이에 대한 포기나 지급유예와 같은 처분행위를 할 수 없다.

4. 규범적 부분 위반 시 효력

① 사용자가 단체협약의 규범적 부분을 위반할 경우에는 개별조합원은 사용자를 상대방으로 직접 그 이행을 직접 소구할 수 있다.

② 노동조합은 개별조합원에 갈음하여 협약 상 의무이행을 청구할 수 없음이 원칙이나, 다만 노동조합도 협약당사자로서 단체협약위반금지가처분을 신청하거나 협약준수의무위반을 이유로 한 손해배상을 청구할 수 있을 것이다.

③ 구법에서는 "단체협약에 위반한 자는 1천만원이하의 벌금에 처한다"고 규정하고 있었으나 죄형법정주의에 위반된다는 1998.3.26.자 헌법재판소의 결정[104]으로 인해 단체협약의 내용 중 임금·복리후생비, 퇴직금에 관한 사항, 근로·휴게시간 등을 위반한 자는 1천만 원 이하의 벌금에 처하도록 법을 개정하였다(제92조 제1호).

---

104) 헌재 1998.3.26, 96헌가20.

Ⅲ. 채무적 부분과 그 효력

1. 채무적 부분

(1) 의의

① 채무적 부분에 대하여 노조법상 아무런 규정이 없어 구체적으로 어떤 조항들이 채무적 부분에 속하느냐에 하는 것은 명백하지 않지만, 원칙적으로 집단적 노사관계 하에서 단체협약 당사자인 노동조합과 사용자(또는 사용자단체)의 권리·의무에 관한 단체협약의 내용이 채무적 부분에 해당된다.

② 채무적 부분은 조합원들의 근로조건이나 근로자 대우에 관한 사항인 규범적 부분처럼 개별 조합원에 대하여는 직접 효력이 미치지 아니하고, 협약당사자인 노동조합과 사용자간에만 적용된다.

(2) 구체적인 예

Shop조항, 평화조항, 유일교섭단체조항, 단체교섭위임 금지조항, 조합활동조항(노조전임자수, 조합사무실 기타 시설제공 등), 단체교섭절차·인원 등에 관한 조항, 시설이용에 관한 조항, 조합비 일괄공제조항, 쟁의행위에 관한 조항 등

2. 채무적 효력

(1) 의의

① 단체협약이 노동조합과 사용자간에 합의하여 체결한 계약과 같은 것이므로 그 당사자는 상대방에게 협약에서 정한 사항을 이행하여야 할 의무를 지는 바, 이러한 의무를 발생하게 하는 효력을 채무적 효력이라 한다.

② 채무적 효력은 노동관계법상의 단체협약의 효력이라기보다 계약법상의 효력이라 할 수 있다.

(2) 협약준수의무

① 협약당사자는 규범적 부분과는 달리 상대방에 대하여 계약법적 효력을 바탕으로 협약내용을 성실히 이행해야 할 의무를 부담한다.

② 이러한 의무를 위반한 경우 협약준수의무 위반을 이유로 손해배상을 청구할 수 있다.

3. 채무적 부분 위반 시 효력

협약당사자가 채무적 부분의 이행을 위반한 경우 시설편의제공 및 근무시간 중 회의참석에 관한 사항, 쟁의행위에 관한 사항 등 노조법 제92조의 적용을 받는 사항이 아닌 한 형사책임은 부담하지 않는다 하더라도, 채무불이행으로 인한 손해배상책임 등을 면할 수 없다.

4. 평화의무

평화의무란 단체협약 당사자가 협약의 유효기간 중에는 노사 간에 이미 합의된 사항에 관해서 이의 개정 또는 폐지를 목적으로 쟁의행위를 하여서는 아니 될 의무를 말한다. 단체협약이 새로 체결된 후 뚜렷한 무효사유를 제시하지 않은 채 단체협약의 전면무효화를 주장하면서 행한 쟁의행위는 평화의무위반으로 정당성이 상실된다.[105]

그러나 단체협약의 유효기간 중에는 어떠한 경우에도 쟁의행위를 하여서는 아니 되는 의무, 즉 절대적 평화의무는 헌법상 보장된 단체교섭권 및 단체행동권의 본질적 내용을 침해하는 것이므로 이를 단체협약에 규정하여도 무효이다.[106]

따라서 평화의무는 상대적 평화의무를 의미한 것이다. 평화의무는 단체협약에 규정되지 아니한 사항이나 단체협약의 해석을 둘러싼 쟁의행위 또는 차기 협약 체결을 위한 단체교섭을 둘러싼 쟁의행위에 대해서까지 그 효력이 미치는 것은 아니므로 단체협약의 유효기간 중에도 노동조합은 차기의 협약체결을 위하거나 기존의 단체협약에 규정되지 아니한 사항에 관하여 사용자에게 단체교섭을 요구할 수 있으며, 교섭결렬시 쟁의행위가 허용된다.

제3절 단체협약의 효력확장

I. 서설

① 단체협약은 원칙적으로 협약당사자에게만 효력이 있으며 특히 근로조건 기타 근로자의 대우에 관한 사항인 「규범적 부분」의 효력은 노동조합의 구성원인 조합원에게만 미치고 비조합원에게는 미치지 아니한다.

② 그러나 동종의 사업 또는 사업장과 하나의 지역 내의 소수, 미숙련 근로자의 근로조건의 보호와 근로조건의 평준화를 통한 사용자의 불필요한 경쟁을 방지하기 위해서는 단체협약의 효력을 확장할 필요가 있다.

③ 이에 현행법에서는 단체협약이 일정한 요건을 갖춘 경우 협약의 규범적 부분에 한해 협약체결

---

105) 대판 1994.9.30, 94다4042.

106) 이병태, 최신노동법, p279; 이상윤, 노동법, p675.

당사자의 구성원이 아닌 제3자에게까지 그 적용이 확장될 수 있도록 하는 사업장단위의 일반적 구속력과 지역단위의 일반적 구속력을 규정하고 있다.

II. 사업장단위의 일반적 구속력

1. 의의

하나의 사업 또는 사업장에 상시 사용되는 동종의 근로자 반수이상이 하나의 단체협약의 적용을 받게 된 때에는 당해 사업 또는 사업장에 사용되는 다른 동종의 근로자에게도 당해 단체협약이 적용된다(제35조).

동일 사업장 내에서 조합원과 비조합원 간의 균등처우를 실현하고 근로조건상의 형평성을 도모하며 더 나아가 비조직, 소수 근로자의 보호 등 전체 근로자의 근로조건 개선을 꾀하려는 데 그 취지가 있다.

2. 성질

사업장 단위의 일반적 구속력은 요건을 충족할 경우 자동적으로 적용되며, 강행규정이므로 이를 위반한 것은 당연 무효이다.

3. 요건

(1) 하나의 사업 또는 사업장을 단위로 한다.

하나의 사업 또는 사업장을 단위로 한다. 하나의 단체협약의 적용을 받는 근로자가 반 수 이상인지의 여부를 판단하는 근거가 된다.

(2) 상시 사용되는 근로자를 기준으로 한다.

상시 사용이란 사실상 계속적으로 고용되고 있다는 의미로 임시고용도 포함된다. 일용직, 임시직, 파트타이머 등의 경우 상시사용의 의미에서 문제가 되는 데 계약의 형식에 불구하고 실질적으로 판단하여야 하므로 단기계약의 반복갱신으로 상시 사용되고 있는 자도 포함된다.

(3) 동종의 근로자를 기준으로 한다.

판례에 의하면, "동종의 근로자"라 함은 당해 단체협약의 규정에 의하여 그 협약의 적용이 예상되는 자를 의미하므로 단체협약에서 조합원자격을 배제한 근로자는 동종의 근로자에 해당되지 아니하며, 따라서 단체협약의 효력확장을 적용받을 수 없다고 본다.

5. 대법 2001다5142 (2004-01-29)

단체협약에서 노동조합의 조합원이 될 수 없는 자를 특별히 규정하여 일정 범위의 근로자들에 대하여 단체협약의 적용을 배제하는 경우 무효라고 볼 수 없다

노동조합및노동관계조정법 제35조의 규정에 따라 단체협약의 일반적 구속력으로서 그 적용을 받게 되는 '동종의 근로자'라 함은 당해 단체협약의 규정에 의하여 그 협약의 적용이 예상되는 자를 가리키며, 단체협약의 규정에 의하여 조합원의 자격이 없는 자는 단체협약의 적용이 예상된다고 할 수 없어 단체협약의 적용을 받지 아니한다.

(4) 근로자 반수이상이 하나의 단체협약의 적용을 받아야 한다.

근로자 반수 이상을 충족하지 못한 경우에는 비조합원에게 적용할 수 없다.

3. 효과

(1) 확장 적용되는 부분

원칙적으로 단체협약의 규범적 부분만 확장적용된다. 따라서 비조합원도 법 제35조에 기초하여 단체협약에서 정한 규범적 부분에 대하여 청구권을 취득한다.

(2) 소수조합에 대한 확장적용문제

소수 근로자가 다른 노동조합을 결성한 경우에는 그 조합의 단체협약이 없는 경우는 적용되지만 별개의 단체협약이 있는 경우에는 확장 적용되지 아니한다.[107]

(3) 효력확장의 소멸

비조합원의 신규채용, 조합원의 탈퇴 등으로 「반수 이상」이라는 요건이 결여되면 일반적 구속력은 당연히 종료한다.

3. 지역단위의 일반적 구속력

(1) 법규정

하나의 지역에 있어서 종업하는 동종의 근로자 3분의 2 이상이 하나의 단체협약의 적용을 받게 된 때에는 행정관청은 당해 단체협약의 당사자의 쌍방 또는 일방의 신청에 의하거나 그 직권으로 노동위원회의 의결을 얻어 당해 지역에서 종업하는 다른 동종의 근로자와 그 사용자에 대하

---

107) 대판 1993.12.21. 92도2247.

여도 당해 단체협약을 적용한다는 결정을 할 수 있다(제36조).

(2) 인정취지

미조직 소수근로자 보호에 적합하고, 단체협약의 실효성 및 노동조합의 조직력 확보에 기여한다. 또한 근로자 간의 형평성을 도모하고 사용자 간의 불공정 경쟁을 방지하며, 당해 지역에서의 최저근로조건 기준을 설정하고 동일지역의 동일노동, 동일임금을 실현하고자 인정된 것이다.

(3) 요건

단체협약이 확장 적용되기 위해서는 실질적 요건 및 절차적 요건을 충족하여야 한다.

1) 실질적 요건

① 하나의 지역에 있어서 종업하는 「동종의 근로자 3분의 2 이상」이 하나의 단체협약의 적용을 받게 됨을 요한다.

② 여기에서 「하나의 지역」이라 함은 단체협약의 당사자와 관련이 있는 동일한 경제적 지역, 즉 동일한 노동시장을 형성하고 있는 지역을 말한다.

③ 동종 근로자는 사업장단위 일반적구속력에서의 개념과 같다.

2) 절차적 요건

① 사업장단위의 일반적 구속력은 별도의 행정적인 절차가 없이 자동적으로 적용되지만, 지역단위의 일반적 구속력은 실질적 요건을 갖춘 때에 다음과 같은 행정적인 절차를 거쳐 효력이 확장 적용된다.

② 즉, ① 행정관청이 당해 단체협약의 당사자의 쌍방 또는 일방의 신청에 의하거나 그 직권으로, ② 노동위원회의 의결을 얻어, ③ 당해 단체협약의 확장적용을 결정함으로써 일반적 구속력이 발생한다.

③ 이러한 절차를 지역적 구속력의 선언이라 하며, 그 선언은 공고로써 하고 지체 없이 공고함으로써 효력이 발생한다(동조 제2항).

Ⅲ. 효과

1. 확장 적용되는 부분

단체협약은 당해 지역에서 종업하는 다른 동종의 근로자와 그 사용자에게도 확장적용 된다.[108] 근로자뿐만 아니라 사용자도 구속되는 점이 사업장단위의 일반적 구속력과 다르다.

규범적 부분에 한하여 적용된다.

2. 소수조합에 대한 확장적용문제

다수 조합이 체결한 단체협약의 효력은 소수 조합의 기득권을 침해하는 것이 아닌 한 소수조합의 조합원에게도 미친다. 그러나 소수 근로자가 다른 노동조합의 단체협약을 적용받고 있는 경우에는 확장적 효력이 미치지 않는다.[109]

---

108) 지역적 구속력 결정을 위반한 자에 대하여 벌칙규정이 적용된다. '98년 3월 헌법재판소에서 단체협약 위반자에 대한 처벌규정이 위헌이라는 판결로 결정한 바 있다. 판결 당시 지역적 구속력 위반자에 대한처벌조항을 대상으로 삼지 않았다는 점과 관련한 위헌판정에 대해 이후 문제가 발생할 수 있을 것으로 판단된다.

109) 해당지역내의 동종의 근로자가 노동조합을 결성하고 있더라도 지역단위의 일반적 구속력은 인정된다. 그러나 다른 노동조합이 이미 다른 단체협약을 체결하고 있을 때에는 이를 인정할 수가 없다(대판 1993.12.21. 92도2247).

THEME 16 단체협약의 유효기간 및 자동연장

Ⅰ. 단체협약의 유효기간 및 만료

1. 유효기간

① 단체협약에는 2년을 초과하는 유효기간을 정할 수 없다(제32조 제1항).

② 단체협약에 유효기간을 정하지 아니한 경우 또는 위의 기준을 초과하는 유효기간을 정한 경우에는 그 유효기간은 2년으로 한다(동조 제2항).

유효기간은 노사자치에 맡기는 것이 원칙이나 법이 그 유효기간을 2년으로 제한한 취지는 유효기간이 지나치게 길면 변동하는 경제적, 사회적 환경에 적응하지 못하여 당사자를 부당하게 구속하는 결과를 초래할 수 있기 때문이다.

2. 자동갱신협정

① 자동갱신협정이란 단체협약에 그 유효기간의 만료 전 일정기일까지 당사자의 어느 쪽도 개폐를 요구하지 않는 경우 종래의 단체협약이 다시 동일기간 동안 효력을 지속한다는 뜻을 정한 합의를 말한다.

② 예컨대, 「이 협정의 기간만료 30일 전까지 당사자의 일방이 협약개정의 의사표시를 하지 아니한 때에는 이 협약은 기간만료일부터 다시 1년간 유효한 것으로 본다」는 규정을 두는 경우이다.

③ 통설·판례는 갱신을 실질적으로 구협약의 유효기간의 만료와 함께 기존 협약의 연장이 아니라 동일내용의 새로운 협약이 체결된 것으로 보아 유효하다고 한다.

3. 자동연장협정

① 자동연장협정이란 단체협약의 유효기간 만료 시 단체협약의 공백상태를 방지하기 위하여 새로운 단체협약이 성립될 때까지 또는 일정기간 동안 구협약의 유효기간을 연장한다고 하는 규정(제32조 제3항 단서)을 말한다.
단체협약에 그 유효기간이 경과한 후에도 새로운 단체협약이 체결되지 아니한 때에는 새로운 단체협약이 체결될 때까지 종전 단체협약의 효력을 존속시킨다는 취지의 별도의 약정이 있는 경우

에는 그에 따르되, 당사자일방은 해지하고자 하는 날의 6월 전까지 상대방에게 통고함으로써 종 전의 단체협약을 해지할 수 있다(제32조 제3항 단서).

② 예컨대, 「이 협약은 새로운 단체협약이 성립할 때까지 유효하다」는 규정을 두는 경우이다.

③ 자동연장협정은 그것이 협약기간을 연장하기 위한 탈법행위로 이용되지 않는 한 최장유효기간 을 정한 법 제32조에 위반되지 않는다(통설·판례).

4. 3개월의 자동연장

단체협약의 유효기간이 만료되는 때를 전후하여 당사자 쌍방이 새로운 단체협약을 체결하고자 단 체교섭을 계속하였음에도 불구하고 새로운 단체협약이 체결되지 아니한 경우에는 별도의 약정이 있는 경우를 제외하고는 종전의 단체협약은 그 효력만료일부터 3월까지 계속 효력을 갖는다(제32 조 제3항 본문). 다만, 단체협약에 그 유효기간이 경과한 후에도 새로운 단체협약이 체결되지 아니 한 때에는 새로운 단체협약이 체결될 때 까지 종전 단체협약의 효력을 존속시킨다는 취지의 별도 의 약정이 있는 경우에는 그에 따르되, 당사자 일방은 해지하고자 하는 날의 6월의 전까지 상대방 에게 통고함으로써 종전의 단체협약을 해지할 수 있다. (동항 단서)

단체협약의 유효기간이 만료된 뒤에도 새로운 단체협약을 체결하지 못한 경우 단체협약의 공백상 태를 방지하기 위한 조치이다. 물론 노사 당사자사이에 자동연장협정이 있는 경우에는 이에 따르 고 본 규정은 적용되지 않는다.

Ⅱ. 단체협약 종료 후의 근로관계(여후효)

1. 의의

① 단체협약이 그 종료사유의 발생으로 효력을 상실하는데, 이 때 단체협약에 의하여 규율되었던 근로조건 기타 근로자의 대우에 관한 근로관계의 내용은 어떻게 처리되어야 할 것인가 하는 것 이 단체협약의 여후효의 문제이다.

② 이 경우 문제가 되는 부분은 단체협약의 규범적 부분에 국한되며 채무적 부분은 그 효력이 당연 히 종료된다. 따라서 협약의 실효 후에는 평화의무가 없으므로 협약당사자들은 쟁의행위를 할 수 있다.

2. 학설

단체협약의 여후효론은 단체협약의 규범적 효력, 즉 법 제33조를 둘러싸고 견해가 대립되어 있다.

(1) 여후효 부정설

협약의 소멸은 반대의 의사가 없는 한 단체적 의사의 소멸을 의미하기 때문에 협약의 여후효를 인정할 수 없다는 견해이다. 따라서 협약의 실효 후에는 근기법·취업규칙·근로계약 등이 새롭게 근로관계를 규제한다고 한다.

(2) 여후효 긍정설

협약종료 후에 있어서도 협약 그 자체의 법규범적 효력의 존속을 인정하여야 한다고 한다. 따라서 협약이 종료하더라도 협약의 기준에 의하여 체결된 개개의 근로계약 등은 그대로 효력을 가지며, 또한 협약 종료 후에 가입한 근로자의 근로조건에 대해서도 구속력을 가진다.

(3) 화체설

「협약자체의 효력의 존속」에 대해서는 이를 부정한다. 그러나 협약 종료 후에도 종래의 협약의 기준이 이미 개별 근로계약의 내용으로 화체되어 존속하고 있음을 인정한다. 이 점에 있어서 협약의 효력이 잔존하고 있다고 설명한다. 그러나 이 설의 특징은 협약종료 후에는 강행적·직접적 효력이 더 이상 존재하지 않으므로 협약의 기준에 의한 개개의 근로계약의 내용을 근로관계 당사자의 자유의사에 의하여 변경할 수 있다고 하는 데 있다. 그러므로 이 설은 협약의 소멸 후에 있어서도 협약에 의한 근로계약이 화체된 한도에서 협약의 효력이 존속한다는 의미일 뿐 협약 그 자체의 여후효를 인정한 것은 아니다.

3. 검토

단체협약 실효 시 근로자의 근로조건도 보호도 중요하지만 사용자 또한 기존 단체협약의 구속으로부터 벗어나 새로운 내용으로 근로계약을 변경할 수 있어야 한다는 점을 고려할 때 화체설이 타당하다고 본다.

관련판례 >>

1. 대법 2008다70336 (2009-02-12)

단체협약에 '쟁의기간 중에는 어떤 사유로도 징계 등 인사조치 할 수 없다'고 명시된 경우, 단체협약 유효기간 만료 후 파업을 벌였더라도 새 단체협약이 체결될 때까지는 노조원을 해고해서는 안 된다.

[요 지]

1. 이 사건 (구)단체협약 중 "쟁의기간 중에는 조합원에 대하여 어떠한 사유에 의해서도 징계, 부서이동 등 제반 인사조치를 할 수 없다"라는 규정은 쟁의기간 중에 쟁의행위에 참가한 조합원에 대한 징계 등 인사조치 등에 의하여 노동조합의 활동이 위축되는 것을 방지함으로써 노동조합의 단체행동권을 실질적으로 보장하기 위한 것이라 할 것이므로, 쟁의행위가 그 목적에 있어 정당하고, 절차적으로 노동조합 및 노동관계조정법의 제반 규정을 준수함으로써 정당하게 개시된 경우라면, 비록 그 쟁의 과정에서 징계 사유가 발생하였다고 하더라도 쟁의가 계속되고 있는 한 그러한 사유를 들어 쟁의기간 중

에 징계위원회의 개최 등 조합원에 대한 징계절차의 진행을 포함한 일체의 징계 등 인사조치를 할 수 없음을 선언한 것으로, 피고가 정당하게 개시된 전면파업 또는 부분파업 기간 중에 징계위원회를 개최하여 위 파업에 참여한 원고들에 대하여 파업기간 중의 행위를 이유로 파면을 결의한 것은 (구)단체협약에 위반한 것으로서 징계절차상 중대한 하자가 있으므로 이에 따른 징계해고는 무효이고, 이는 위 결의에 따른 징계처분의 효력발생시기를 쟁의기간 이후로 정하였다고 하여도 마찬가지이다.

2. 단체협약이 실효되었다고 하더라도 임금, 퇴직금이나 노동시간, 그 밖에 개별적인 노동조건에 관한 부분은 그 단체협약의 적용을 받고 있던 근로자의 근로계약의 내용이 되어 그것을 변경하는 새로운 단체협약, 취업규칙이 체결·작성되거나 또는 개별적인 근로자의 동의를 얻지 아니하는 한 개별적인 근로자의 근로계약의 내용으로서 여전히 남아 있어 사용자와 근로자를 규율하게 되고, 단체협약 중 해고사유 및 해고의 절차에 관한 부분에 대하여도 이와 같은 법리가 그대로 적용되는 것인바, 위와 같은 법리에 비추어 볼 때, 위 (구)단체협약의 내용은 개별적인 노동조건에 관한 부분이므로 (구)단체협약이 단체협약 해지통보 및 소정 기간의 경과로 실효되었다고 하더라도 (신)단체협약이 체결되기까지는 여전히 원고들과 피고 사이의 근로계약의 내용으로서 유효하게 존속한다.

THEME
17 쟁의행위절차

I. 쟁의행위의 개념

1. 법규정

① 쟁의행위라 함은 파업 · 태업 · 직장폐쇄 기타 노동관계당사자가 그 주장을 관철할 목적으로 행하는 행위와 이에 대항하는 행위로서 업무의 정상적인 운영을 저해하는 행위를 말한다(제2조 제6호).

② 사용자는 직장폐쇄를 할 경우에는 미리 행정관청 및 노동위원회에 각각 신고하여야 한다(제46조 제2항)

③ 노동조합은 쟁의행위를 하고자 할 경우에는 노동부령이 정하는 바에 따라 노동부장관과 관할노동위원회에 쟁의행위의 일시 · 장소 · 참가인원 및 그 방법을 미리 서면으로 신고하여야 한다(영 제17조).

2. 내용

(1) 쟁의행위의 당사자

① 쟁의행위의 당사자는 집단적 노사관계의 당사자로 노동조합 기타 근로자단체와 그의 상대방인 사용자 또는 사용자단체이다.

② 일시적 쟁의단의 경우 노동조합의 실질적 요건을 갖추고 있다고 할 수 없어 쟁의행위의 당사자로 보기 어렵다고 할 것이다.

③ 지부, 분회의 경우 독자적인 규약 및 집행기관을 가지고 독립된 조직체로서 활동을 하는 경우 당해 조직이나 그 조합원에 고유한 사항에 대하여는 독자적으로 단체교섭을 하고 단체협약을 체결할 수 있는 바, 독자적으로 쟁의행위도 가능하다고 할 것이다. 이와 관련하여 판례는 총파업이 아닌 이상 쟁의행위를 예정하고 있는 지부나 분회 소속 조합원의 과반수 찬성만으로도 쟁의행위가 가능하다고 보고 있다.

1. 대법 2004도4641 (2004-09-24)

지역별 · 산업별 · 업종별 노동조합의 경우 총파업이 아닌 이상 쟁의행위를 예정하고 있는 당해 지부나 분회소속 조합원의 과반수의 찬성이 있으면 쟁의행위는 절차적으로 적법하다

지역별 · 산업별 · 업종별 노동조합의 경우에는 총파업이 아닌 이상 쟁의행위를 예정하고 있는 당해 지부나 분회소속 조합원의 과반수의 찬성이 있으면 쟁의행위는 절차적으로 적법하다고 보아야 할 것이고, 쟁의행위와 무관한 지부나 분회의 조합원을 포함한 전체 조합원의 과반수 이상의 찬성을 요하는 것은 아니라고 할 것이다.

(2) 주장을 관철할 목적으로 행하는 행위와 이에 대항하는 행위

① 여기서의 「주장」은 쟁의행위 주체의 상대방에 대한 주장을 말하고, 근로조건에 관한 주장뿐만 아니라 집단적 노사관계에 관한 주장도 포함되며, 이익분쟁에서의 주장을 의미한다.

② 사용자의 경영권에 속하는 사항도 근로자의 근로조건과 관계가 있는 한 쟁의행위의 목적이 될 수 있으며, 징계해고의 기준이나 절차 등 인사사항도 마땅히 쟁의행위의 목적이 될 수 있다고 본다. 다만, 구속자석방 요구 등은 사용자의 처분권한 밖의 사항이므로 쟁의행위의 목적이 될 수 없다 할 것이다.

③ 「관철할 목적」으로 행하는 행위와 이에 대항하는 행위이므로 상대방에게 자기의 주장을 수용하도록 요구하거나 이를 저지하기 위한 수단으로서의 행위이어야 한다. 대항하는 행위란 상대방의 쟁의행위가 있는 경우 그 쟁의행위의 저지수단으로 행하는 방어적 · 수동적 행위로서, 사용자에게는 대항하는 행위만을 인정하고 있다.

(3) 업무의 정상적인 운영을 저해하는 행위

① 업무의 정상적인 운영의 범위와 관련하여 학설이 나뉘고 있다.

1) 현실평가설

업무의 정상한 운영은 사실상 행해지는 업무운영의 상태 또는 일상 내지 관행적으로 행하여지는 업무운영의 상태라고 본다(판례).

2) 법적평가설

정상한 운영이란 적법 내지 정당한 업무운영 상태로 보아 법령위반의 업무운영은 어떠한 경우에도 정상한 운영이 아니라고 본다.

② 평상적이고 관행적으로 이루어지는 업무가 비록 적법하지 않다 하더라도 명백하고도 중대한 불법이 아닌 경우라면 현실적인 측면에서 보호할만한 가치가 있다고 할 것이므로 현실평가설의 입장이 타당하다고 본다. 따라서 일상적이고 관행적인 업무를 거부하는 것은 업무의 정상한 운영을 저해하는 것으로서 쟁의행위라고 보아야 한다.

관련판례 〉〉

2. 대법 92누11176 (1994-02-22)

근로자들이 주장을 관철시킬 목적으로 종래 통상적으로 실시해 오던 휴일근무를 집단적으로 거부하였다면, 이는 회사업무의 정상적인 운영을 저해하는 것으로서 쟁의행위에 해당한다.

[요 지]

근로자들이 주장을 관철시킬 목적으로 종래 통상적으로 실시해 오던 휴일근무를 집단적으로 거부하였다면, 이는 회사업무의 정상적인 운영을 저해하는 것으로서 노동쟁의조정법 제3조 소정의 쟁의행위에 해당한다.

[이 유]

원고 및 원고보조참가인의 상고이유를 본다.

1. 기록에 의하여 원심이 취사한 증거들을 살펴보면 원심의 사실인정은 수긍이 되고 거기에 소론과 같은 위법이 없다.

2. 원심이 적법히 확정한 바와 같이 참가인 회사에서는 1987.11.25 임시노사협의회에서 레미콘차량 및 덤프트럭운전기사에 대하여 정휴제를 원칙으로 하되, 매월 1, 3주째 일요일은 정기휴일로 하고 매월 2, 4, 5주째 일요일은 회사가 필요한 인원을 지정하여 근무하도록 한다는 합의가 이루어진 이래 이와 같은 내용의 격휴제가 관행적으로 실시되어 왔음에도 불구하고, 원고를 비롯한 참가인 회사 소속 근로자들이 레미콘차량 개인불하도급제 철폐 등 주장을 관철시킬 목적으로 판시의 경위로 종래 통상적으로 실시해 오던 휴일근무를 집단적으로 거부하였다면, 이는 회사업무의 정상적인 운영을 저해하는 것으로서 노동쟁의조정법 제3조 소정의 쟁의행위에 해당한다 할 것이고(1991.7.9, 대법 91도 1051 참조), 또한 원심이 확정한 사실과 기록에 비추어 알 수 있는 바와 같이, 이와 같은 쟁의행위가 노동쟁의조정법 제12조 제1항 소정의 참가인노동조합원의 직접, 비밀, 무기명투표에 의한 과반수의 찬성으로 행하여진 것이 아니라, 레미콘차량 개인불하도급제 철폐를 선거공약으로 내세워 노동조합위원장으로 당선된 원고의 판시와 같은 유인물 배포, 공고문 게시, 선동, 권유 내지 근무방해활동과 조합운영위원회의 결의만으로, 위 법 제14조, 제16조 제1항의 노동쟁의신고나 냉각기간의 경과 등의 절차도 거치지 아니한 채 행하여진 것이고 원고가 사용한 쟁의수단이 단체협약에 위반되며, 이와 같은 집단적 휴일근무거부행위로 인하여 참가인 회사의 사업운영에 혼란과 상당한 생산차질이 초래되었을 뿐만 아니라 나중에는 위 쟁의가 소수 집행부의 독단적 결정에 의하여 이루어진 점과 수입감소에 불만을 품은 조합원들의 항의에 부딪쳐 원고 스스로 정휴제 실시 주장을 철회하기에 이르기까지 하였다면 위의 쟁

의행위를 하게 된 목적과 경위, 시기와 절차, 태양, 그로 인하여 회사가 입게 된 손해의 정도, 조합원들에게 미친 영향 등 제반사정을 종합하여 볼 때 이와 관련된 원고의 판시와 같은 행위는 노동조합의 업무를 위한 정당한 행위라 볼 수 없고 참가인 회사 징계규정상의 해고사유에 해당하므로 참가인 회사가 이를 이유로 징계해고한 것은 정당하며, 달리 이 사건 징계해고가 원고의 조합활동을 혐오한 나머지 이에 보복하기 위하여 위와 같은 사유를 내세워 행하여진 것이라고 볼 아무런 자료도 없으므로 원고에 대한 이 사건 징계해고를 부당노동행위라고 할 수는 없다.

Ⅱ. 노동관계법에 따른 쟁의행위 절차

〈교섭에서 쟁의행위까지의 흐름도〉

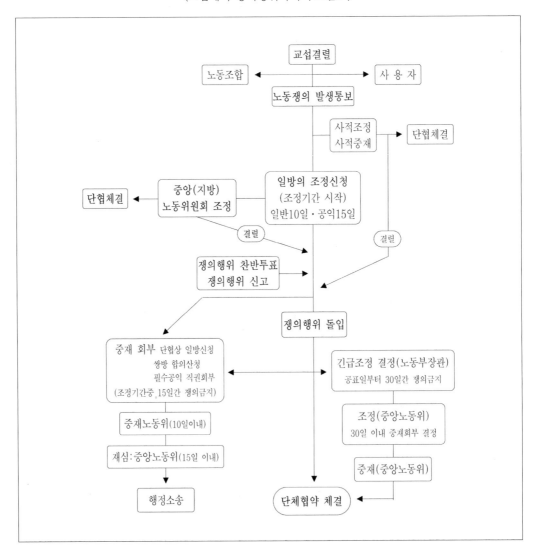

1. 노동쟁의 발생 통보

노사간 노동쟁의가 발생하면 노동관계법 제45조제1항에 따라 노동조합은 사용자에게 서면으로 이를 통보한다.

2. 조정

(1) 조정 전치주의

현행 노동관계법상 조정을 거치지 않으면 쟁의행위를 할 수 없으며(노동조합및노동관계조정법 제45조제2항), 이를 위반한 자는 1년이하의 징역 또는 1천만원이하의 벌금에 처하게 된다(동법 제91조).

(2) 조정신청

① 조정신청은 노사 어느 일방이 신청할 수 있으며, 신청기관은 관할 지방노동위원회에 신청하되 2개 이상의 지방노동위원회 관할구역에 걸쳐있는 경우는 중앙노동위원회에 신청한다.
(예1) 사업장이 서울과 경기도에 있는 경우 : 서울지방노동위원회와 경기지방노동위원회 관할지역에 걸쳐 있으므로 중앙노동위원회에 조정신청을 한다.
(예2) 사업장이 대전광역시와 충청남도에 있는 경우 : 2개 이상의 행정구역이지만 충남지방노동위원회에 관할이므로 충남지방노동위원회에 조정신청을 한다.

② 조정신청을 위한 노동조합 내부의 별도 결의는 필요 없다.
다만, 노동조합의 내부, 투쟁동력을 끌어올리기 위해 "ㅇㅇ노조, 조정신청을 위한 조합원 총력투쟁 결의대회"을 개최하는 경우가 있다. 특히 신규노조인 경우, 신규노조는 아니지만 투쟁의 경험이 적은 경우등은 투쟁의 열기 및 긴장감을 확립하는데 효과적일수 있습니다.

(3) 사적 조정 · 중재

① 노사쌍방의 합의나 단체협약이 정하는 바에 따라 각각 다른 조정 또는 중재에 의하여 노동쟁의를 해결할 수 있으며, 사적조정 또는 중재를 통해 노동쟁의를 해결하기로 한 경우 이를 관할노동위원회에 서면으로 신고해야 한다.

② 사적 조정과 조정기간 : 조정기간은 조정을 시작한 날로부터 기산한다.

③ 사적 중재와 쟁의행위 금지기간 : 쟁의행위 금지기간은 중재를 시작한 날로부터 기산한다.

④ 사적 조정은 노동위원회의 조정이 진행중일 때도 할 수 있으며, 사적 조정에 의하여 타결되지 못한 경우에는 노동위원회의 조정을 받을 수 있다.

(4) 조정절차

1) 조정위원회의 구성과 교차추천

- 조정위원회는 공익위원, 근로자위원, 사용자위원 각 1인씩 총 3인으로 구성된다. 단 노사 쌍방의 동의가 있으면 조정위원회를 구성하지 않고 노동위원장이 지명하는 단독조정인에 의해 조정을 할 수 있다.
- 사용자위원은 노동조합이 추천하는 자 중에서, 근로자위원은 사용자가 추천하는 자 중에서 노동위원장이 지명한다. 따라서 조정위원회 회의 3일전까지 노조는 사용자위원 중에서 추천을 해야 한다. 만약 노조가 추천하지 않으면 위원장이 전체 사용자위원중에서 지명한다. 노동위원회는 조정신청을 접수한 후 회의일시, 사용자위원 명단, 구비서류, 조정위원추천 서식 등을 해당 노동조합과 사용자에게 발송한다.
- ※ 보통의 경우 단위노조는 해당 지역의 한국노총지역본부나 연맹의 자문을 얻어 사용자위원 을 추천하면 된다.

2) 공익위원에 대한 기피신청

노동위원회법 제21조에 의해 당사자는 조정의 공정을 기하기 어렵다고 판단될 때 특정한 위원에 대해 기피신청을 할 수 있다. 노동위원장은 조정신청을 받는 즉시 기피권이 있음을 알려야 하고 이유가 있다고 인정되는 경우에는 그 위원을 교체해야 한다. 따라서 노조는 공익위원에 대해 기피권을 행사할 수 있다. 기피신청은 기피사유 입증자료를 첨부한 기피신청서를 노동위원회에 접수하면 된다.

3) 단독조정

당사자 쌍방의 동의로 조정위원회를 대신하여 단독조정인에게 조정을 하게 할 수 있다. 현실적으로 조정신청을 하면 노동위원회는 노동위원 3인이 모이기 어렵다는 현실적 조건 때문에 공익위원을 단독조정인으로 하는 단독조정을 권유하는 경우가 많다.

4) 심리

노동조합및노동관계조정법 제59조에 따라 조정위원장은 기일을 정해 당사자를 출석시켜 주장을 들어야 한다. 노조는 출석하여 유리한 주장을 펼 수 있다. 노조대표자가 출석해야 하지만 위임장을 지참하여 대리인이 출석할 수 있다.

5) 신청된 조정에 대해 노동위원회가 결정할 수 있는 것은 다음 4가지이다.

- 조정성립 : 조정위원회는 조정안을 제시하고 수락여부를 묻는다. 노사쌍방이 수락하면 조정이 성립된다. 성립된 조정안은 단체협약과 동일한 효력을 갖는다.
- 조정불성립 : 어느 일방이라도 거부하거나 조정안을 제시한 후 3일 이내에 수락의 의사표시가 없으면 조정은 성립하지 않은 것으로 종료된다.

– 조정중지 : 쌍방이 모두 출석하지 않거나 하는 등의 사유로 조정을 계속할 수 없는 경우 중지결정.

– 행정지도 : 노동쟁의가 아닌 경우 그 사유와 해결방안제시.

3. 중재

(1) 중재가 가능한 경우

① 노사 쌍방이 중재를 신청한 경우

② 일방중재 : 단협에 의해 노사 어느 일방이 중재를 신청한 경우

③ 직권중재 : 필수공익사업의 경우 특별조정위원회의 권고에 의해 노동위원장이 중재에 회부한 때

(2) 중재위원회의 구성

공익위원 중에서 위원장이 3명을 임명한다. 단, 노사가 합의한 공익위원이 있으면 우선해서 선임해야 한다.

(3) 쟁의행위의 금지

중재에 회부된 날로부터 15일간은 쟁의행위를 할 수 없다.

※ 특정 사업장에는 "노사 쌍방간 어느일방에 의해 중앙(지방)노동위원회에 중재를 신청할수 있다."라는 노사간 단체협약을 체결한 경우가 있습니다. 더불어, 중재요청이후, "쟁의행위 중단"조항이 통상적으로 같이 붙어있습니다.

(4) 심리와 중재재정

중재위원회는 반드시 기일을 정해 당사자 쌍방 또는 일방을 출석케 하여 의견을 들어야 한다. 당사자는 중재위원회의 동의를 얻어 출석하여 의견을 진술할 수 있다.

(5) 중재재정의 불복

① 지노위나 특별노동위의 중재재정이 위법이나 월권에 의한 것이라고 판단될 경우는 중재재정서를 송달받은 날로부터 10일 이내에 중앙노동위원회에 재심신청을 할 수 있다.

② 중앙노동위원회의 중재재정이나 재심결정이 위법이나 월권에 의한 것이라고 판단될 때는 결정서를 송달받은 날로부터 15일 이내에 행정소송을 제기할 수 있다.

③ 재심신청이나 행정소송에도 불구하고 결정은 단체협약과 동일한 효력을 발휘한다.

4. 쟁의행위결의와 신고

조정기간(일반사업 10일, 공익사업 15일)이 끝나면 노조는 쟁의에 들어갈 수 있으나 쟁의행위결의
와 신고를 해야 한다.

(1) 쟁의행위결의

- 쟁의행위결의 시기 : 조정기간 중이라도 쟁의행위 결의를 할 수 있다.
- 의결방법 : 직접 · 비밀 · 무기명투표에 의해 조합원 과반수의 찬성을 얻어야 한다. 총회가
  아닌 총투표 방식도 가능하지만 총투표를 할 때에도 총회의 요건 즉 공고기간 등을 지켜야
  한다.

(2) 쟁의행위신고

노동조합및노동관계조정법 시행령 제17조에 따라 노동부장관과 관할노동위원회에 쟁의행위의
일시 · 장소 · 참가인원, 방법을 미리 서면으로 신고해야 한다.

THEME 18 쟁위행위의 정당성 요건 및 책임

I. 쟁의행위 정당성

1. 법 규정

> **제37조 (쟁의행위의 기본원칙)**
> ① 쟁의행위는 그 목적 · 방법 및 절차에 있어서 법령 기타 사회질서에 위반되어서는 아니된다.
> ② 조합원은 노동조합에 의하여 주도되지 아니한 쟁의행위를 하여서는 아니된다.

2. 주체

① 쟁의행위는 단체협약체결능력이 있는 노동조합이 조직하고 주도하여야 한다.[110]

② 여기서 말하는 노동조합은 실질적 요건을 갖춘 조합이면 족하고, 반드시 형식적 요건(제10조, 제11조)까지 갖추어야 하는 것은 아니다.

③ 그러나 단체교섭권한이 없는 일시적 쟁의단의 경우에는 견해의 대립이 있지만, 판례는 그 주체가 될 수 없다고 본다.[111]

3. 목적

① 쟁의행위는 사용자의 관계에서 근로자들의 근로조건의 유지 · 개선과 경제적 · 사회적 지위의 향상을 목적으로 하여야 한다.

② 정치파업,[112] 동정파업 그리고 단체교섭의 대상이 아닌 근로조건과 무관한 순수경영권사항을 목적으로 하는 쟁의행위는 원칙적으로 정당하지 않다. 다만 구체적 · 실질적인 면에서 근로조건의 개선이 주목적이고 정치적 목적이 불가피하게 부수되는 경우에는 허용 된다.[113]

---

110) 따라서 비 노조 주도 파업, 산고양이 파업은 정당성을 상실한다.

111) 헌재 1990.1.12, 89헌가103

112) 정부의 입법정책을 반대하기 위한 파업은 정당하지 않다(한국가스공사 대판 2003. 7. 8, 2002도7225).

113) 대판 2002.4.26, 2000두4631.

관련판례 >>

1. 대법 91누5204 (1992-01-21)
쟁의행위의 목적이 여러가지일 때 그 진정한 목적에 의하여 쟁의행위의 정당성을 판단해야 한다

쟁의행위에서 추구되는 목적이 여러 가지이고 그 중 일부가 정당하지 못한 경우에는 주된 목적 내지 진정한 목적의 당부에 의하여 그 쟁의목적의 당부를 판단하여야 할 것이고, 부당한 요구사항을 뺐더라면 쟁의행위를 하지 않았을 것이라고 인정되는 경우에는 그 쟁의행위 전체가 정당성을 갖지 못한다고 보아야 한다.

---

③ 노동조합이 사용자가 수용할 수 없는 과다한 요구를 한 경우에도 이는 단체교섭에서 조정할 문제이지 곧바로 쟁의행위의 목적이 부당한 것이라고 해석할 수 없다.

④ 정리해고나 사업조직의 통폐합이나 기업의 구조조정의 실시 여부는 경영주체에 의한 고도의 경영상 결단에 속하는 사항으로서 이는 원칙적으로 단체교섭의 대상이 될 수 없고, 그것이 긴박한 경영상의 필요나 합리적인 이유 없이 불순한 의도로 추진되는 등의 특별한 사정이 없는 한, 노동조합이 실질적으로 그 실시 자체에 반대하기 위하여 쟁의행위에 나아간다면, 비록 그 실시로 인하여 근로자들의 지위나 근로조건의 변경이 필연적으로 수반된다 하더라도 그 쟁의행위는 목적의 정당성을 인정할 수 없다 할 것이다.[114]

관련판례 >>

2. 대법 99도5380 (2002-02-26)
정리해고나 사업조직의 통폐합 등 기업의 구조조정 실시 자체에 반대하기 위한 쟁의행위는 목적의 정당성을 인정할 수 없다고 본 사례

정리해고나 사업조직의 통폐합, 공기업의 민영화 등 기업의 구조조정의 실시 여부는 경영주체에 의한 고도의 경영상 결단에 속하는 사항으로서 이는 원칙적으로 단체교섭의 대상이 될 수 없고, 그것이 긴박한 경영상의 필요나 합리적인 이유 없이 불순한 의도로 추진되는 등의 특별한 사정이 없는 한, 노동조합이 실질적으로 그 실시 자체를 반대하기 위하여 쟁의행위에 나아간다면, 비록 그 실시로 인하여 근로자들의 지위나 근로조건의 변경이 필연적으로 수반된다 하더라도 그 쟁의행위는 목적의 정당성을 인정할 수 없는 것이다.

---

⑤ 법령에서 금지하는 내용을 목적으로 쟁의행위를 할 수 없다. 예컨대 노동조합은 쟁의행위 기간

114) 대판 2006.5.12, 2002도3450.

에 대한 임금의 지급을 요구하여 이를 관철할 목적으로 쟁의행위를 해서는 아니 된다.

⑥ 법 규정상 노동쟁의를 이익분쟁에 한정하고 있음이 명확하고 일부 권리분쟁에 대해 별도로 규정한 점을 감안할 때 권리분쟁에 관한 주장을 관철하기 위하여 행해지는 쟁의행위는 허용되지 않는다고 본다.

4. 수단 · 방법

제38조 (노동조합의 지도와 책임)

① 쟁의행위는 그 쟁의행위와 관계없는 자 또는 근로를 제공하고자 하는 자의 출입 · 조업 기타 정상적인 업무를 방해하는 방법으로 행하여져서는 아니되며 쟁의행위의 참가를 호소하거나 설득하는 행위로서 폭행 · 협박을 사용하여서는 아니된다(쟁의행위 감시).

② 작업시설의 손상이나 원료 · 제품의 변질 또는 부패를 방지하기 위한 작업은 쟁의행위 기간 중에도 정상적으로 수행되어야 한다(보안작업 수행).

제42조 (폭력행위등의 금지)

① 쟁의행위는 폭력이나 파괴행위 또는 생산 기타 주요업무에 관련되는 시설과 이에 준하는 시설로서 대통령령이 정하는 시설을 점거하는 형태로 이를 행할 수 없다(폭력행위등 금지).

② 사업장의 안전보호시설에 대하여 정상적인 유지 · 운영을 정지 · 폐지 또는 방해하는 행위는 쟁의행위로서 이를 행할 수 없다(안전시설 가동).

5. 절차 · 시기

(1) 최후적 수단

쟁의행위는 단체교섭이 결렬되었거나 더 이상의 진행이 무의미한 경우에 최후적 수단으로 사용되어야 한다.

(2) 평화의무와 평화조항

평화의무에 반하는 쟁의행위 등은 정당성이 없는 것이 보통이며, 평화조항을 위반한 경우에는 설사 정당성이 인정된다 하더라도 단체협약 불이행에 대한 손해배상책임을 부담할 수 있다.

관련판례 >>

3. 대법 94다4042 (1994-09-30)
평화의무를 위반한 쟁의행위

[요 지]

1. 사업장 내에서의 기업질서를 유지하기 위하여 사업장 내에서의 유인물 배포에 관하여 취업규칙에서 사용자의 허가를 얻도록 한 허가규정이나 이를 위반한 근로자에 대하여 징계할 수 있도록 한 징계규정이 언론의 자유를 보장한 헌법 조항에 위반하여 무효라고 할 수 없다.

2. 근로자의 비위행위에 관하여 징계를 하지 않기로 하는 면책합의를 하였다 하더라도 이는 그 비위행위를 징계사유로 삼는 것을 허용하지 않는 것일 뿐 그 밖의 다른 비위행위를 징계사유로 하여 근로자를 징계함에 있어 면책합의된 비위행위가 있었던 점을 징계양정의 판단자료로 삼는 것까지 금하는 것은 아니다.

3. 근로자의 쟁의행위가 정당성을 갖추기 위하여는, 그 주체가 단체교섭이나 단체협약을 체결할 능력이 있는 노동조합이어야 하고, 그 목적이 근로조건의 향상을 위한 노사간의 자치적 교섭을 조성하기 위한 것이어야 하며, 그 시기는 사용자가 근로자의 근로조건 개선에 관한 구체적인 요구에 대하여 단체교섭을 거부하거나 단체교섭의 자리에서 그러한 요구를 거부하는 회답을 했을때 개시하되 특별한 사정이 없는 한 법령이 정하는 바에 따라 조합원의 찬성결정 및 노동쟁의 발생신고를 거쳐야 하고, 그 방법은 소극적으로 근로의 제공을 전면적 또는 부분적으로 정지하여 사용자에게 타격을 주는 것이어야 하며 노사관계의 신의성실의 원칙에 비추어 공정성의 원칙에 따라야 하고, 사용자의 기업시설에 대한 소유권 기타의 재산권과 조화를 이루어야 함은 물론 폭력이나 파괴행위를 수반하여서는 아니며, 여기서 그 목적이 근로조건의 향상을 위한 노사간의 자치적 교섭을 조성하기 위한 것이라 함은 그 쟁의에 의하여 달성하려는 요구사항이 단체교섭사항이 될 수 있는 것을 의미한다.

4. 단체협약에서 이미 정한 근로조건이나 기타 사항의 변경·개폐를 요구하는 쟁의행위를 단체협약의 유효기간 중에 하여서는 아니된다는 이른바 평화의무를 위반하여 이루어진 쟁의행위는 노사관계를 평화적·자주적으로 규율하기 위한 단체협약의 본질적 기능을 해치는 것일 뿐 아니라 노사관계에서 요구되는 신의성실의 원칙에도 반하는 것이므로 정당성이 없다.

5. 근로관계를 맺고 있지 아니한 사업장에서의 쟁의행위를 지원할 목적으로 그 쟁의현장에 찾아가 쟁의행위를 하고 있는 자들을 격려하기 위하여 그들에게 음료수 등을 전달하고 그들과 함께 구호를 외치고 노동가 등을 제창하는 행위는 노동쟁의조정법 제13조의2 소정의 제3자 개입행위에 해당한다.

6. 취업규칙에서 귀책사유를 이유로 근로자를 해고함에 있어서는 노동위원회의 승인을 받도록 규정하고 있는 경우, 현행 법령의 규정상 사용자가 근로자를 해고함에 관하여 사전에 인정이나 승인을 할 수 있는 권한이 노동위원회에는 없으므로 사용자가 근로자를 해고함에 있어서 취업규칙의 규정에 따라 노동위원회의 승인을 받지 않았다 하더라도 그 해고의 효력에 영향을 미칠 수 없다.

(3) 조합원찬반투표

조합규약을 위반한 쟁의행위 개시는 하등 정당성에는 영향을 미치지 아니하지만, 조합원의 찬반투표를 결여한 쟁의행위는 정당성을 상실한다고 본다.[115]

관련판례 >>

4. 대법 99도4837 (2001-10-25)

쟁의행위 찬반투표 절차를 거치지 아니한 쟁의행위는 정당성을 상실한다

[요 지]

<다수의견> 근로자의 쟁의행위가 형법상 정당행위가 되기 위하여는 ① 그 주체가 단체교섭의 주체로 될 수 있는 자이어야 하고, ② 그 목적이 근로조건의 향상을 위한 노사간의 자치적 교섭을 조성하는 데에 있어야 하며, ③ 사용자가 근로자의 근로조건 개선에 관한 구체적인 요구에 대하여 단체교섭을 거부하였을 때 개시하되 특별한 사정이 없는 한 조합원의 찬성결정 등 법령이 규정한 절차를 거쳐야 하고, ④ 그 수단과 방법이 사용자의 재산권과 조화를 이루어야 함은 물론 폭력의 행사에 해당되지 아니하여야 한다는 여러 조건을 모두 구비하여야 한다고 되풀이 판시하고, 특히 그 절차에 관하여 쟁의행위를 함에 있어 조합원의 직접·비밀·무기명투표에 의한 찬성결정이라는 절차를 거쳐야 한다는 노동조합및노동관계조정법 제41조 제1항의 규정은 노동조합의 자주적이고 민주적인 운영을 도모함과 아울러 쟁의행위에 참가한 근로자들이 사후에 그 쟁의행위의 정당성 유무와 관련하여 어떠한 불이익을 당하지 않도록 그 개시에 관한 조합의사의 결정에 보다 신중을 기하기 위하여 마련된 규정이므로 위의 절차를 위반한 쟁의행위는 그 절차를 따를 수 없는 객관적인 사정이 인정되지 아니하는 한 정당성을 인정받을 수 없다 할 것이다.

만약 이러한 절차를 거치지 아니한 경우에도 조합원의 민주적 의사결정이 실질적으로 확보된 때에는 단지 노동조합 내부의 의사형성 과정에 결함이 있는 정도에 불과하다고 하여 쟁의행위의 정당성이 상실되지 않는 것으로 해석한다면 위임에 의한 대리투표, 공개결의나 사후결의, 사실상의 찬성간주 등의 방법이 용인되는 결과가 되어 위의 관계규정과 종전 대법원의 판례취지에 반하는 것이 된다.

이와 견해를 달리한 대법원 2000.5.26 선고 99도4836 판결은 이와 저촉되는 한도 내에서 변경하기로 한다.

관련판례 >>

5. 대법 2004도4641 (2004-09-24)

지역별·산업별·업종별 노동조합의 경우 총파업이 아닌 이상 쟁의행위를 예정하고 있는 당해 지부나 분회소속 조합원의 과반수의 찬성이 있으면 쟁의행위는 절차적으로 적법하다

---

115) 대판 2001.10.25.

[요 지]

1. 근로자의 쟁의행위가 형법상 정당행위가 되기 위한 절차적 요건으로서, 쟁의행위를 함에 있어 조합원의 직접·비밀·무기명투표에 의한 찬성결정이라는 절차를 거치도록 한 노동조합및노동관계조정법 제41조 제1항은 노동조합의 자주적이고 민주적인 운영을 도모함과 아울러 쟁의행위에 참가한 근로자들이 사후에 그 쟁의행위의 정당성 유무와 관련하여 어떠한 불이익을 당하지 않도록 그 개시에 관한 조합의사의 결정에 보다 신중을 기하기 위하여 마련된 규정이다.

2. 지역별·산업별·업종별 노동조합의 경우에는 총파업이 아닌 이상 쟁의행위를 예정하고 있는 당해 지부나 분회소속 조합원의 과반수의 찬성이 있으면 쟁의행위는 절차적으로 적법하다고 보아야 할 것이고, 쟁의행위와 무관한 지부나 분회의 조합원을 포함한 전체 조합원의 과반수 이상의 찬성을 요하는 것은 아니다.

3. 자동차회사 협력업체 노동조합의 쟁의행위가 목적, 수단 및 방법에 있어서 그 정당성을 인정할 수 있다.

[이 유]

1. 근로자의 쟁의행위가 형법상 정당행위가 되기 위한 절차적 요건으로서, 쟁의행위를 함에 있어 조합원의 직접·비밀·무기명투표에 의한 찬성결정이라는 절차를 거치도록 한 노동조합및노동관계조정법 제41조 제1항 1)은 노동조합의 자주적이고 민주적인 운영을 도모함과 아울러 쟁의행위에 참가한 근로자들이 사후에 그 쟁의행위의 정당성 유무와 관련하여 어떠한 불이익을 당하지 않도록 그 개시에 관한 조합의사의 결정에 보다 신중을 기하기 위하여 마련된 규정이라고 할 것이다(대법원 2001.10.25. 선고 99도4837 전원합의체 판결 참조2)3))..

이와 같은 취지에 비추어 보면, 지역별·산업별·업종별 노동조합의 경우에는 총파업이 아닌 이상 쟁의행위를 예정하고 있는 당해 지부나 분회소속 조합원의 과반수의 찬성이 있으면 쟁의행위는 절차적으로 적법하다고 보아야 할 것이고, 쟁의행위와 무관한 지부나 분회의 조합원을 포함한 전체 조합원의 과반수 이상의 찬성을 요하는 것은 아니라고 할 것이다.

원심은, 2001.7.16. 피고인 등 대우자동차 군산지역 협력업체노동조합(이하 '협력업체노동조합'이라고 한다) 한국○○ 지부의 전체 조합원 15명 중 14명이 참석하여 쟁의행위 찬반투표를 하여 참석자 전원의 찬성으로 쟁의행위의 결의를 하였고, 같은 달 18. 군산지방노동사무소에 노동쟁의 발생신고를 한 사실을 인정한 다음, 협력업체노동조합 한국○○ 지부 조합원 과반수 이상이 위와 같이 쟁의행위를 결의한 이상, 협력업체노동조합의 전 조합원의 과반수 찬성이 없어도 이 사건 쟁의행위는 절차적으로 적법하다고 판단하였다.

앞서 본 법리 및 기록에 의하여 살펴보면, 원심의 판단은 정당하고, 거기에 상고 이유의 주장과 같은 사실오인이나 법리오해의 위법이 없다.

2. 원심은, 피고인이 작업을 거부하고 집회 등에 참석한 것은 그 쟁의행위의 목적이 협력업체노동조합

과 한국○○ 주식회사 사이의 단체협약체결이었으므로 정당성을 인정할 수 있다고 판단하고, 이 사건 쟁의행위가 전체적으로 협력업체노동조합의 지침에 따라 이루어졌고, 그 기간이 매우 짧고 시간도 오전 또는 오후의 반나절만 이용하였으며, 폭력은 전혀 사용되지 아니하였던 점에서 이는 노동조합의 합법적인 단체행동권 행사에 자연히 수반되는 것으로서 사용자의 수인의무의 범위 내라고 봄이 상당하므로 그 수단 및 방법에 있어서도 정당성을 인정할 수 있다고 판단하였는바, 기록에 의하여 살펴보면 원심의 판단은 정당한 것으로 수긍할 수 있고, 거기에 상고이유의 주장과 같은 사실오인이나, 법리오해의 위법이 없다.

관련판례 >>

6. 대법 2009도8917 (2012-01-27)
쟁의행위 기간중 2차 쟁의행위시 조정절차 및 찬반투표

[요 지]

1. 구 노동조합 및 노동관계조정법(2010.1.1. 법률 제9930호로 개정되기 전의 것) 제92조 제1호 (바)목은 단체협약 중 쟁의행위에 관한 사항을 위반한 자를 처벌한다고 규정하고 있는데, 이러한 처벌규정에서 법이 정하고 있는 위반행위를 함부로 유추해석하거나 확대해석하여서는 아니된다. 그런데 단체협약 중 쟁의행위에 관한 사항을 규정하는 제7장은 쟁의 요건, 쟁의기간 중의 부당노동행위 금지, 회사시설의 이용, 쟁의행위 불참가자, 비상재해방지의무, 평화의무를 규정할 뿐 지점장의 노조원 적격 여부에 관하여는 아무런 규정도 두고 있지 않은 점, 단체협약 중 쟁의행위에 관한 사항을 위반한 경우의 처벌에 관한 위 규정은 쟁의행위의 실시와 관련하여 노조가 준수하여야 할 행동지침을 정하고 그 이행을 확보하기 위하여 이러한 사항을 위반한 행위를 형사처벌의 대상으로 삼은 것임에 반해, 노조원의 자격에 관한 사항은 구체적인 쟁의행위의 실시와는 무관하게 노조의 조합원이 될 수 있는 자격을 제한함으로써 근로자의 단결권 자체를 제한한 것인 점 등을 종합할 때, 노조원의 자격에 관한 사항은 위 조항에서 정한 '쟁의행위에 관한 사항'에 해당하지 않는다고 보아야 한다.

2. 갑 생명보험회사 지점장들로서 단체협약상 조합원이 될 수 없는 피고인들이 노동조합에 가입하여 파업에 참가함으로써 단체협약의 내용 중 쟁의행위에 관한 사항을 위반하였다고 하여 구 노동조합 및 노동관계조정법(2010.1.1. 법률 제9930호로 개정되기 전의 것) 위반으로 기소된 사안에서, 노조원의 자격에 관한 사항은 같은 법 제92조 제1호 (바)목에서 정한 '쟁의행위에 관한 사항'에 해당하지 않는다는 이유로 무죄를 선고한 원심판단을 수긍한 사례.

3. 근로조건에 관한 노동관계 당사자 간 주장의 불일치로 인하여 근로자들이 조정전치절차 및 찬반투표절차를 거쳐 정당한 쟁의행위를 개시한 후 쟁의사항과 밀접하게 관련된 새로운 쟁의사항이 부가된 경우에는, 근로자들이 새로이 부가된 사항에 대하여 쟁의행위를 위한 별도의 조정절차 및 찬반투표절차를 거쳐야 할 의무가 있다고 할 수 없다.

4. 피고인들이 갑 생명보험회사의 노조원들과 공모하여 파업의 주된 목적인 '성과급제 도입 반대나 철회'에 관하여 쟁의 조정절차 및 쟁의행위 찬반투표를 거치지 아니한 채 파업에 돌입하였다고 하여 구 노동조합 및 노동관계조정법(2010.1.1. 법률 제9930호로 개정되기 전의 것) 위반으로 기소된 사안에서, 피고인들이 주도한 파업의 목적은 이전에 정당하게 개시된 쟁의행위의 목적인 단체협약의 갱신과 단절되고 관련 없는 것이라고 보기 어려워 노동조합이 파업을 위하여 새로이 조정절차나 찬반투표를 거칠 필요가 없으므로, 위 행위가 같은 법 제91조, 제41조제1항, 제45조제2항 본문에 해당하지 아니한다고 보아 무죄를 선고한 원심판결을 수긍한 사례.

(4) 조정전치주의

노조법은 조정절차를 거치지 아니하면 쟁의행위를 할 수 없다고 규정하여(제45조), 쟁의행위 이전에 노동위원회 등을 통한 조정절차를 거치도록 하는 조정전치주의를 채택하고 있다. 판례는 이러한 조정전치주의를 위반한 경우라 하여 쟁의행위의 정당성이 당연히 상실되는 것은 아니라고 본다. 특히 교섭미진에 따른 추가교섭을 권고하는 노동위원회의 행정지도를 무시하고 쟁의행위로 나아간 사안에서 대법원은 절차적 정당성을 인정한 바 있다.

관련판례 >>

7. 대법 99도4812 (2000-10-13)

쟁의행위가 조정전치의 규정에 따른 절차를 거치지 아니하였다고 하여 무조건 정당성이 결여된 쟁의행위라고 볼 것은 아니다.

[요 지]

노동조합 및 노동관계조정법 제45조의 조정전치에 관한 규정의 취지는 분쟁을 사전 조정하여 쟁의행위 발생을 회피하는 기회를 주려는 데에 있는 것이지 쟁의행위 자체를 금지하려는 데에 있는 것이 아니므로, 쟁의행위가 조정전치의 규정에 따른 절차를 거치지 아니하였다고 하여 무조건 정당성이 결여된 쟁의행위라고 볼 것이 아니고, 그 위반행위로 말미암아 사회·경제적 안정이나 사용자의 사업운영에 예기치 않는 혼란이나 손해를 끼치는 등 부당한 결과를 초래할 우려가 있는지의 여부 등 구체적 사정을 살펴서 그 정당성 유무를 가려 형사상 죄책 유무를 판단하여야 할 것인 바, 피고인들이 파업에 이르게 된 과정에 관한 주장과 기록에 의하여 드러나는 바와 같이, 전국민주택시연맹이 같은 달 13일 기자회견 등을 통하여 미리 파업시기를 공표한 점 등에 비추어 보면, 결과적으로 피고인들이 조정절차를 거치지 않고 파업에 이르기는 하였지만, 사회·경제적 안정이나 사용자의 사업운영에 예기치 않은 혼란이나 손해를 끼치는 등 부당한 결과를 초래하였다고 보기도 어렵다.

행정해석 >>

1. 조정01254-139 (1994-07-15)

[질 의]

　자동차부품 생산업체인 (주)○○의 노조는 회사가 사전협의없이 계열사인 ○○정공에 작업물량을 이관했다는 이유로 지난 3.23부터 4일동안 노조원 전원이 작업을 거부한 바 있으며 이후에도 연·월차휴가 사용, 연장근로 거부 등 준법투쟁을 실시했음.

　노사 양측은 4.7부터 2차례에 걸쳐 단체교섭을 가졌으나 실질적인 교섭에 들어가지 못하자 노조는 6차에 걸쳐 회사측에 교섭을 촉구했는데도 회사는 노조원들이 정상조업을 하지 않는 한 교섭을 연기하겠다며 이에 불응했음.

　이에 따라 노조는 5.6 쟁의발생신고를 하였고 중노위는 이 신고에 대해 성실교섭을 요구하는 행정지도를 내리고 사건을 종결했음. 한편 노조는 더 이상 교섭이 어렵다고 판단해 6.11 중노위에 쟁의행위신고를 하고 20일부터 전면파업에 들어갔는데 노조의 이같은 행위가 정당한지.

[회 시]

　노동쟁의라 함은 근로조건에 관한 노사 당사자간의 주장의 불일치로 인한 분쟁상태를 의미하는 바, 이는 쟁의행위에 의하지 않고는 더 이상 효과적인 분쟁해결방법이 기대되지 않는 상태를 의미하는 것으로 해석되어 단체교섭의 횟수에 의해 노동쟁의 해당 여부가 결정되는 것은 아님.

　따라서 (주)○○의 노사분규는 이러한 노동쟁의조정법상의 노동쟁의에 해당된다고 생각되므로 비록 중앙노동위원회가 단체교섭 미진을 이유로 교섭촉구의 행정지도를 하였다 할 지라도 노조가 적법한 절차를 거쳐 쟁의행위에 들어갔다면 적법한 쟁의행위임

Ⅱ. 정당한 쟁의행위의 보호

1. 민사면책

　사용자는 이 법에 의한 단체교섭 또는 쟁의행위로 인하여 손해를 입은 경우에 노동조합 또는 근로자에 대하여 그 배상을 청구할 수 없다(제3조).

2. 형사면책

　형법 제20조의 규정[116]은 노동조합이 단체교섭·쟁의행위 기타의 행위로서 제1조의 목적을 달성하기 위하여 한 정당한 행위에 대하여 적용된다. 다만, 어떠한 경우에도 폭력이나 파괴행위는 정당한 행위로 해석되어서는 아니된다(제4조).

---

116) 형법 제20조 (정당행위) 법령에 의한 행위 또는 업무로 인한 행위 기타 사회상규에 위배되지 아니하는 행위는 벌하지 아니한다.

3. 부당노동행위 금지

사용자는 근로자가 정당한 단체행위에 참가한 것을 이유로 하거나 또는 노동위원회에 대하여 사용자가 이 조의 규정에 위반한 것을 신고하거나 그에 관한 증언을 하거나 기타 행정관청에 증거를 제출한 것을 이유로 그 근로자를 해고하거나 그 근로자에게 불이익을 주는 행위를 할 수 없다(제81조 제5호).

4. 구속제한

쟁의행위가 정당한 경우 근로자는 쟁의행위 기간 중에는 현행범 외에는 이 법 위반을 이유로 구속되지 아니한다(제39조).

III. 쟁의행위와 책임

1. 서

근로자나 노동조합은 쟁의행위가 정당성을 갖고 있는 경우에는 민·형사면책이 인정되나, 정당성을 상실한 경우에는 민·형사책임 및 징계책임을 부담하게 된다.
불법쟁의행위 책임은 쟁의행위 상대방에 대한 책임과 사용자의 거래상대방 등 제3자에 대한 책임으로 나뉜다.

2. 쟁의행위 상대방에 대한 책임

(1) 형사책임

1) 형사책임의 내용

① 노조법상 책임

노조법 위반으로 인한 불법쟁의행위의 경우 해당 법조 위반에 따른 형사책임을 부담한다. 예를 들어 쟁의행위 찬반투표를 결한 상태에서 쟁의행위에 돌입한 경우 1년 이하의 징역이나 1천만 원 이하의 벌금에 처한다(노조법 제91조).

② 업무방해책임

대법원 판례는 파업 등의 쟁의행위는 본질적·필연적으로 위력에 의한 업무방해의 요소를 포함하고 있어 폭행·협박 또는 다른 근로자들에 대한 실력행사 등을 수반하지 아니하여도 그 자체만으로 위력에 해당하므로 정당성이 인정되어 위법성이 조각되지 않는 한 업무방해죄로 형사 처벌할 수 있다고 보고 있으며, 이러한 대법원의 해석방법에 대해 헌법재판소는 합헌이라고 결정한 바 있다. 실무적으로는 정당성을 상실한 쟁의행위의 경우 업무방해책임만을 묻는 것이 일반적이다.

[관련 법령]

형법 제314조 (업무방해) ①허위의 사실을 유포하거나 기타 위계 또는 위력으로써 사람의 업무를 방해한 자는 5년 이하의 징역 또는 1천500만 원 이하의 벌금에 처한다.

관련판례 》

8. 대법 91도326 (1991-11-8)
정당한 쟁의행위의 보호

[요 지]

형법 제314조소정의 업무방해죄에서 말하는 위력이란 사람의 의사의 자유를 제압, 혼란케 할 세력을 가리키는 것으로서, 노동쟁의행위는 본질적으로 위력에 의한 업무방해의 요소를 포함하고 있는데, 다만 근로자의 단체행동권은 단결권, 단체교섭권과 함께 헌법에 의하여 보장된 권리이므로 단체행동권에 속하는 노동쟁의행위가 형식적으로는 업무방해죄의 구성요건에 해당하는 경우에도 <u>그것이 근로자의 근로조건의 유지, 개선 기타 근로자의 정당한 이익을 주장하기 위한 상당한 수단인 경우에는 정당행위로서 위법성이 조각된다</u>고 할 것이다

관련판례 》

9. 대법 2007도482 (2011-03-17)
불법 쟁의행위의 업무방해죄 구성요건

[요 지]

1. 업무방해죄는 위계 또는 위력으로써 사람의 업무를 방해한 경우에 성립하며(형법 제314조 제1항), '위력'이란 사람의 자유의사를 제압·혼란케 할 만한 일체의 세력을 말한다. 쟁의행위로서 파업(노동조합 및 노동관계조정법 제2조 제6호)도, 단순히 근로계약에 따른 노무의 제공을 거부하는 부작위에 그치지 아니하고 이를 넘어서 사용자에게 압력을 가하여 근로자의 주장을 관철하고자 집단적으로 노무제공을 중단하는 실력행사이므로, 업무방해죄에서 말하는 위력에 해당하는 요소를 포함하고 있다.

2. 근로자는 원칙적으로 헌법상 보장된 기본권으로서 근로조건 향상을 위한 자주적인 단결권·단체교섭권 및 단체행동권을 가지므로(헌법 제33조 제1항), 쟁의행위로서 파업이 언제나 업무방해죄에 해당하는 것으로 볼 것은 아니고, <u>전후 사정과 경위 등에 비추어 사용자가 예측할 수 없는 시기에 전격적으로 이루어져 사용자의 사업운영에 심대한 혼란 내지 막대한 손해를 초래하는 등으로 사용자의 사업계속에 관한 자유의사가 제압·혼란될 수 있다고 평가할 수 있는 경우에 비로소 집단적 노무제공의 거부가 위력에 해당하여 업무방해죄가 성립한다</u>고 보는 것이 타당하다.

그러나 쟁의행위가 단순히 '집단성'을 띤다는 이유만으로 소극적인 집단적 노무제공거부행위까지 위력에 의한 업무방해죄 책임을 묻는 것은 문제이며, 집단성이 아닌 '행위의 구체적 태양'에 의해 위력업무방해죄 해당여부를 판단하여야 하는 것이 타당하다고 본다.[117]

③ 기타 형법상 책임

쟁의행위가 폭행이나 협박, 주거침입, 퇴거불응, 감금 등의 범죄행위를 수반하여 형법상 별도의 범죄 구성요건을 충족시킬 경우 해당 법조 위반에 따른 형사책임을 별도로 부담한다.

2) 형사책임의 귀속

① 노동조합

행위자책임의 원칙에 따라 사단인 노동조합은 원칙적으로 형사책임을 부담하지 않는다. 그러나 노조법 제94조에서는 법인 또는 단체의 대표자, 법인·단체 또는 개인의 대리인·사용인 기타의 종업원이 그 법인·단체 또는 개인의 업무에 관하여 노조법을 위반하여 벌칙규정의 적용을 받는 경우에는 행위자를 벌하는 외에 그 법인·단체 또는 개인에 대하여도 각 해당 조의 벌금형을 과한다고 규정하고 있다. 따라서 노동조합의 대표자 등이 노동조합의 업무에 관하여 노조법을 위반하여 형사처벌을 받는 경우 해당 법조의 벌금형을 부담할 수 있다.

② 노동조합간부

노동조합 간부가 불법쟁의행위를 결의·주도한 경우 관련 노조법 또는 형법규정 위반에 따른 공동정범의 죄책을 부담한다. 실무적으로는 불법쟁의행위의 경우 쟁의행위를 주도한 조합간부들에 대해서만 형사고소하는 것이 일반적이다.

> **[관련 법령]**
>
> 형법 제30조 (공동정범) 2인 이상이 공동하여 죄를 범한 때에는 각자를 그 죄의 정범으로 처벌한다.

③ 일반조합원

일반조합원이 불법쟁의행위에 참가하여 폭행·협박 등 별도의 범죄행위를 범한 경우라면 해당 법조 위반에 다른 형사책임을 부담할 수 있지만, 단순히 정당성 없는 쟁의행위에 참가한 경우라면 비난가능성이 없어 관련 노조법 또는 형법규정 위반에 따른 형사책임을 묻기는 어렵다고 할 것이다.

---

117) 同旨 김형배 신판 노동법 843면

(2) 민사책임

1) 민사책임의 내용

① 채무불이행책임

쟁의행위는 근로계약상 주된 의무인 근로제공을 거부하거나 태만히 하는 것이므로, 불법쟁의행위의 경우 채무불이행에 따른 손해배상책임을 물을 수 있다(민법 제390조).

② 불법행위에 따른 손해배상 책임

불법쟁의행위의 경우 민사적으로 불법행위를 구성하므로 불법행위에 따른 손해배상책임을 물을 수 있다(민법 제750조). 실무적으로는 불법쟁의행위에 대해 불법행위에 따른 손해배상책임을 묻는 것이 일반적이다.

[관련 법령]

민법 제750조 (불법행위의 내용) 고의 또는 과실로 인한 위법행위로 타인에게 손해를 가한 자는 그 손해를 배상할 책임이 있다.

민법 제390조 (채무불이행과 손해배상) 채무자가 채무의 내용에 좇은 이행을 하지 아니한 때에는 채권자는 손해배상을 청구할 수 있다. 그러나 채무자의 고의나 과실 없이 이행할 수 없게 된 때에는 그러하지 아니하다.

---

2) 민사책임의 귀속

① 노동조합

노동조합의 간부들이 불법쟁의행위를 기획, 지시, 지도하는 등으로 주도한 경우에 이와 같은 간부들의 행위는 조합의 집행기관으로서의 행위라 할 것이므로, 이러한 경우 민법 제35조 제1항의 유추적용에 의하여 노동조합은 그 불법쟁의행위로 인하여 사용자가 입은 손해를 배상할 책임이 있다.[118]

② 노동조합간부

조합간부들의 행위는 일면에 있어서는 노동조합 단체로서의 행위라고 할 수 있는 외에 개인의 행위라는 측면도 아울러 지니고 있고, 일반적으로 쟁의행위가 개개 근로자의 노무정지를 조직하고 집단화하여 이루어지는 집단적 투쟁행위라는 그 본질적 특징을 고려하여 볼 때 노동조합의 책임 외에 불법쟁의행위를 기획, 지시, 지도하는 등으로 주도한 조합의 간부들 개인에 대하여도 책임을 지우는 것이 상당하다.[119]

불법쟁의행위에 대한 귀책사유가 있는 노동조합이나 불법쟁의행위를 기획 · 지시 · 지도하는

---

118) 대법원 1994.3.25. 선고 93다32828,32835판결
119) 대법원 1994.3.25. 선고 93다32828,32835판결

등 이를 주도한 노동조합 간부 개인이 그 배상책임을 지는 배상액의 범위는 불법쟁의행위와 상당인과관계에 있는 모든 손해이고, 그러한 노동조합 간부 개인의 손해배상책임과 노동조합 자체의 손해배상책임은 부진정 연대채무관계에 있는 것이므로 노동조합의 간부도 불법쟁의행위로 인하여 발생한 손해 전부를 배상할 책임이 있다.[120]

③ 일반조합원

일반 조합원이 불법쟁의행위시 노동조합 등의 지시에 따라 단순히 노무를 정지한 것만으로는 노동조합 또는 조합 간부들과 함께 공동불법행위책임을 진다고 할 수 없다. 다만, 근로자의 근로내용 및 공정의 특수성과 관련하여 그 노무를 정지할 때에 발생할 수 있는 위험 또는 손해 등을 예방하기 위하여 그가 노무를 정지할 때에 준수하여야 할 사항 등이 정하여져 있고, 근로자가 이를 준수함이 없이 노무를 정지함으로써 그로 인하여 손해가 발생하였거나 확대되었다면, 그 근로자가 일반 조합원이라고 할지라도 그와 상당인과관계에 있는 손해를 배상할 책임이 있다.[121]

일반조합원이 불법행위책임을 부담하지 않는다 하더라도 근로계약상 노무제공을 거부하거나 해태함으로써 발생한 손해에 대한 손해배상책임을 부담한다. 그러나 이 경우는 불법행위책임과 달리 손해 전체에 대한 연대책임이 아니라 자신의 노무제공거부와 상당인과관계가 있는 손해에 국한하여 책임을 부담한다고 할 것이다.[122]

(3) 징계책임

1) 징계책임의 내용

불법쟁의행위는 통상적으로 취업규칙상 징계사유에 해당된다. 징계책임의 구체적 내용은 취업규칙에 따라 정해진다고 할 것이며, 책임정도에 따라 해고, 정직, 감봉, 견책, 경고 등의 징계책임을 부담한다.

2) 징계책임의 귀속

① 노동조합간부

단순히 노동조합간부라는 이유로 책임을 물을 수는 없을 것이나, 노동조합간부가 불법쟁의행위를 기획, 지시, 지도하는 등으로 주도한 경우 해당 노동조합간부는 취업규칙상 정하여진 징계책임을 부담한다. 실무적으로도 불법쟁의행위 결의에 참여한 노동조합간부에 대하여 징계책임을 묻는 것이 일반적이다.

---

120) 대법원 2006.9.22.선고 2005다30610판결
121) 대법원 2006.9.22.선고 2005다30610판결
122) 同旨 김형배 신판 제3판 노동법 846면

② 일반조합원

일반조합원의 경우 합법·불법에 대한 판단을 기대하기 어렵기 때문에 불법쟁의행위에 단순히 가담하였다는 이유로 징계책임을 물을 수는 없다고 본다. 다만, 일반조합원이라 하더라도 불법파업임을 명백히 인식한 경우 또는 불법파업임을 인식하지 못한 데 중대한 과실이 있는 경우라면 징계책임을 물을 수 있을 것이나, 이 경우도 불법쟁의행위를 주도한 조합간부에 비해서는 가벼운 징계책임을 물어야 할 것이다.

3. 제3자에 대한 책임

(1) 사용자의 거래상대방에 대한 채무불이행책임(이행지체 등)

1) 사용자의 불법쟁의행위의 경우

사용자가 노동조합이 쟁의행위에 돌입하기 전에 직장폐쇄를 하는 등 불법쟁의행위를 함으로써 사용자의 거래상대방에 대해 손해를 입힌 경우, 사용자는 그 거래상대방에 대해 손해배상책임을 부담한다.

2) 노동조합의 불법쟁의행위의 경우

① 긍정설

노동조합의 불법쟁의행위로 인한 손해라 하더라도 사용자의 세력범위 내에서 발생한 것이라는 점, 노동조합의 조합원들은 사용자의 이행보조자이므로 이들의 고의나 과실은 사용자의 고의나 과실로 볼 수 있다는 점 등의 이유를 들어 비록 노동조합의 불법쟁의행위로 인해 사용자의 거래상대방에게 손해가 발행한 경우라도 사용자는 거래상대방에게 손해배상책임을 부담하여야 한다는 견해이다.

[관련 법령]

민법 제391조 (이행보조자의 고의, 과실) 채무자의 법정대리인이 채무자를 위하여 이행하거나 채무자가 타인을 사용하여 이행하는 경우에는 법정대리인 또는 피용자의 고의나 과실은 채무자의 고의나 과실로 본다.

② 부정설

사용자의 고의·과실이 없는 노동조합의 불법쟁의행위로 인한 손해에 대해 사용자가 손해를 부담하여야 한다는 것은 '과실책임의 원칙'에 반하고, 쟁의행위단계에서는 조합원들이 사용자에 대해 이행보조자관계에 있다고 볼 수 없다는 등의 이유로 사용자의 손해배상책임을 부정하는 견해이다.

③ 검토

긍정설은 '과실책임의 원칙'에 반하는 문제가 있으므로 부정설의 입장이 타당하다고 본다. 다만, 노동조합의 불법쟁의행위가 사전에 예견가능하고 회피 가능한 경우였거나, 손해가 사용자의 사후조치미흡으로 인해 확대된 경우 또는 사용자가 불법쟁의행위를 유발한 경우[123]에는 사용자에게 고의 또는 과실이 있다고 할 수 있으므로 사용자의 손해배상책임을 인정할 수 있다고 본다.

(2) 사용자의 일반 제3자에 대한 불법행위책임

사용자가 일반 제3자에 대해 쟁의행위를 회피하여야 할 법률상 의무를 부담하지 않으며, 설사 공익사업의 경우 공익을 보호할 의무를 규정하고 있다 하더라도 이는 개인의 구체적 이익을 보호하도록 한 규정은 아니므로 사용자는 일반 제3자에 대해서는 불법행위책임을 부담하지 않는다고 보는 것이 일반적이다.[124]

(3) 노동조합의 사용자 거래상대방에 대한 불법행위책임

노동조합이 사용자의 거래상대방에 대한 채권을 고의로 직접 침해한 경우에는 불법행위에 따른 손해배상책임을 부담한다고 본다. 예를 들어 노동조합이 쟁의행위 중에 사용자의 거래상대방의 부품 납품이나 생산품 출고를 저지하는 경우에는 사용자의 거래상대방에 대한 채권침해에 따른 불법행위책임을 부담한다고 할 것이다.[125]

(4) 노동조합의 일반 제3자에 대한 불법행위책임

쟁의행위가 제3자에 대해 직접 위법하게 행해진 경우 일반 제3자에 대한 불법행위책임을 부담한다. 예컨대 의료사업에서 치료를 받고자 하는 응급환자에 대한 병원출입을 저지함으로써 환자의 생명이나 건강에 치명적인 결과를 초래한 경우 불법행위책임을 부담할 수 있다고 할 것이다.[126]

---

123) 평화적인 교섭 중에 특별한 이유없이 조합간부를 해고함으로써 노동조합이 불법쟁의행위에 돌입한 경우를 대표적 예로 들 수 있다.
124) 同旨 김형배 신판 제3판 노동법 881면
125) 同旨 김형배 신판 제3판 노동법 881면
126) 同旨 김형배 신판 제3판 노동법 882면

THEME 19 부당노동행위의 유형 및 구제

제1절 부당노동행위

I. 부당노동행위

1. 개 념

부당노동행위제도는 헌법이 규정한 근로자의 노동3권을 구체적으로 보장하기 위한 제도로서, 근로자의 단결·단체교섭 또는 단체행동의 자유에 대한 사용자의 부당한 간섭·억압으로부터 개개의 근로자 또는 노동조합을 보호하여 노사 간에 공정한 관계를 유지함으로써 헌법이 규정한 근로자의 노동3권을 구체적으로 보장하기 위한 공법상의 제도를 말한다.

2. 인정취지

사용자의 노동3권 침해행위에 대해서 노동조합이 자주적으로 방어해야 하지만 우월적 지위를 가진 사용자의 침해행위를 방어하기 어렵기 때문에 노사관계의 공정성을 유지하기 위하여 국가기관이 개입하게 된 것이다.

3. 헌법 제33조와의 관계

① 노동3권을 보장한 헌법 제33조 제1항의 규정은 제3자적 효력을 가지고 사인간의 법률관계에 직접 적용된다는 것이 다수설이다.
② 따라서 부당노동행위제도는 노조법 제81조에 의해 창설된 것이 아니라 헌법 제33조의 규범내용을 확인한 것에 지나지 않는다.

II. 연 혁

1. Wagner법(1935년 · 미국)

부당노동행위제도를 최초로 규정하였고, 사용자의 부당노동행위만을 금지하였다.

2. Taft-Hartley법(1947년 · 미국)

노사 간의 교섭력의 균형을 유지하기 위해 기존의 사용자의 부당노동행위와 함께 근로자 측의 부당노동행위를 신설하였다.

3. ILO조약

ILO조약 제87호는 단결권의 적극적 보호와 조성을 요구하고 있으며, 제98호는 부당노동행위제도의 정립을 요청하고 있다.

4. 우리나라의 부당노동행위제도

(1) 1953년 제정된 노동조합법

사용자에 의한 부당노동행위와 아울러 노동조합 측의 부당노동행위까지 규정하였고, 처벌주의를 채택하였다.

(2) 1963년 개정법

사용자에 의한 부당노동행위의 장을 신설 확대, 노동조합 측의 부당노동행위에 관한 규정 삭제, 부당노동행위의 구제명령제도 신설, 원상회복주의로 전환하였다.

(3) 1986년 개정법 이후

1986년 기존의 원상회복주의에 처벌주의를 신설하여 양자를 병행하였고. 미확정된 구제명령 위반자에 대한 처벌규정의 헌법재판소에 의한 위헌결정으로 1997년 긴급이행명령제도의 도입 및 부당노동행위를 한 자에 대하여 피해자의 명시적 의사불문하고 처벌하도록 규정을 신설하였다(제90조).

Ⅲ. 특 징

1. 이원적 구제제도

부당노동행위의 구제방법과 관련하여 ① 사법상의 구제가 배제되고 1차적으로 노동위원회가 전속관할을 갖는다는 견해와, ② 사법상의 구제와 노동위원회의 구제가 병행된다는 견해가 있다. 통설과 판례는 후자의 견해에 따른다.

2. 사용자의 부당노동행위만 인정

우리나라 부당노동행위제도는 미국과 달리 노동조합의 부당노동행위를 인정하지 않고 사용자의 부당노동행위만 인정하고 있다. 부당노동행위제도가 헌법상 근로자에게 보장된 노동3권을 구체적으로 보장하기 위한 제도라는 점에서 볼 때 노동조합의 부당노동행위제도는 인정될 수 없다고 본다.

3. 구제제도와 처벌주의의 병용

① 부당노동행위에 대하여 노동위원회를 통한 구제제도 이외에, 부당노동행위가 인정되는 경우 2년 이하의 징역 또는 2천만원이하의 벌금에 처하도록 함으로써(법 제90조) 처벌주의를 병용하고 있다.

② 구제주의는 구제명령을 통하여 부당노동행위가 행하여지기 이전의 상태로 원상회복시킴으로써 침해된 권리를 바로 잡는다는 데 그 실익이 있으며, 처벌주의는 부당노동행위 그 자체를 범죄로 보아 처벌함으로써 부당노동행위를 사전에 예방·억제하는 데 의의가 있다.

4. 신청주의

미국과 달리 노동위원회의 직권에 의한 구제절차 진행은 인정하지 않으며, 피해자의 신청에 의해 개시되고 진행된다.

Ⅳ. 종 류

(1) 노동조합의 조직, 가입, 활동에 대한 불이익취급(제1호)

(2) 황견계약(yellow dog contract)의 체결(제2호)

(3) 단체교섭의 거부 또는 해태(제3호)

(4) 노동조합의 조직·운영에 대한 지배·개입과 경비원조(제4호)

(5) 단체행동에의 참가 기타 사용자의 부당노동행위를 신고한 것을 이유로 한 불이익취급(제5호)

Ⅴ. 주 체

1. 부당노동행위 금지의 수규자로서의 사용자

법 제2조상의 사용자, 즉 「사업주, 사업의 경영담당자 또는 그 사업의 근로자에 관한 사항에 대하여 사업주를 위하여 행동하는 자」가 이에 해당한다.

2. 부당노동행위 구제명령의 수규자로서의 사용자

(1) 구제명령 이행자로서 사용자

원칙적으로 고용주인 사업주에 국한된다. 즉, 개인기업의 경우 기업주는 개인이고 법인기업의 경우 법인 그 자체이다.

(2) 형벌부과대상자로서의 사용자

형벌부과대상자로서의 사용자는 부당노동행위 구제명령의 이행자로서의 수규자와 반드시 일치하지 않는다. 법인의 대표자, 대리인, 사용인 등 사업주 이외의 자도 위반행위를 한때에는 행위자도 처벌되므로 그러한 한도 내에서 확대되는 경우도 있다.

3. 사용자개념의 확대

단체교섭의 당사자로서의 사용자 개념의 확대와 마찬가지로 부당노동행위의 주체로서의 사용자개념도 확대되는 경향을 보이고 있다. 부당노동행위 금지의무를 지는 사용자는 노동3권을 침해하는 사용자를 의미하므로, 근로계약상의 사용자로 국한하여서는 아니 될 것이다. 예를 들어 하청회사 근로자들의 노동3권을 원청회사 사용자가 침해할 경우, 원청회사 사용자는 하청회사 근로자들에 대해 부당노동행위를 한 것이므로 그에 따른 책임을 부담한다고 보아야 할 것이다.

관련판례 >>

1. 대법 2007두8881 (2010-03-25)

원청업체가 하청업체 노동자의 노동조건 등에 실질적인 지배력을 행사하고 있다면 원청업체도 부당노동행위에서의 사용자이다.

[요 지]

부당노동행위의 예방·제거는 노동위원회의 구제명령을 통해서 이루어지는 것이므로, 구제명령을 이행할 수 있는 법률적 또는 사실적인 권한이나 능력을 가지는 지위에 있는 한 그 한도 내에서는 부당노동행위의 주체로서 구제명령의 대상인 사용자에 해당한다고 볼 수 있다.

노동조합및노동관계조정법 제81조제4호는 '근로자가 노동조합을 조직 또는 운영하는 것을 지배하거나 이에 개입하는 행위'등을 부당노동행위로 규정하고 있고, 이는 단결권을 침해하는 행위를 부당노동행위로서 배제·시정하여 정상적인 노사관계를 회복하는 것을 목적으로 하고 있으므로, 그 지배·개입 주체로서의 사용자인지 여부도 당해 구제신청의 내용, 그 사용자가 근로관계에 관여하고 있는 구체적 형태, 근로관계에 미치는 실질적인 영향력 내지 지배력의 유무 및 행사의 정도 등을 종합하여 결정하여야 할 것이다.

따라서 근로자의 기본적인 노동조건 등에 관하여 그 근로자를 고용한 사업주로서의 권한과 책임을 일정 부분 담당하고 있다고 볼 정도로 실질적이고 구체적으로 지배·결정할 수 있는 지위에 있는 자가, 노동조합을 조직 또는 운영하는 것을 지배하거나 이에 개입하는 등으로 법 제81조 제4호 소정의 행위를 하였다면, 그 시정을 명하는 구제명령을 이행하여야 할 사용자에 해당한다.

제2절 부당노동행위의 유형

Ⅰ. 불이익취급

법 제81조는「근로자가 노동조합에 가입 또는 가입하려고 하였거나 노동조합을 조직하려고 하였거나 기타 노동조합의 업무를 위한 정당한 행위를 한 것」(제1호) 또는「근로자가 정당한 단체행동에 참가한 것을 이유로 하거나 또는 노동위원회에 대하여 사용자가 이 조의 규정에 위반한 것을 신고하거나 그에 관한 증언을 하거나 기타 행정관청에 증거를 제출한 것」(제5호)을 이유로 하여 사용자가 그 근로자를 해고하거나 기타 불이익을 주는 행위를 부당노동행위로서 금지하고 있다.

1. 정당한 조합활동이 있을 것

불이익 취급이 성립하기 위해서는 먼저 근로자가 정당한 조합활동을 한 것을 이유로 불이익취급을 하여야 하며, 정당한 조합활동으로서 다음과 같은 것들이 있다.

(1) 노동조합에의 가입 또는 조직

정당한 조합활동에는 이미 성립하고 있는 노동조합을 위한 행위 뿐만 아니라 그에 가입하는 행위나 가입하려고 한 행위도 포함되며, 새로운 노조를 결성하기 위한 행위로서 그 준비행위나 원조행위까지도 포함된다.

(2) 기타 노동조합의 업무를 위한 정당한 행위

① 노동조합의 활동이 정당하다고 하기 위하여는 행위의 성질상 노동조합의 활동으로 볼 수 있거나 노동조합의 묵시적인 수권 또는 승인을 받았다고 볼 수 있는 것으로서 근로조건의 유지 개선과 근로자의 경제적 지위의 향상을 도모하기 위하여 필요하고 근로자들의 단결강화에 도움이 되는 행위이어야 하며,

② 취업규칙이나 단체협약에 별도의 허용규정이 있거나 관행 또는 사용자의 승낙이 있는 경우 외에는 취업시간 외에 행하여져야 하고, 사업장 내의 조합활동에 있어서는 사용자의 시설관리권에 바탕을 둔 합리적인 규율이나 제약에 따라야 하며, 폭력과 파괴행위 등의 방법에 의하지 않는 것이어야 한다.[127]

---

127) 대법원 1994.2.22. 선고 93도613판결

관련판례 >>

2. 대법 98다2365 (1998-05-22)

경영진의 명예 등을 훼손하는 유인물 배포행위가 근로조건의 유지·개선과 근로자의 복지증진 등을 도모하기 위한 것으로서 문서의 내용이 전체적으로 보아 진실하다면 근로자의 정당한 활동범위에 속한다

유인물로 배포된 문서에 기재되어 있는 문언에 의하여 타인의 인격, 신용, 명예 등이 훼손 또는 실추되거나 그렇게 될 염려가 있고, 또 문서에 기재되어 있는 사실관계의 일부가 허위이거나 표현에 다소 과장되거나 왜곡된 점이 있다고 하더라도, 그 문서를 배포한 목적이 타인의 권리나 이익을 침해하려는 것이 아니라 근로조건의 유지·개선과 근로자의 복지증진 기타 경제적·사회적 지위의 향상을 도모하기 위한 것으로서 문서의 내용이 전체적으로 보아 진실한 것이라면 이는 근로자의 정당한 활동범위에 속한다.

관련판례 >>

3. 대법 91누4164 (1991-11-12)

1. 노동조합법 제39조 제1호의 '노동조합의 업무를 위한 정당한 행위'란 노조의 조직적 활동이 아닐지라도 행위의 성질상 노조활동으로 볼 수 있거나 노조의 묵시적 수권 혹은 승인을 받았다고 볼 수 있는 행위를 말한다.

2. 단체협약에 유인물 배포 허가제를 규정한 경우 유인물배포행위의 정당성 여부는 유인물 내용이나 배포방법을 고려해 판단해야 하며 무허가만을 이유로 정당하지 않다 할 수 없다

단체협약에 유인물의 배포에 허가제를 채택하고 있다고 할지라도 노동조합의 업무를 위한 정당한 행위까지 금지시킬 수는 없는 것이므로 유인물 배포행위가 정당한가 아닌가는 허가가 있었는지 여부만 가지고 판단할 것은 아니고, 그 유인물의 내용이나 배포방법 등 제반사정을 고려하여 판단되어져야 할 것이고, 취업시간 아닌 주간의 휴게시간 중의 배포는 다른 근로자의 취업에 나쁜 영향을 미치거나 휴게시간의 자유로운 이용을 방해하거나 구체적으로 직장질서를 문란하게 하는 것이 아닌 한 허가를 얻지 아니하였다는 이유만으로 정당성을 잃는다고 할 수 없다.

관련판례 >>

4. 대법 92누4253 (1992-06-23)

허위사실이 게재된 유인물 배포행위는 사용자의 시설관리권을 침해하고 직장질서를 문란케 할 우려가 있어 정당한 조합활동이 아니다

노동조합의 대의원이 사용자로부터 출근정지처분을 받았다 하더라도 노동조합의 활동을 하기 위하여 사용자의 공장 내에 위치한 노동조합사무실 등에 출입하기 위하여 공장을 출입할 수 있으나, <u>해당 대의원이 노동조합의 활동을 하기 위하여 공장에 출입하려 한 것이 아니라 단지 출근정지처분에 항의하기 위하여 출근을 강행하는 한편 출근을 저지하는 회사의 관리직사원들을 방해하고 다른 근로자들을 선동하였다면 그와 같은 행위는 부당하다.</u>

---

③ 상기 조합활동 이외에 노동조합의 목적을 달성하기 위한 활동도 당연히 조합활동에 포함된다 할 것이다. 여기서 자주 문제가 되는 것은 근로자들의 문화활동, 사회활동, 정치활동 등의 경우인데, 문화 · 사회활동이 조합원으로서 내적 연대감과 단결력 강화에 이바지 하는 것이면 조합활동으로서 인정되어야 할 것이며, 정치활동의 경우에도 경제적인 성격 예컨대 노동법 개정운동과 같은 성격의 것은 근로자의 경제적, 사회적 지위향상이라는 노동조합의 목적에 비추어 상당한 것이므로 조합활동에 포함된다 할 것이다.

(3) 정당한 단체행위에의 참가 또는 신고, 증언, 증거의 제출

근로자가 정당한 단체행위에 참가하거나 노동위원회에 사용자의 부당노동행위를 신고하거나 증언, 증거를 제출하는 것도 넓은 의미의 조합활동으로서 사용자가 이를 이유로 불이익을 주는 행위는 일종의 보복적 차별대우로서 불이익 취급에 해당된다.

2. 사용자의 현실적인 불이익처분이 있을 것

불이익 취급은 해고 기타 경제상, 정신상, 생활상 또는 조합활동 상의 불이익을 현실적으로 동반할 때 그 의미가 있는 것이며, 불이익취급이 현실화되지 않은 경우는 노동조합에 대한 지배 · 개입은 될 수 있으나 불이익 취급으로 볼 수 없을 것이다.

3. 인과관계

(1) 의의

① 부당노동행위로서의 불이익 취급이 성립하기 위해서는 근로자의 정당한 노동3권 행사와 사용자의 불이익 취급사이에 인과관계가 있어야 한다.

② 법 제 81조 제1호 및 제5호에서의 「…한 것을 이유로」라는 규정이 바로 이를 의미한다. 인과관계의 성립에 관하여 학설이 대립하고 있다.

(2) 학설

1) 주관적 인과관계설

이 설에 의하며 사용자의 불이익 취급에는 반조합적 의도 내지 동기와 같은 부당노동행위의 사를 필요로 한다고 한다.

2) 객관적 인과관계설

이 설은 통설 및 판례의 태도로서 사용자의 불이익취급에는 근로자의 노동3권 행사와 불이익 취급 간에 원인, 결과의 관계가 있다는 사실만을 인식하는 것으로 충분하며, 사용자의 반조합적 의도 내지 동기와 같은 부당노동행위 의사는 필요하지 않다고 한다.

(3) 검토의견

주관적 인과관계설은 사용자에게 법률의 착오가 있는 경우[128] 부당노동행위 의사를 인정할 수 없어 부당노동행위의 성립을 어렵게 하여 헌법상 보장된 노동3권의 기본취지에 어긋난다고 보기에 객관적 인과관계설이 타당하다고 본다.

4. 불이익취급원인의 경합

(1) 의의

불이익 취급 원인의 경합이란 불이익 취급이 노사가 주장하는 사실 중의 하나를 획일적으로 선택할 수 없고, 양자가 모두 원인이 되는 경우로서 이 경우 부당노동행위의 성립 여부가 문제되는 바, 이에 대해 학설의 대립이 있다.

(2) 학설

1) 부당노동행위 성립부인설

해고 기타 불이익 취급을 할 수 있는 정당한 사유가 있는 경우에는 부당노동행위의 성립을 부인하려는 견해이다.

2) 결정적 원인설

이는 정당한 노동 3권 실현 활동의 사실과 그 이외의 사실 중 어느 것이 불이익 취급에 결정적 원인이 되었는가에 따라 판단해야 한다는 견해로서 판례의 입장이다.

3) 상당인과관계설

정당한 노동3권 행사의 사실이 없었더라면 불이익취급이 없었을 것이라고 판단되면 부당노동행위의 성립을 인정하려는 견해로서 다수설의 견해이다.

4) 부당노동행위 긍정설(원인설)

---

128) 예를 들어 합법적인 쟁의행위를 불법쟁의행위로 오인한 경우를 들 수 있다.

노동3권 행사의 사실이 불이익취급원인 중의 하나라고 인정되는 경우에는 언제나 부당노동행위의 성립을 인정하려는 견해이다.

(3) 검토의견

결정적 원인설은 결정적 원인을 찾는 과정에서 사용자의 주관적인 개입의 여지가 있고, 또한 근로자가 이를 입증하기 어렵다는 점 등이 있어 근로자 보호를 위한 부당노동행위제도에의 적용은 타당하지 않다고 보여진다. 따라서 근로자 보호에 더 충실하다고 할 수 있는 상당인과관계설이 타당하다고 본다.

관련판례 >>

5. 대법 99두4273 (1999-11-09)
근로자의 비위행위가 근로관계를 계속할 수 없을 정도의 중대한 사유로 보기 어렵다는 이유로 그에 대한 해고처분은 위법하다

[요 지]

1. 택시회사의 근로자가 운행중인 택시기사들에게 무선호출마이크로 상무의 도박 등의 비행을 폭로하는 방송을 하고, 이를 징계하려는 이사들에게 폭언하고, '교통사고합의 과정에 관여한 상무가 가해자들로부터 받은 합의금 일부를 횡령하였다.'는 취지로 회사의 상무이사를 고소한 데 이어 이 사실을 신문에 제보하는 한편 노동조합 휴게실의 흑판에 조합장의 무선호출기 설치사업에 관련된 자금지출내역의 공개를 요구하는 글을 쓰고, 게시판에 '대기기사 수입이 지나치게 적어 생계에 지장이 있으므로 회사가 이를 시정하여 달라'는 취지의 서면을 부착한 사안에서 휴게실에 위와 같은 글을 쓰고 서면을 부착한 행위는 근로자의 정당한 활동범위에 속하고, 다른 비위행위는 그 경위 등에 비추어 근로관계를 계속할 수 없을 정도의 중대한 사유로 보기 어렵다는 이유로 그에 대한 해고처분이 징계재량권을 일탈하여 위법하다.

2. 사용자가 근로자를 해고함에 있어서 표면적으로 내세우는 해고사유와는 달리 실질적으로는 근로자의 정당한 노동조합 활동을 이유로 해고한 것으로 인정되는 경우에 있어서는 그 해고는 부당노동행위라고 보아야 할 것이고, 근로자의 노동조합 업무를 위한 정당한 행위를 실질적인 해고사유로 한 것인지의 여부는 사용자 측이 내세우는 해고사유와 근로자가 한 노동조합 업무를 위한 정당한 행위의 내용, 해고를 한 시기, 사용자와 노동조합과의 관계, 동종의 사례에 있어서 조합원과 비조합원에 대한 제재의 불균형 여부, 종래의 관행에 부합 여부, 사용자의 조합원에 대한 언동이나 태도, 기타 부당노동행위 의사의 존재를 추정할 수 있는 제반 사정 등을 비교 검토하여 판단하여야 한다.

3. 노동조합및노동관계조정법 제81조 제1호 소정의 '노동조합의 업무를 위한 정당한 행위'란 일반적으로는 노동조합의 정당한 활동을 가리키나, 조합원이 조합의 결의나 구체적인 지시에 따라서 한 노동조

합의 조직적인 활동 그 자체가 아닐지라도 그 행위의 성질상 노동조합의 활동으로 볼 수 있거나 노동조합의 묵시적인 수권 혹은 승인을 받았다고 볼 수 있을 때에는 그 조합원의 행위를 노동조합의 업무를 위한 행위로 보아야 한다.

관련판례 >>

6. 대법 96누587 (1996-07-30)

1. 근로자의 정당한 노동조합활동을 이유로 해고한 것이 인정되는 경우 그 해고는 부당노동행위이다

2. 택시회사 노동조합의 조합장이 정당한 쟁의행위의 한계를 벗어나는 부당한 쟁의적 준법투쟁을 선동한 것은 정당한 징계해고 사유에 해당한다

[요 지]

1. 사용자가 근로자를 해고함에 있어서 표면적으로 내세우는 해고사유와는 달리 실질적으로는 근로자의 정당한 노동조합활동을 이유로 해고한 것이 인정되는 경우에 있어서 그 해고는 부당노동행위로 보아야 하고, 여기서 근로자의 정당한 노동조합활동을 실질적인 해고사유로 한 것인지 여부는 사용자측이 내세우는 해고사유와 근로자가 한 노동조합업무를 위한 정당한 행위의 내용, 사용자와 노동조합과의 관계, 해고의 시기, 동종의 사례에 있어서 조합원과 비조합원에 대한 제재의 불균형 여부, 해고절차의 준수 여부 기타 부당노동행위 의사의 존재를 추정할 수 있는 제반 사정을 비교·검토하여 종합적으로 판단하여야 한다. 그리고 정당한 해고사유가 있어 해고한 경우에 있어서는 비록 사용자가 근로자의 조합활동을 못마땅하게 여긴 흔적이 있다거나 사용자에게 반노동조합 의사가 추정된다고 하더라도 당해 해고사유가 단순히 표면상의 구실에 불과하다고 할 수는 없으므로 부당노동행위에 해당하지 않는다.

2. 택시회사 노동조합의 조합장이 실질적으로 회사로부터 거부당한 요구사항을 관철시키고 회사의 정상적인 업무수행을 저해할 의도로 근로자들에게 집단적으로 연차휴가를 사용할 것을 선동하고 이에 따라 근로자들의 집단적 연차휴가사용 및 근로제공 거부행위가 이루어진 경우, 이는 이른바 쟁의적 준법투쟁으로서 쟁의행위에 해당하고, 이와 같은 행위를 함에 있어 노동조합의 결의를 거치거나 쟁의발생신고를 하는 등의 노동쟁의조정법상의 적법한 절차를 거치지 아니하였음은 물론 이로 말미암아 회사에게 예상치 못한 업무의 저해를 초래하였으며 택시 이용자들에게 많은 불편을 초래한 점 등이 인정된다면, 이와 같은 준법투쟁은 정당한 쟁의행위의 한계를 벗어난 것으로서 이를 선동한 조합장의 행위는 단체협약 소정의 면직사유에 해당한다고 보아 이를 이유로 한 면직처분은 정당한 인사권의 행사로서 부당노동행위에 해당하지 아니한다.

---

5. 불이익취급의 유형

(1) 근로관계상의 불이익취급

1) 해고 등에 의한 불이익취급

① 해고

해고는 근로자의 지위를 박탈시키는 것으로 불이익취급의 가장 전형적인 유형으로 볼 수 있다.

② 사직의 강요

근로자 본인의 의사에 반하여 의원사직 하도록 종용하여 사직원을 내도록 하는 경우가 해당된다.

③ 채용거부

근로자가 채용에 관하여 기대이익을 갖고 있는 경우에 고용계약의 갱신거부나 재채용이나 본채용 거부도 불이익 취급으로 볼 수 있다. 또한 휴직자의 휴직사유 소멸 후에도 불구하고 복직을 거부하는 경우도 해당된다.

2) 징계 등에 의한 불이익 취급

조합활동을 이유로 견책, 경고, 출근정지 등의 징계처분이나 휴직명령을 내리는 경우 등이 이에 해당한다.

3) 경제상의 불이익 취급

임금나 제 수당 지급, 대부금 대여 등에 있어서의 차별 등이 이에 해당한다.

(2) 조합활동 상의 불이익취급

이는 당해 근로자의 조합활동을 할 수 없게 하는 것이나 곤란하게 하는 것이다. 따라서 조합활동을 할 수 없는 장소나 부서로의 배치전환, 조합임원에 입후보하지 못하도록 관리직으로 승진시키는 경우 등이 이에 해당한다.

> **관련판례 >>**

7. 대법 87누900 (1988-12-20)

노동조합 대의원 당선이 확실시된 근로자를 조합에 가입할 수 없는 일반관리직사원으로 승진발령한 것은 부당노동행위이다

원고가 노동조합 대의원선거에 입후보하여 당선이 확실시된 사실과 평소 원고의 조합활동을 못마땅하게 생각하던 회사가 원고의 조합활동을 막기 위하여 조합활동을 할 수 없게 되는 일반관리직 사원으로 임용하여 전근발령한 사실은 부당노동행위에 해당된다고 봄이 상당하다.

(3) 생활상의 불이익 취급

맞벌이 부부를 별거시키는 배치전환이라든가 거주지에서의 원거리 전보 등이 이에 해당한다.

(4) 정신상의 불이익 취급

장기간 특별한 직무를 부여하지 않는 등 정신적 고통을 주는 경우 등이 이에 해당한다.

(5) 위장폐업 등

반조합적 의도로 회사를 위장폐업한 경우 등이 이에 해당한다.

관련판례 >>

8. 대법 87누263 (1988-04-25)

노동조합활동을 배제할 목적에서 단행된 폐업공고에 반해 근로자가 그 의사에 반하여 사직서를 제출하고 회사가 이를 수리한 행위는 부당노동행위이다

참가인 회사가 폐업공고를 하게 된 경위와 원고들이 사직서를 제출하게 된 경위를 살펴볼 때 참가인 회사의 폐업공고가 진정한 기업폐지의 의사에 기인한 것이 아니라 오로지 원고들의 노동조합 활동을 배제할 목적에서 단행된 것이고 그로 말미암아 원고들은 그 의사에 반하여 사직서를 제출하고 이를 회사가 수리한 행위는 원고들이 노동조합의 업무를 위한 정당한 행동을 한 것을 이유로 원고들을 일방적으로 해고한 것과 다름없어 부당노동행위에 해당된다.

Ⅱ 지배·개입

1. 의의

(1) 법 규정

① 노조법은 「근로자가 노동조합을 조직 또는 운영하는 것을 지배하거나 이에 개입하는 행위와 노동조합의 전임자에게 급여를 지원하거나 노동조합의 운영비를 원조하는 행위」를 부당노동행위로서 금지하고 있다(제81조 제4호).

② 다만, 근로자가 근로시간 중에 제24조 4항(근로시간면제제도)에 따라 사용자와 협의 또는 교섭하는 것을 사용자가 허용함은 무방하며, 또한 근로자의 후생자금 또는 경제상의 불행 기타

의 재액의 방지와 구제 등을 위한 기금의 기부와 최소한의 규모의 노동조합사무소의 제공은
예외로 한다(동호 단서).

(2) 특징

지배 · 개입은 노동3권에 대한 일체의 간섭 · 방해행위로서 가장 포괄적이고 광범위한 반조합행
위이다. 불이익취급도 불이익취급과 함께 지배 · 개입에 해당될 수 있다.

(3) 취지

노동조합의 자주성 · 독립성을 보호하고자 노동조합의 조직 · 운영에 대한 지배 · 개입과 지배 ·
개입의 일종이라고 할 수 있는 전임자 급여지원과 경비원조를 부당노동행위의 한 유형으로 규
정하고 있는 것이다.

2. 성립요건

(1) 주체

① 지배 · 개입이 성립하기 위해서는 지배 · 개입행위가 사용자의 행위로 볼 수 있어야 한다.

② 여기에서의 사용자는 사업주는 물론 지배인 · 공장장 등의 상위직도 포함되며, 또한 하위직
관리자도 사용자의 지시 또는 묵시적 동의 등이 있는 경우에는 지배 · 개입의 주체가 될 수
있다.

(2) 내용

1) 조합의 조직 또는 운영

㉠ 조합의 조직이란 조직 그 자체뿐만 아니라 조직준비행위 등 노동조합의 결성을 지향하는
근로자의 일체의 행위를 의미한다.

㉡ 조합의 운영이란 규약의 제정 · 변경, 조합임원의 선거 등 조합의 내부적 운영뿐만 아니라
단체교섭, 쟁의행위 등 외부적 운영을 포함하는 노동조합의 유지 · 존속 및 확대를 위한 일
체의 행위를 의미한다.

2) 지배하거나 개입하는 행위

㉠ 지배 · 개입이란 조합의 조직 · 운영에 있어서의 자주성을 침해하는 행위를 의미하는 것
으로서, 지배란 사용자가 근로자를 압도하여 주도권을 발휘하는 행위이고, 개입이란 이
정도에 이르지는 않으나 조합활동이나 운영 시 간섭 · 방해 등 영향력을 행사하는 행위를
말한다.

ⓛ 그러나 지배나 개입은 그 정도의 차이는 있으나 법률상 효과에는 별 차이가 없고, 또한 양 자 모두 노동3권에 대한 침해행위이고 그 구제의 내용과 방법도 다르지 아니하므로 특별히 엄격하게 구별할 필요는 없다.

(3) 지배 · 개입의 의사

① 지배 · 개입에 의한 부당노동행위의 성립에 있어서 사용자에게 지배 · 개입의 의사가 필요한 가에 관해서 의사필요설,[129] 의사불요설,[130] 절충설 등의 견해의 대립이 있다.

② 지배 · 개입에 의한 부당노동행위는 노동3권에 대한 침해행위의 배제가 목적이므로 객관적 으로 지배 · 개입의 사실이 있다면 사용자의 의사여하를 불문하고 부당노동행위가 성립한다 는 의사불요설이 다수설이다.

(4) 결과의 발생여부

① 법 제81조 제4호의 입법취지는 사용자의 지배 · 개입행위만으로도 부당노동행위의 성립을 인정하려는 것이기 때문에 노동조합조직의 실패, 해산 · 약화 등 지배 · 개입행위로 인한 노동 3권 침해의 결과가 현실적으로 발생할 것을 요하지 아니한다.

② 법상 입법취지는 사용자의 개입행위만으로도 부당노동행위의 성립을 인정하려는 것이며, 또 한 동 제도가 민사법에 있어서와 같이 이미 발생한 손해의 배상을 목적으로 하는 것이 아니라 는 점에서 구체적인 결과나 손해의 발생을 요건으로 하지 아니한다.

관련판례 >>

9. 대법 96누2057 (1997-05-07)

지배 · 개입으로서의 부당노동행위의 성립에 반드시 단결권의 침해라는 결과의 발생을 요하는 것은 아 니다

구 노동조합법 제39조 제4호의 지배 · 개입으로서의 부당노동행위의 성립에 반드시 근로자의 단결권 의 침해라는 결과의 발생을 요하는 것은 아니라고 할 것이다.

---

129) 김치선, p.387
130) 이병태, p.451

3. 경비원조

(1) 개 요

노조법은 노조의 재정적인 측면에서의 자주성을 보장하기 위하여 노조전임자에게 급여를 지원하는 행위와 노동조합의 운영비를 원조하는 행위를 지배·개입으로서 규정하고 있다(제81조 제4호).

(2) 노조전임자의 급여지급

① 구법에서는 노조의 실질적인 자주성침해의 정도에 따라 부당노동행위여부를 판단하는 것이 판례[131]와 다수설의 견해였으나 현행법에서는 이를 경비원조로 보아 부당노동행위로 인정하고 있다.

② 다만 노조법 제24조 4항에 따라 근로시간면제자에 대한 급여지급은 부당노동행위로 보지 아니한다.

관련판례 >>

10. 대법 90누6392 (1991-05-28)

사용자의 노조전임자에 대한 급여지급으로 조합의 자주성이 저해된다고 보기는 어려우므로 부당노동행위라 할 수는 없다

노조전임자나 노조간부가 사용자로부터 급여를 지급받는 것이 형식적으로 보면 부당노동행위의 하나인 노동조합법 제39조 제4호 본문에 해당하는 것 같지만, 위 법조 소정의 부당노동행위의 성립 여부는 형식적으로만 볼 것은 아니고 그 급여지급으로 인하여 조합의 자주성을 잃을 위험성이 현저하게 없는 한 부당노동행위가 성립되지 않는다고 봄이 상당하고, 특히 그 급여지급이 조합의 적극적인 요구 내지는 투쟁결과로 얻어진 것이라면 그 급여지급으로 인하여 조합의 자주성이 저해될 위험은 거의 없다고 보아야 할 것이므로 이는 위 법조 소정의 부당노동행위에 해당하지 않는다고 보아야 할 것이다.

(3) 운영비원조

① 노동조합의 운영비를 원조하는 행위를 지배·개입과 별도로 규정하고 있지만, 이는 지배·개입의 특수한 형태로서 예시적으로 규정한 것이라고 해석된다.

② 운영비란 조합의 활동에 소요되는 일체의 비용을 말하는 것으로서, 조합설립·운영비의 제공, 조합용무의 출장비지급 등이 이에 해당한다.

---

131) 대법원 1991.5.28. 선고 90누6392 판결

(4) 예외적 허용

① 근로자가 근로시간 중에 사용자와 협의 또는 교섭하는 것을 사용자가 허용하는 것

② 근로자의 후생자금 또는 경제상의 불행 기타의 재액의 방지와 구제 등을 위한 기금의 기부

③ 최소한의 규모의 노동조합사무소의 제공(제81조 제4호 후단)은 부당노동행위로 보지 않는다.

4. 관련문제

(1) 사용자의 언론의 자유에 대한 한계

① 사용자도 국민으로서 헌법상 보장되는 언론의 자유를 갖는다. 따라서 사용자는 노사관계에 관한 자신의 의견을 자유로이 표명할 수 있으며, 이는 건전한 노사관계의 형성과 발전에도 필요하다고 할 것이다.

② 그러나 노사관계의 특성상 사용자의 지나친 언론활동은 근로자의 노동기본권을 침해할 수 있으므로 일정한 제한은 불가피하다고 본다.

(2) 지배개입 성부에 대한 학설

1) 부정적인 입장

언론의 자유에 대한 역사적 · 현실적 중요성을 감안하여 원칙적으로 지배개입에 해당하지 않지만, 다만 보복이나 협박 또는 이익의 제공을 시사하는 경우에 지배개입이 성립한다고 본다. 미국 Taft-Hartley법의 태도이다.[132]

2) 긍정적인 입장

보복이나 협박이 없더라도 언론의 내용 · 방법 · 그것을 행한 장소, 조합의 운영이나 활동에 끼치는 영향이나 사용자의 악의적 의도 등 제반사정을 종합적으로 감안하여 구체적으로 판단하여야 할 것이다.

(3) 검토의견

① 사용자의 언론활동 중 위협 · 보복 및 이익공여 등 조합활동에 대한 직접적인 발언으로 조합활동에 영향을 미치는 경우에는 지배, 개입에 해당된다고 보아야 할 것이다.

② 사용자의 언론의 부당노동행위 해당성 여부는 헌법상 보장되고 있는 언론의 자유와 단결권

---

132) 김형배 신판 노동법 제941면

보장질서와의 상관관계에서 판단하여야 할 것이다. 따라서 조합활동에 대한지배, 개입의 판단기준으로는 발언의 시기ㆍ장소ㆍ대상ㆍ발언을 전후한 노사관계 등을 종합적으로 고려하여야 할 것이다.

관련판례 >>

11. 대법 2011도15497 (2013-01-10)
사용자 입장에서 근로자를 상대로 순회설명회를 개최하여 노동조합이 예정한 파업방침에 대해 비판적 견해를 표명하는 행위는 부당노동행위가 아니다

[요 지]
1. 사용자가 연설, 사내방송, 게시문, 서한 등을 통하여 의견을 표명하는 경우 그 표명된 의견의 내용과 함께 그것이 행하여진 상황, 시점, 장소, 방법 및 그것이 노동조합의 운영이나 활동에 미치거나 미칠 수 있는 영향 등을 종합하여 노동조합의 조직이나 운영 및 활동을 지배하거나 이에 개입하는 의사가 인정된다면 노동조합 및 노동관계조정법 제81조 제4호에 규정된 '근로자가 노동조합을 조직 또는 운영하는 것을 지배하거나 이에 개입하는 행위'로서 부당노동행위가 성립하고, 또 그 지배ㆍ개입으로서의 부당노동행위의 성립에 반드시 근로자의 단결권의 침해라는 결과의 발생까지 요하는 것은 아니다.

그러나 사용자 또한 자신의 의견을 표명할 수 있는 자유를 가지고 있으므로, 사용자가 노동조합의 활동에 대하여 단순히 비판적 견해를 표명하거나 근로자를 상대로 집단적인 설명회 등을 개최하여 회사의 경영상황 및 정책방향 등 입장을 설명하고 이해를 구하는 행위 또는 비록 파업이 예정된 상황이라 하더라도 그 파업의 정당성과 적법성 여부 및 파업이 회사나 근로자에 미치는 영향 등을 설명하는 행위는 거기에 징계 등 불이익의 위협 또는 이익제공의 약속 등이 포함되어 있거나 다른 지배ㆍ개입의 정황 등 노동조합의 자주성을 해칠 수 있는 요소가 연관되어 있지 않는 한, 사용자에게 노동조합의 조직이나 운영 및 활동을 지배하거나 이에 개입하는 의사가 있다고 가볍게 단정할 것은 아니라 할 것이다.

5. 조합비공제제도의 폐지와 지배개입

(1) 조합비공제제도

조합비의 징수는 노동조합의 업무이므로 이것을 사용자의 부담으로 대행하게 하는 것은 지배ㆍ개입으로 볼 여지가 있지만, 단체협약에 의해 조합에서 징수해야 하는 것을 사용자가 대신하여 임금에서 일부 공제하여 조합에게 전달하는 것은 부당노동행위에 해당되지 아니한다.

(2) 일방적 파기 시

단체협약이 있거나 관행이 있는 경우에도 불구하고 조합비공제제도를 일방적으로 파기한 경우에는 지배개입으로 볼 수 있다.

Ⅲ. 단체교섭의 거부·해태

1. 의 의

(1) 노조법은 사용자가 「노동조합의 대표자 또는 노동조합으로부터 위임을 받은 자와의 단체협약체결, 기타의 단체교섭을 정당한 이유 없이 거부하거나 해태하는 행위」를 부당노동행위로서 규정하여 이를 금지하고 있다(제81조 제3호).

(2) 이 제도의 근본취지는 헌법 제33조 제1항에서 보장하고 있는 단체교섭권을 국가가 개입하여 확실하게 구현하려는 데 있다.

2. 요건

(1) 교섭거부의 당사자

「노동조합의 대표자 또는 노동조합으로부터 위임을 받은 자」와의 단체교섭을 거부한 때 부당노동행위가 성립한다. 따라서 일시적 쟁의단 등의 단체교섭 요구를 거부하더라도 부당노동행위가 성립하지 않는다.

(2) 단체협약체결 기타의 단체교섭을 거부하거나 해태한 행위

① 사용자가 조합의 교섭신청에 전혀 응하지 않는 경우(교섭불응)
② 조합과의 단체교섭이 가능한데도 조합을 배제하고 직접 종업원과 교섭하는 경우(개별교섭)
③ 단체교섭을 정당한 이유 없이 중단하거나 지연시키는 경우(고의적 교섭중단·지연)
④ 묵인할 수 없거나 수락할 수 없는 조건을 제시하는 경우(위장교섭)
⑤ 단체교섭이 있었을지라도 사용자가 반드시 단체협약을 체결할 의무까지 지는 것은 아니다.
  그러나 노사 간에 교섭사항에 대하여 합의가 있었음에도 불구하고 서면작성이나 서명날인을 거부하거나 해태하는 경우(요식행위 거부·해태)

(3) 정당한 이유의 부존재

사용자가 단체교섭을 거부하는 행위는 「정당한 이유」가 없을 때 부당노동행위가 성립된다.

1) 정당한 이유의 입증책임

단체교섭거부행위에서 부당노동행위의사가 추정되며, 사용자 측의 정당한 이유는 부당노동행위성립조각사유에 해당한다. 따라서 부당노동행위의 입증에 있어서 노동조합 측은 단지 사용자의 교섭거부라는 외적 사실의 존재만 입증함으로써 족하고, 사용자 측에서 그 정당한 이유를 입증하여야 한다.

2) 정당한 이유

사용자의 단체교섭거부행위가 정당한 이유에 해당되는지의 여부는 단체교섭제도와 부당노동행위제도의 목적을 고려하여 구체적 상황에 따라 합리적으로 판단하여야 한다. 일반적으로 정상적인 교섭을 할 수 없다든가, 단체교섭을 강제하는 것이 현저히 노사 간의 신의에 반할 경우에는 사용자의 정당성을 인정하여야 할 것이다.

이를 구체적으로 살펴보면 다음과 같다.

㉠ 교섭당사자 · 담당자

교섭권능이 없는 근로자단체, 교섭권한이 없는 노동조합대표나 그로부터 위임을 받은 자와의 교섭은 거부할 수 있다. 그러나 사용자가 단체협약상의 유일교섭 단체조항을 이유로 단체교섭을 거부하는 경우에는 정당한 이유에 해당되지 아니하므로 부당노동행위가 성립한다. 또한 사용자가 스스로 그 자신이 단체협약의 당사자가 아니라고 잘못 판단하여 단체교섭을 거부한 경우에도 부당노동행위가 성립한다.

㉡ 교섭대상

사용자에게 처분권한이 없거나 근로조건과 근로자의 지위개선에 관계되지 않는 사항은 거부할 수 있다. 그러나 노동조합으로부터 과대한 요구가 있었다고 하여 단체교섭을 거부하는 경우 이는 부당노동행위에 해당된다.

㉢ 교섭의 절차 · 방법

교섭의 절차 · 방법에 관하여 법령 · 단체협약 또는 노사관행으로 정하여진 경우, 이에 위반한 단체교섭의 요구를 사용자는 거부할 수 있다. 그러나 단체교섭의 일시 · 장소 등에 대하여 노사의 의견이 대립하고 있음을 이유로 단체교섭을 거부하는 경우에는 부당노동행위에 해당된다.

3. 교섭거부 · 해태의 효과

법 제81조 제3호의 「단체교섭을 정당한 이유 없이 거부하거나 해태하는 행위」로서 부당노동행위가 성립한다.

이 경우 단체교섭 응낙가처분신청을 한다든가 또는 불법행위에 의한 손해배상청구 등도 고려할 수 있다고 본다.

12. 대법 2004다11070 (2006-10-26)

법원으로부터 집행력 있는 판결이나 가처분결정을 받고서도 이를 위반하여 노동조합과의 단체교섭을 거부하였다면 노동조합에 대하여 불법행위를 구성한다

사용자가 노동조합과의 단체교섭을 정당한 이유 없이 거부하였다고 하여 그 단체교섭 거부행위가 바로 위법한 행위로 평가되어 불법행위의 요건을 충족하게 되는 것은 아니지만, 그 <u>단체교섭 거부행위가 그 원인과 목적, 그 과정과 행위태양, 그로 인한 결과 등에 비추어 건전한 사회통념이나 사회상규상 용인될 수 없는 정도에 이른 것으로 인정되는 경우에는 그 단체교섭 거부행위는 부당노동행위로서 단체교섭권을 침해하는 위법한 행위로 평가되어 불법행위의 요건을 충족하게 되는바,</u> 사용자가 노동조합과의 단체교섭을 정당한 이유 없이 거부하다가 법원으로부터 노동조합과의 단체교섭을 거부하여서는 아니 된다는 취지의 집행력 있는 판결이나 가처분결정을 받고서도 이를 위반하여 노동조합과의 단체교섭을 거부하였다면, 그 단체교섭 거부행위는 건전한 사회통념이나 사회상규상 용인될 수 없는 정도에 이른 행위로서 헌법이 보장하고 있는 노동조합의 단체교섭권을 침해하는 위법한 행위라고 할 것이므로, 그 단체교섭 거부행위는 노동조합에 대하여 불법행위를 구성한다.

Ⅳ. 황견계약

1. 의 의

① 「근로자가 어느 노동조합에 가입하지 아니할 것 또는 탈퇴할 것을 고용조건으로 하거나 특정한 노동조합의 조합원이 될 것을 고용조건으로 하는 행위」를 부당노동행위로서 규정하고 있다. 조합에의 불가입·탈퇴 또는 특정조합에의 가입을 고용조건으로 하는 계약을 황견계약(Yellow Dog Contract)이라고 한다(제81조 제2호).

② 다만, 노동조합이 당해 사업장에 종사하는 근로자의 3분의 2 이상을 대표하고 있을 때에는 근로자가 그 노동조합의 조합원이 될 것을 고용조건으로 하는 단체협약의 체결은 예외로 하며, 이 경우 사용자는 근로자가 그 노동조합에서 제명된 것 또는 그 노동조합을 탈퇴하여 새로 노동조합을 조직하거나 다른 노동조합에 가입한 것을 이유로 근로자에게 신분상 불이익한 행위를 할 수 없다(동호 단서).

③ 황견계약은 헌법 제33조 제1항과 노조법 제81조에 위반한 부당노동행위이므로 사법상 당연 무효이다.

2. 황견계약의 유형

(1) 조합불가입을 고용조건으로 하는 경우

「모든」 노동조합에의 불가입을 조건으로 하는 경우와 「특정」 노동조합에의 불가입을 조건으로 하는 경우를 모두 포함한다.

(2) 조합탈퇴를 고용조건으로 하는 경우

조합으로부터의 탈퇴는 고용조건뿐 아니라 종업원으로 고용된 자에 대한 고용계속의 조건도 포함된다.

(3) 특정한 노동조합의 조합원이 될 것을 고용조건으로 하는 경우

현행법상 복수노조가 허용되고 있지 아니하므로(부칙 제5조 제1항) 어용조합의 육성을 위한 경우가 대부분일 것이다.

(4) 조합활동의 금지를 고용조건으로 하는 경우

이에 관하여 명문의 규정은 없으나 고용조건 뿐만 아니라 고용계속의 조건으로 되어 도 황견계약에 해당된다.

3. 황견계약과 Union Shop협정

① 「노동조합이 당해 사업장에 종사하는 근로자의 3분의 2 이상을 대표하고 있을 때에는 근로자가 그 노동조합의 조합원이 될 것을 고용조건으로 하는 단체협약은 예외로 하며…」 라는 규정(제81조 제2호 단서)을 두어 Union Shop 협정의 근거를 마련해 놓고 있다.

② 헌법재판소는 동 규정이 조직의 유지·강화를 통하여 단일하고 결집된 교섭능력을 증진시킴으로써 궁극적으로는 근로자 전체의 지위향상에 기여하므로 헌법 제33조 제1항을 위반하지 아니하고 평등의 원칙에도 위배되지 아니한다고 하여 합헌으로 결정한 바 있다.[133]

③ Union Shop 협정은 노동조합의 단결강화를 위해서 이루어지는 것이므로, 사용자가 일정기간 내에 노동조합에 가입하지 아니하는 자 또는 노동조합으로부터 탈퇴 또는 제명된 자를 해고하는 것이 원칙이다. 그러나 동호 단서 후단은 「사용자는 근로자가 당해 노동조합에서 제명된 것을 이유로 신분상 불이익한 행위를 할 수 없다」고 규정하여 Union Shop 협정[134]이 유명무실화할 우려

---

[133] 헌재 2005.11.24, 2002헌바95·96(병합), 2003헌바9(병합).

[134] 단체협약상의 유니온 숍 협정에 의하여 사용자가 노동조합을 탈퇴한 근로자를 해고할 의무는 단체협약상의 채무일 뿐이고, 이러한 채무의 불이행 자체가 바로 구 노동조합법(1996.12.31. 법률 제5244호로 폐지되기 이전의 것) 제39조 제4호 소정 노동조합에 대한 지배·개입의 부당노동행위에 해당한다고 단정할 수 없다(대판 1995.2.28, 94다15363).

가 있다.[135]

④ Union Shop 협정은 근로자가 다른 조합을 조직·가입하기 위해 탈퇴하는 경우 해고하게 되어 단결선택권과 소수 조합의 단결권을 침해하는 문제 발생하므로 사용자는 근로자가 그 노동조합에서 제명된 것 또는 그 노동조합을 탈퇴하여 새로 노동조합을 조직하거나 다른 노동조합에 가입한 것을 이유로 근로자에게 신분상 불이익한 행위를 할 수 없다.

관련판례 >>

16. 대법 96누16070 (1998-03-24)
단체협약에 유니온숍협정에 따라 근로자는 노동조합의 조합원이어야만 된다는 규정이 있는 경우에는 다른 명문의 규정이 없더라도 사용자는 노동조합에서 탈퇴한 근로자를 해고할 의무가 있다

[요 지]
구 노동조합법(1996.12.31 법률 제5244호로 폐지되기 이전의 것) 제39조 제2호 단서 소정의 조항, 이른바 유니온숍협정은 노동조합의 단결력을 강화하기 위한 강제의 한 수단으로서 근로자가 대표성을 갖춘 노동조합의 조합원이 될 것을 '고용조건'으로 하고 있는 것이므로 단체협약에 유니온숍협정에 따라 근로자는 노동조합의 조합원이어야만 된다는 규정이 있는 경우에는 다른 명문의 규정이 없더라도 사용자는 노동조합에서 탈퇴한 근로자를 해고할 의무가 있다.

단체협약상의 유니온숍협정에 의하여 사용자가 노동조합을 탈퇴한 그로자를 해고할 의무는 단체협약상의 채무일 뿐이고, 이러한 채무의 불이행 자체가 바로 구 노동조합법(1996.12.31 법률 제5244호로 폐지되기 이전의 것) 제39조 제4호 소정 노동조합에 대한 지배·개입의 부당노동행위에 해당한다고 단정할 수 없다.

부당노동행위가 성립하려면 사용자에게 근로자가 노동조합을 조직 또는 운영하는 것을 지배하거나 개입할 의사가 있어야 하는 것인 바, 위 조합을 탈퇴한 4명의 근로자에 대한 해고조치를 취하지 아니한 사용자에게 그러한 의사가 있었던 것으로 볼 수가 없다.

---

135) 동 규정의 단서는 언론활성화 등 민주적 운영을 활성화하는 측면은 있으나 자칫하면 조합분열자에 의해 조합활동을 방해받을 우려가 있고, 또한 노동조합의 조직강화를 무기력하게 할 위험이 있다.

제3절 부당노동행위의 구제

Ⅰ. 노동위원회에 의한 구제절차

1. 서 설

노동위원회에 의한 구제절차는 초심절차와 재심절차의 2심제로 되어 있으며, 중앙노동위원회의 결정에 대하여 불복하는 자는 행정소송을 제기할 수 있다.

2. 관 할

(1) 지방노동위원회의 관할

① 부당노동행위가 발생한 사업장의 소재지를 관할하는 지방노동위원회가 초심관할권을 갖는다(노동위원회법 제3조 제2항).

② 2 이상의 관할구역에 걸친 사건은 주된 사업장의 소재지를 관할하는 지방노동위원회에서 관장한다.

(2) 특별노동위원회의 관할

부당노동행위가 특별노동위원회의 설치목적이 된 특정사항에 관한 것일 때에는 특별노동위원회가 초심관할권을 갖는다(동조 제3항).

(3) 중앙노동위원회의 관할

중앙노동위원회는 원칙적으로 지방노동위원회 또는 특별노동위원회를 초심으로 하는 사건의 재심관할권을 갖는다(동조 제1항).

3. 당사자

(1) 신청인

① 부당노동행위 구제의 신청인은 부당노동행위를 당한 근로자 또는 노동조합이다.

② 근로자 개인에 대한 부당노동행위인 법 제81조 제1호·제2호 및 제5호 위반인 경우에는 근로자 개인이, 그리고 노동조합에 대한 부당노동행위인 제3호 및 제4호 위반인 경우에는 노동조합이 원칙적으로 신청인이 된다. 그러나 당해 부당노동행위의 구제에 관하여 이해관계를 가진 자는 모두 신청인이 될 수 있다고 본다.

③ 이 경우 노동조합의 구제신청권은 근로자 개인의 구제신청권과는 별개의 독자적인 권리이

며, 근로자 개인의 구제신청권을 대위하거나 대리하는 것은 아니다.

(2) 피신청인

① 피신청인은 원칙적으로 근로계약상의 사용자이다.

② 다만, 단체교섭의 당사자로서의 사용자 개념의 확대와 마찬가지로 부당노동행위의 주체로서의 사용자개념도 확대되는 경향을 보이고 있다. 부당노동행위 금지의무를 지는 사용자는 노동3권을 침해하는 사용자를 의미하므로, 근로계약상의 사용자로 국한하여서는 아니 될 것이다. 예를 들어 하청회사 근로자들의 노동3권을 원청회사 사용자가 침해할 경우, 원청회사 사용자는 하청회사 근로자들에 대해 부당노동행위를 한 것이므로 그에 따른 책임을 부담한다고 보아야 할 것이다. 따라서 근로계약상의 사용자가 아니라 하더라도 피신청인이 될 수 있다.

4. 초심절차

(1) 구제신청

1) 신청주의

초심절차는 부당노동행위가 발생한 사업장의 소재지를 관할하는 지방노동위원회에 그 구제의 신청을 함으로써 개시된다.

2) 신청기간

구제신청은 부당노동행위가 있은 날(계속하는 행위는 그 종료일)부터 3월 이내에 하여야 한다(제82조 제2항).

3) 신청의 취하

신청인은 부당노동행위 구제에 관한 명령서 또는 결정서 등이 교부될 때까지 언제든지 신청의 전부 또는 일부를 취하할 수 있고, 노동위원회는 구제신청이 그 당부를 판단하기 위한 전제요건을 결하고 있다고 판단되는 경우에는 심판위원회의 결정에 의해 구제신청을 각하할 수 있다.

(2) 심 사

① 심사라 함은 조사와 심문의 두 절차를 말한다. 노동위원회가 구제신청을 받은 때에는 지체없이 필요한 조사와 관계당사자의 심문을 하여야 한다(제83조 제1항). 노동위원회가 심문을 할 때에는 관계당사자의 신청 또는 직권으로 증인을 출석하게 하여 필요한 사항을 질문할 수 있다(동조 제2항).

② 노동위원회가 심문을 함에 있어서는 관계당사자에 대하여 증거의 제출과 증인에 대한 반대심문을 할 수 있는 충분한 기회를 주어야 한다(동조 제3항).

③ 부당노동행위의 성립은 반드시 심문을 거쳐서 판정을 하여야 하며, 조사를 끝낸 것만으로는 구제명령을 내릴 수 없다. 따라서 조사만을 행하고 심문 없이 명령을 발하는 것은 설령 당사자 간에 이의가 없더라도 위법이다.

④ 노동위원회의 조사와 심무에 관한 절차는 중앙노동위원회가 따로 정하는 바 (노동위원회 규칙)에 의한다(동조 제 4항).

(3) 화해의 권고

노동위원회는 판정·명령 또는 결정이 있기 전까지 관계 당사자의 신청 또는 직권에 의하여 화해를 권고하거나 화해안을 제시할 수 있다. 관계 당사자가 화해안을 수락하여 관계 당사자와 화해에 관여한 위원 전원이 서명 또는 날인한 화해조서는「민사소송법」에 따른 재판상 화해의 효력을 갖는다(노동위원회법 제16조의3).

(4) 구제명령과 기각결정

① 노동위원회가 심문을 종료하고 부당노동행위가 성립한다고 판정한 때에는 사용자에게 구제명령을 발하여야 하며, 부당노동행위가 성립되지 아니한다고 판정한 때에는 그 구제신청을 기각하는 결정을 하여야 한다(제84조 제1항). 판정은 공익위원만의 권한에 속한다.

② 부당노동행위에 대한 판정·명령 및 결정은 서면으로 하되 이를 당해 사용자와 신청인에게 각각 교부하여야 한다(동조 제2항).

③ 관계당사자는 위의 명령이 있을 때에는 이에 따라야 한다(동조 제3항). 그러나 법에서 규정한 노동위원회의 사용자에 대한 구제명령은 행정처분으로서 사용자에게 이에 복종하여야 할 공법상의 의무를 부담시킬 뿐, 직접 노사간의 사법상의 법률관계를 발생 또는 변경시키는 것은 아니다.

관련판례 >>

14. 대법 95다53102 (1996-04-23)

노동조합법 제42조에서 규정한 노동위원회의 사용자에 대한 구제명령은 사용자에게 이에 복종하여야 할 공법상의 의무를 부담시킬 뿐, 직접 노사간의 사법상의 법률관계를 발생 또는 변경시키는 것은 아니다.

노동조합법 제42조에서 규정한 노동위원회의 사용자에 대한 구제명령은 사용자에게 이에 복종하여야 할 공법상의 의무를 부담시킬 뿐, 직접 노사간의 사법상의 법률관계를 발생 또는 변경시키는 것은 아니다.

④ 사용자가 확정된 노동위원회의 구제명령에 위반한 경우에는 벌칙의 적용을 받는다(제89조). 다만, 구법은 노동위원회의 구제명령 위반 시 처벌규정을 두어 그 구제명령이 확정되기 전이라도 처벌을 통해 사용자의 이행을 강제하였으나, 헌법재판소에서 헌법상의 적법절차의 원리에 반하고 과잉금지의 원칙에도 저촉된다고 보고 위헌결정[136]을 함으로써 확정되지 아니한 구제명령을 미 이행한 사용자에게 이행을 강제하기 어렵게 되었다.

⑤ 노동위원회의 구제명령·기각결정 또는 재심판정은 중앙노동위원회에의 재심신청이나 행정소송의 제기에 의하여 그 효력이 정지되지 아니한다(제86조).

(5) 구제명령의 구체적 내용

1) 재량행위

구제명령의 내용에 관해서는 법상 아무런 규정이 없기 때문에 노동위원회의 자유재량행위에 속한다 할 것이므로 노동위원회는 부당노동행위에 대하여 침해된 상태를 회복하는데 필요하고 가장 적절한 구체조치를 명하여야 한다.

2) 불이익취급의 경우

불이익취급으로서 가장 대표적인 해고의 경우 노동위원회는 해고된 근로자를 원직 또는 원직에 상당하는 지위에 복직시킴은 물론 해고에 의하여 상실된 임금상당액의 소급지급(back pay)[137]을 명하는 것이 원칙이다. 특히 사용자가 근로자의 의사에 반하여 정당한 이유 없이 근로자의 근로제공을 계속적으로 거부하는 것은 그로자의 인격적 법익을 침해하는 것이 되어 사용자는 이로 인하여 근로자가 입게 되는 정신적 고통에 대하여 배상할 의무가 있다. 또한 당해 근로자가 원직복귀를 바라지 않는 경우에는 강제로 원직에 복귀시키는 명령은 불가능하지만, 이러한 경우에도 노동조합에게는 공고문게시명령, 부작위 명령, 손해배상명령 등이 적절한 구제수단이 될 수 있을 것이다.

3) 황견계약의 경우

고용조건으로 된 조합에의 불가입, 탈퇴, 특정조합에의 가입에 관한 계약의 파기를 명한다.

4) 단체교섭거부의 경우

단체교섭의 거부의 경우에는 단체교섭에 응하라는 명령이 가능하며, 단체교섭거부가 교섭사항, 교섭당사자, 교섭시기 등에 관련하여 문제된 경우에는 그 사항을 구체적으로 특정하여 교섭개시명령을 하는 것이 적절하다. 아울러 필요한 경우에는 공고문게시명령이나 단체협약 체결명령을 발한다.

---

136) 헌재 1995.3.23, 92헌가14

137) Back Pay명령에 있어서 당해 근로자가 해고기간 중 타사업장에 취업한 경우 임금공제여부에 대해서는 ① 전부공제설, ② 일부공제설, ③ 노동위원회의 재량에 의한 공제가능설이 있으나 노동위원회의 재량권설이 타당한 듯 싶다.

5) 지배 · 개입의 경우

지배 · 개입행위를 특정하여 이를 금지하는 부작위명령 및 사과문(Post notice)의 게시 등을 명한다. 즉, 지배개입은 행위 자체를 제거 내지 취소하여 원상회복한다는 것은 사실상 곤란하므로 공고문 게시명령이나 부작위 명령 등이 적절하다고 본다.

5. 재심절차

(1) 재심신청

① 지방노동위원회 또는 특별노동위원회의 구제명령 또는 기각결정에 불복이 있는 관계당사자는 그 명령서 또는 결정서의 송달을 받은 날부터 10일 이내에 중앙노동위원회에 그 재심을 신청할 수 있다(제85조 제1항).

② 위 기간 내에 재심을 신청하지 않으면 초심의 구제명령 또는 기각결정은 확정된다(동조 제3항).

(2) 재심범위

중앙노동위원회의 재심은 신청된 불복의 범위 내에서 초심의 처분을 인정 · 취소 또는 변경할 수 있다(노동위원회법 제26조 제1항).

6. 행정소송

(1) 법 규정

1) 제소기간

중앙노동위원회의 재심판정에 대하여 관계당사자는 그 재심판정서의 송달을 받은 날부터 15일 이내에 행정소송을 제기할 수 있다(제85조 제2항). 이 기간 내에 행정소송을 제기하지 아니한 때에는 그 구제명령 · 기각결정 또는 재심판정은 확정된다(동조 제3항).

2) 위의 규정에 의하여 기각결정 또는 재심판정이 확정된 때에는 관계 당사자는 이에 따라야 한다(동조 제4항).

(2) 행정소송의 제기

1) 당사자

재심판정의 행정소송은 당해 재심판정의 관계당사자가 제기할 수 있다(제 85조 제2항). 원고는 재심판정의 취소를 구할 법률상의 이익이 있고, 이에 불복하는 사용자나 피해 근로자 또는 노동조합이 될 것이며 피고는 재심판정을 한 중앙노동위원회의 위원장이 된다.

2) 관할 법원

행정소송의 관할법원은 중앙노동위원회의 소재지를 관할하는 대법원소재지의 행정법원에 있다.

3) 제소와 명령의 효력

중앙노동위원회의 재심판정은 행정소송의 제기에 의하여 그 효력이 정지되지 아니한다(제 86조). 재심판정의 효력은 당사자의 신청 도는 직권에 의한 법원의 집행정지 결정에 의해 그 효력이 정지될 수 있고 행정소송의 결과 판결에 의해 취소될 수 있다.

(3) 심리범위

1) 대상

행정소송은 중노위의 위법한 행정처분 등을 취소하는 것이므로 법원은 재심판정이 위법여부를 판단하게 된다. 부당노동행위 인정에 대한 사실의 타당성 여부, 구제조치 내용의 적법 여부, 재심절차의 적법 여부 등이 심리대상이 될 수 있다.

2) 중노위 판단 인정여부

법원은 직권으로 증거조사를 하여 새로이 증거를 수집할 수 있으므로 법원은 새로운 증거에 근거하여 중노위와 다른 사실을 독자적으로 인정할 수 있다. 그러나 사실인정에 대한 준사법적 기관인 중노위의 독자적인 판단을 존중해 줄 필요가 있다.

3) 구제명령 내용의 적법성

중노위는 구제명령에 대한 광범위한 재량권을 가지지만, 법원은 중노위의 구제명령의 내용과 다른 적절한 구제명령을 스스로 선택하기 어렵기 때문에 중노위의 재량권을 존중하여 그 재량권한을 일탈하거나 남용된 경우가 아닌 한 적법성을 인정하여야 할 것이다.

4) 재심 절차상의 적법성

사실인정의 객관성이나 공평성을 해치는 중차대한 절차위반인 경우에는 법원은 당해 재심판정을 당연히 취소할 수 있다고 본다.

(4) 위법성 판단의 기준시점과 소 이익 상실시

1) 기준시점

재심판정의 적법성은 재심판정의 시점을 기준으로 판단하는 바, 일반적으로 행정소송에 대한 적법성 판단의 기준시점에 관해 처분시설과 변론종결시설이 있는데 판례는 처분시설을 취하고 있다.

2) 소의 이익 상실시

재심판정 시를 기준으로 할 경우 구제명령 후 변론 종결 시까지 사이에 구제명령의 이행을 불가능하게 하는 사정이 발생한 경우 법률상 이익이 상실되므로 소를 각하한다.

(5) 확정판결

1) 판결의 효력

중노위의 재심판정에 대한 법원의 판결로 구제명령, 기각결정 또는 각하결정이 확정된다. 그 확정된 판결은 중노위를 기속함은 물론이다. 따라서 중노위의 구제명령이 취소된 경우에는 취소판결의 확정에 의해 구제명령의 효력은 상실된다.

2) 화해

확정 판결 전에 소송당사자는 노사의 일방(원고)과 중앙노동위원회(피고)로서 노동위원회에서 대립하던 노사쌍방은 참가인에 불과한 것으로 원고와 참가인과의 화해에 의한 소의 취하가 이루어 질 수 있다.

Ⅱ. 긴급이행명령

1. 의 의

(1) 개념

긴급이행명령이란 사용자가 중앙노동위원회의 구제명령에 대하여 행정소송을 제기한 경우에 관할법원은 중앙노동위원회의 신청에 의하여 결정으로써 판결이 확정될 때까지 중앙노동위원회의 구제명령의 전부 또는 일부를 이행하도록 명할 수 있는 제도를 말한다(제85조 제5항).

(2) 취지

미확정 구제명령을 위반한 자에 대한 처벌규정이 헌법재판소의 의해 위헌으로 판정됨[138]에 따라 구제명령의 실효성확보차원에서 인정된 것이다.

2. 성립요건

① 사용자가 중앙노동위원회의 구제명령에 불복하여 행정소송을 제기하여야 한다.

② 중앙노동위원회는 확정판결 전까지 구제명령의 전부 또는 일부를 이행해주도록 관할 법원에 신청하여야 한다.

③ 사용자의 부당노동행위로 인해 침해된 권리에 대한 즉시 구제의 필요성이 있어야 한다.

---

138) 헌재결, 1995. 3.23, 92 헌가 14.

3. 구제명령의 위법성 심사가능 여부

긴급이행명령제도는 구제명령 실효성확보차원에서 본안소송과 별개의 절차로서 인정되는 것이고, 구제명령의 위법성이 발견된 경우 당사자의 신청이나 직권에 의해서 그 결정을 취소할 수 있도록 별도의 절차를 두고 있으며, 긴급이행명령제도의 취지가 노동위원회의 실체적 판단을 존중하여 구제명령의 실효성을 확보하는 데 있으므로 구제명령은 일단 적법한 것으로 추정된다고 본다.

4. 긴급이행명령의 취소

법원은 당사자의 신청 또는 직권으로 그 결정을 취소할 수 있다. 법원이 직권으로 취소할 경우는 중앙노동위원회의 결정이 위법한 것으로 판명된 경우에만 허용된다고 보며 사요자의 신청에 의할 경우에도 중앙노동위원회의 결정이 명백히 위법한 것이라고 판명되지 않는 한 인정될 수 없다.

5. 위반의 효과

사용자가 법원의 긴급이행명령에 따르지 아니하면, 500만 원 이하의 금액 이내에서 일정한 비율로 산정한 과태료를 부과한다(제95조).[139]

---

139) 문제는 법원의 긴급이행명령에 대한 사용자가 이에 응하지 않을 경우 현행법상 이행을 강제할 수단이 없다. 따라서 작위명령의 경우 형사별을 인정할 실익이 있다고 본다.

THEME 20 비정규직 근로자의 보호

I. 서설

1. 현황

① 최근 기업의 경쟁력 강화와 고용의 유연성 확보, 저임금 · 낮은 근로조건에 의한 비용절감 등을 원인으로 하여 비정규직(기간제 · 단시간 파견)근로자의 규모가 지속적으로 증가하고 정규직근로자와 임금 등 근로조건에서 상당한 격차가 존재함에도 기존 노동법제하에서는 비정규직 근로자에 대한 보호 혹은 차별금지규정이 없었다.

② 근기법 제6조 균등처우 규정이나 남녀고평법 제2장 제1절의 남녀의 평등한 기회보장 및 대우에서 금지하는 차별의 사유는 성별 · 국적 · 신앙 · 사회적 신분 등 이른바 '인격적 요소(본성적 사유)'에 불과하였고, '고용형태'에 따른 차별을 금지한 것은 아니었다. 따라서 이러한 '고용형태'에 따른 비정규직 근로자의 차별을 법적 · 제도적으로 해소하기 위해 '기간제및단시간근로자보호등에관한법률'(이하 '기간제법'이라 한다)과 '파견근로자보호등에관한법률'(이하 '파견법'이라 한다) 등 비정규직근로자 관련 법률을 제정(2006.11.30. 국회 본회의 의결, 2007.7.1.부터 시행)하여 비정규직 근로자에 대한 불합리한 차별처우금지원칙을 명문화하고 노동위원회를 통한 차별시정절차까지 규정하였다.

2. 비정규직 근로자의 개념

① 비정규직 근로자란 학문적으로 개념이 정립된 것도 아니고, 또한 법률상 용어도 아니다. 흔히 다양한 고용형태 하에서 근로를 제공하는 자들의 근로조건을 현상적으로 파악하여 '고용의 불안정성과 낮은 근로조건'을 속성으로 비정규직 근로자군으로 분류하며, 정규직근로에 대한 상대적 개념으로 '비정규직 근로자'라는 용어를 사용하고 있다.

② 비정규직 근로자는 기간제법상에 의한 고용기간이 정해져 있거나 임시적으로 근로를 제공하는 기간제근로자나 통상근로자보다 근로시간이 짧은 단시간근로자 외에 일용직, 임시직 근로자, 파트타임근로자, 근로를 제공하는 사업장에 직접 채용되지 않고 다른 사업주의 근로자로서 근로를 제공하는 사업장에 파견되어 근로하는 파견근로자 등이 있다.

③ 기간제법에 의한 정의규정(제2조)에 의하면, '기간제근로자'란 기간의 정함이 있는 근로계약을 체결한 근로자를 말하며, '단시간근로자'란 1주간의 소정근로시간이 당해 사업장의 동종 업무에

종사하는 통상근로자의 1주간의 소정근로시간에 비하여 짧은 근로자를 말한다. 또한 파견법에 의한 파견근로자는 파견사업주가 고용한 근로자로서 근로자파견의대상이 되는 자를 말한다(제2 조 제5호).

Ⅱ. 비정규직 근로자의 보호

1. 적용범위

① 기간제법은 상시 5명 이상 근로자를 사용하는 모든 사업 또는 사업장에 적용된다(제3조 제1항 전단). 상시 사용되는 근로자에는 일용직, 임시직, 단시간 근로자, 심지어는 불법체류외국인 근 로자 등도 모두 포함된다.

② 동거의 친족만을 사용하는 사업 또는 사업장과 가사사용인에 대해서는 적용되지 아니하며(동조 제1항 후단), 상시 4명 이하의 근로자를 사용하는 사업 또는 사업장에 대하여는 대통령령이 정하 는 바에 따라 이 법의 일부규정을 적용할 수 있다.

③ 파견법은 원칙적으로 상시 1명 이상의 근로자를 사용하는 모든 사업 또는 사업장에 적용되지만, 차별적 처우 및 시정절차에 관한 규정은 사용사업주가 상시 4명 이하의 근로자를 사용하는 경우 에는 적용되지 아니한다(제21조 제4항).

2. 기간제 근로자의 사용기간 제한

① 기간제 근로자의 사용기간(반복갱신 등의 경우에는 계속근로한 총 사용기간)을 2년으로 제한함 을 원칙으로 하고(제4조 제1항 본문), 합리적 사유가 있는 경우[140] 2년을 초과하여 기간제 근로자

---

[140] 1. 사업의 완료 또는 특정한 업무의 완성에 필요한 기간을 정한 경우
  - 건설공사 등 유기사업, 특정 프로그램 개발 또는 프로젝트 완수를 위해 고용하는 경우 등을 고려
2. 휴직·파견등으로 결원발생으로 당해 근로자가 복귀할 때까지 그 업무를 대신할 필요가 있는 경우
  - 출산·질병·군입대 등으로 인한 휴직, 장기파견 근로자 대체 등
3. 근로자가 학업, 직업훈련 등을 이수함에 따라 그 이수에 필요한 기간을 정한 경우
  - 학생, 직업훈련생은 학위 또는 자격증 취득 후 취업이 중요하므로 그 기간 중에는 근로계약기간에 제한을 두지 않음(학 업·직업훈련과 직업의 양립을 고려)
4. 「고령자고용촉진법」제2조 제1호의 고령자(만55세 이상)와 근로계약을 체결하는 경우
  - 연령 때문에 재취업이 어려운 조기퇴직자의 고용촉진을 위해 고령자에 대한 예외 허용
5. 전문적 지식·기술의 활용이 필요한 경우와 정부의 복지정책·실업대책 등에 의하여 일자리를 제공하는 경우로서 대통령 령이 정하는 경우
  - 의사·변호사 등 전문성과 직업능력이 높은 전문직종은 기간제한을 통해 보호할 필요성과 당위성이 상대적으로 낮고, 취 로사업·자활사업·공공근로사업 등 정부시책사업은 참여자들의 생활안정, 취업기회 제공 등이 주된 목적으로서 일반적 인 근로관계와 차이가 있으며, 예산을 통해 시행되므로 사업의 성격상 사업기간에 맞추어 기간제로 사용할 필요가 있음.
6. 그 밖에 제1호 내지 제5호에 준하는 합리적인 사유가 있는 경우로서 대통령령이 정하는 경우
  - 고용환경 변화에 따라 시행령에서 탄력적으로 규정할 수 있도록 하되 위 각호에 준하는 정도의 합리적인 이유가 있는 경 우에만 가능토록 함.

로 사용할 수 있도록 예외를 규정하였다(제1항 단서). 또한 사용자가 2년을 초과하여 기간제 근로자를 사용할 때에는 기간의 정함이 없는 근로계약(무기계약)을 체결한 근로자로 본다(동조 제2항).

행정해석 >>

1. 고용차별개선정책과-682 (2009-07-14)
기간제근로자의 근로기간 단절이 있을 경우 계속근로기간 산정

• 「기간제 및 단시간근로자 보호 등에 관한 법률」(이하 기간제법) 제4조제1항 본문 및 제2항의 규정에 의하면 사용자는 2년을 초과하지 아니하는 범위 안에서(기간제 근로계약의 반복갱신 등의 경우에는 그 계속 근로한 총기간이 2년을 초과하지 아니하는 범위 안에서) 기간제근로자를 사용할 수 있고
  – 사용자가 2년을 초과하여 기간제근로자를 사용하는 경우, 동 2년을 초과한 시점부터 기간의 정함이 없는 근로계약을 체결한 근로자로 보도록 되어 있음.
  – 이 경우, "계속근로기간"이라 함은 근로계약을 체결하여 해지될 때까지의 기간을 말하는 바, 기간의 정함이 있는 근로계약의 경우 그 계약기간의 만료로 고용관계는 종료되는 것이 원칙이나, 근로계약이 만료됨과 동시에 근로계약기간을 갱신하거나 동일한 조건의 근로계약을 반복하여 체결한 경우에는 갱신 또는 반복한 계약기간을 모두 합산하여 계속근로년수를 계산하여야 하며,(대법 1995.7.11, 93다26168)
  – 근로계약의 반복 갱신 사이에 근로관계의 단절이 있는 경우라도 그 근로계약이 이루어지게 된 동기 및 경위, 기간을 정한 목적과 당사자의 진정한 의사, 동일 사업(장)에서의 근무여부, 기간제법의 제정 취지 등에 비추어 "계속근로"로 볼 수 있는지 여부를 판단하게 될 것임.

• 귀 질의내용과 같이 기간제 근로계약 사이에 근로관계의 단절이 있는 경우에는 상기의 원칙에 따라 그 계속근로 해당 여부를 개별적·구체적으로 살펴보아 판단하여야 할 것으로 사료됨.
  – 일반적으로는 '계약기간 만료통보', '자의에 의한 퇴직원 제출', '퇴직금 및 4대 보험 정산'등을 거쳐 유효하게 근로관계가 단절된 후 신규입사 절차를 거쳐 새로운 기간제 근로계약을 체결하고 근무하는 형태라면 각각 별도의 근로계약에 의한 근무기간으로 보아야 하는 것이 원칙이지만,
  – 기간의 단절이 있는 근로계약이 수년간 반복되어 계약을 계속 체결하는 것이 관행화되어 있고, 노사당사자 모두 그렇게 기대하면서 사실관계에 있어서도 특정기간이 도래하면 재계약을 체결한 후 동일한 근로를 제공하고 사용자는 그 대상으로서 임금을 지급하는 형태의 근로관계가 반복되었다면, 이 경우는 반복적으로 체결한 근로계약 전 기간을 계속근로로 인정할 수도 있을 것임

2. 비정규직대책팀-2786(2007-07-10)
사업의 완료 또는 특정한 업무의 완성에 필요한 기간내에서 기간제 근로계약의 반복 갱신 가능 여부

기간제법 제4조제1항은 "사용자는 2년을 초과하지 아니하는 범위 안에서 (기간제 근로계약의 반복갱신

등의 경우에는 그 계속 근로한 총기간이 2년을 초과하지 아니하는 범위 안에서) 기간제근로자를 사용할 수 있다"고 규정하고 있으며, 단서 제1호에 따라 '사업의 완료 또는 특정한 업무의 완성에 필요한 기간을 정한 경우'에는 기간제한의 예외를 인정하고 있는 바, 기간제법은 기간제근로자의 사용기간을 2년으로 제한할 뿐, 개별 근로계약 기간의 한도 또는 연장·갱신·반복 횟수를 제한하는 것은 아님.

– 따라서 귀 질의와 같이 <u>사업의 완료 또는 특정한 업무의 완성에 필요한 기간을 정한 경우, 그 기간이 2년을 넘더라도 기간제한의 예외로 인정될 수 있으며, 그 정한 기간 내에서 1년 단위 기간제 근로계약을 반복·갱신할 수 없다고는 할 수 없으나,</u> 법문의 취지상 사업의 완료 또는 특정한 업무의 완성에 필요한 기간동안 계속 고용하여야 할 것이므로 1년 단위 계약을 반복·갱신하는 것의 실익이 없을 것으로 봄

3. 고용평등정책과-586 (2010-06-04)

사업의 완료에 필요한 기간을 정하여 근로계약을 체결함에 있어, 근로계약 만료일을 "당해 공사의 종료일"이라고 정할 수 있는지 여부

• 「기간제 및 단시간근로자 보호 등에 관한 법률」(이하 기간제법) 제4조제2항의 규정에 의하면, 사용자가 2년을 초과(기간제 근로계약의 반복갱신 등의 경우에는 그 계속 근로한 총기간이 2년을 초과)하여 기간제근로자를 사용하는 경우, 동 2년을 초과한 시점부터 기간의 정함이 없는 근로계약을 체결한 것으로 보도록 하고 있으나, 같은법 제4조제1항 단서의 각호에 해당하는 경우에는 2년을 초과하여 사용하더라도 기간의 정함이 없는 근로계약을 체결한 것으로 보지 않도록 예외규정(사용기간 제한 예외)을 두고 있음

「기간제법」 제4조 제1항 단서 제1호는 "사업의 완료 또는 특정한 업무의 완성에 필요한 기간을 정한 경우"를 기간제근로자의 사용기간 제한의 예외로 규정하고 있고, 건설공사 등 유기사업, 특정 프로그램 개발 또는 프로젝트 완수를 위한 사업 등 한시적이거나 1회성 사업의 특성을 갖는 경우에는 이 규정의 적용을 받을 수 있음.

– <u>특정 사업(공사)의 완료에 필요한 계약기간을 정함에 있어, 날씨 등의 사유로 사업완료일을 확정할 수 없는 경우에는, 근로계약 만료일을 당해 특정 사업(공사)의 "공사종료일"로 정하여 근로계약을 체결할 수 있을 것이며, 귀 질의의 경우 당초 공사기간이 '08.4.30.일부터 '10.4.30일 이었다가 공사가 지연되었더라도 동 공사기간에 관련 업무를 수행할 목적으로 채용된 기간제근로자라면 동 공사기간 동안은 사용기간 제한의 예외를 적용할 수 있다고 사료됨</u>

---

② 2년 초과 사용 시 사용자가 종전에 체결한 근로계약기간의 만료를 이유로 고용을 종료하면 '해고'에 해당되므로 근기법 제23조의 '정당한 이유'가 있어야 한다. 사용기간 2년 초과 자체에 대한 벌칙 등 제재는 없으나, 2년 초과사용 시 정당한 이유가 없는 근로관계의 종료는 부당해고에 해당한다.

③ 기간제 근로자의 사용기간을 2년으로 제한함에 따라 근기법상 계약기간상한(1년) 규정을 폐지 (부칙 제3항)하고, 당사자는 2년 범위 내에서 계약기간을 자유롭게 설정할 수 있으며, 법 제4조 의 사용기간 제한 등에 관한 규정은 이 법 시행 후 근로계약이 체결·갱신되거나 기존의 근로계 약기간을 연장하는 경우부터 적용하게 하여 기간제근로에 대한 반복갱신 제한은 소급적용되지 않고 법 시행 후 새로이 체결되거나 갱신되는 근로계약부터 적용되며 당초 계약기간을 연장하는 경우도 그 연장된 때부터 법을 적용하는 것이다(부칙 제2항).

④ 파견근로자의 경우 파견법 개정 전 1년의 범위 내에서 1회에 한하여 파견기간을 연장할 수 있 도록 한 것을 연장횟수에 대한 제한을 삭제하여 1회의 파견기간이 1년을 초과하지 아니하고, 연장된 총 파견기간이 2년을 초과하지 아니하는 범위 내에서 파견기간 연장횟수의 제한이 없 어졌다.[141]

3. 기간의 정함이 없는 근로자로의 전환 노력

① 사용자는 기간의 정함이 없는 근로계약을 체결한 근로자를 채용하고자 하는 경우에 당해 사업 또는 사업장의 동종 또는 유사한 업무에 종사하는 기간제근로자를 우선적으로 고용하도록 노력 해야 한다(제5조).

② 파견근로자의 경우에는 파견법상 고용의제 규정의 문제점을 감안하여 고용의제를 고용의무로 변경하고, 불법파견 시에도 적용됨을 명시하여 파견근로자 보호, 불법파견에 대한 제재를 강화 하였다(제6조의2).

4. 단시간근로자의 초과근로 제한

① 사용자는 단시간근로자에 대하여 「근기법」 제2조 제1항 제7호의 소정근로시간을 초과하여 근로 하게 하는 경우에는 당해 근로자의 동의를 얻어야 한다. 이 경우 1주간에 12시간을 초과하여 근 로하게 할 수 없다(제6조 제1항). 사용자는 이에 따른 초과근로에 대하여 통상임금의 100분의 50 이상을 가산하여 지급하여야 한다.(동조 제3항) 단시간근로자에게 초과근로를 하게 할 경우 벌칙규정 이 적용된다(제22조).

② 단시간근로자는 사용자가 근로자의 동의를 얻지 아니하고 초과근로를 하게 하는 경우에이를 거 부할 수 있다(동조 제2항). 사용자는 부당한 초과근로 지시를 거부한 것을 이유로 해고 그 밖의 불리한 처우를 하지 못한다(제16조 제1호).

---

141) 예컨대, 6개월 파견계약 체결 후 총 파견기간 2년 이내에서 파견기간을 3회 연장한 경우 구법으로는 회수 위반이나 개정법에 서는 법위반 아니다.

5. 통상근로자로의 전환 노력 등

① 단시간 근로자와 통상근로자간 전환을 촉진하기 위해 ① 단시간근로자의 통상근로자로의 전환뿐만 아니라 고용창출 등을 위해, ② 통상근로자의 자발적인 단시간근로 전환도유도하고자 하였다.

② 즉, 사용자는 통상근로자를 채용하고자 하는 경우에 당해 사업 또는 사업장의 동종 또는 유사한 업무에 종사하는 단시간근로자를 우선적으로 고용하도록 노력해야 하며, 사용자는 가사, 학업 그 밖의 이유로 근로자가 단시간근로자로의 전환을 신청하는 때에는 당해근로자를 단시간근로자로 전환하도록 노력해야 한다(제7조).

6. 근로자 파견 대상업무

(1) 상시허용업무

파견사업은 제조업의 직접생산공정업무를 제외하고 전문지식·기술·경험 또는 업무의 성질 등을 필요로 하는 업무로서 대통령령이 정하는 업무를 대상으로 한다(제5조 제1항).

(2) 임시허용업무

출산·질병·부상 등으로 결원이 생긴 경우 또는 일시적·간헐적으로 인력을 확보하여야 할 필요가 있는 경우(제5조 제2항)에는 사용사업주는 당해 사업 또는 사업장에 근로자의 과반수로 조직된 노동조합이 있는 경우에는 그 노동조합, 근로자의 과반수로 조직된 노동조합이 없는 경우에는 근로자의 과반수를 대표하는 자와 사전에 성실하게 협의하여야 한다(제5조 제4항).

(3) 절대금지업무

① 건설공사현장에서 이루어지는 업무

②「항만운송사업법」제3조 제1호,「한국철도공사법」제9조 제1항 제1호,「농수산물유통 및 가격안정에 관한 법률」제40조,「화물유통촉진법」제2조 제2호·제10호의 규정에 따른 하역업무로서 「직업안정법」제33조의 규정에 따라 근로자공급사업 허가를 받은 지역의 업무

③「선원법」제3조의 규정에 따른 선원의 업무

④「산업안전보건법」제28조의 규정에 따른 유해하거나 위험한 업무

⑤ 그 밖에 근로자 보호 등의 이유로 근로자파견사업의 대상으로는 적절하지 못하다고 인정하여 대통령령이 정하는 업무

6. 근로자 파견기간 및 고용의무

(1) 상시허용업무

근로자파견의 기간은 일시허용업무에 해당하는 경우를 제외하고는 1년을 초과하지 못한다(제6조 제1항). 파견사업주 · 사용사업주 · 파견근로자간의 합의가 있는 경우에는 파견기간을 연장할수 있다. 이 경우 1회를 연장할 때에는 그 연장기간은 1년을 초과하지 못하며, 연장된 기간을 포함한 총파견기간은 2년을 초과하지 못한다(동조 제2항). 단만, 고령자인 파견근로자에 대하여는 2년을 초과하여 파견기간을 연장할 수 있다.

(2) 일시허용업무

① 출산 · 질병 · 부상 등 그 사유가 객관적으로 명백한 경우에는 그 사유의 해소에 필요한 기간

② 일시적 · 간헐적으로 인력을 확보할 필요가 있는 경우에는 3월 이내의 기간. 다만, 그 사유가 해소되지 아니하고 파견사업주 · 사용사업주 · 파견근로자간의 합의가 있는 경우에는 1회에 한하여 3월의 범위 안에서 그 기간을 연장할 수 있다(제6조 제4항).

(3) 고용의무

① 사용사업주가 다음 각 호의 어느 하나에 해당하는 경우에는 해당 파견근로자를 직접 고용하여야 한다. 당해 파견근로자가 명시적인 반대의사를 표시하거나 대통령령이 정하는 정당한 이유가 있는 경우에는 적용하지 아니한다(제6조의2조 제1 · 2항).
   1. 제5조 제1항의 근로자파견대상업무에 해당하지 아니하는 업무에서 파견근로자를 사용하는 경우(제5조 제2항에 따라 근로자파견사업을 행한 경우는 제외한다.)
   2. 절대금지업무 규정을 위반하여 파견근로자를 사용하는 경우
   3. 제6조제2항을 위반하여 2년을 초과하여 계속적으로 파견근로자를 사용하는 경우
   4. 일시허용업무 규정을 위반하여 파견근로자를 사용하는 경우
   5. 고용노동부장관의 허가를 받지 않은 자로부터 근로자파견의 역무를 제공받은 경우

② 사용사업주가 파견근로자를 직접 고용하는 경우에 있어서 파견근로자의 근로조건은 다음과 같다(동조의2 제3항)
   1. 사용사업주의 근로자 중 당해 파견근로자와 동종 또는 유사업무를 수행하는 근로자가 있는 경우에는 그 근로자에게 적용되는 취업규칙 등에서 정하는 근로조건에 의할 것
   2. 사용사업주의 근로자 중 당해 파견근로자와 동종 또는 유사업무를 수행하는 근로자가 없는 경우에는 당해 파견근로자의 기존의 근로조건의 수준보다 저하되어서는 아니될 것

③ 사용사업주는 파견근로자를 사용하고 있는 업무에 근로자를 직접 고용하고자 하는 경우에는 당해 파견근로자를 우선적으로 고용하도록 노력하여야 한다(동조의2 제4항).

관련행정해석 〉〉

4. 비정규직대책팀-1195 (2007-04-13)

특정업무에 파견근로자를 2년간 사용 후 1년의 공백기간을 거쳐 동일 근로자를 파견근로자로 다시 사용할 수 있는지 여부

[질 의]

'07.7.1 시행 예정인 파견법 제6조(파견기간)제2항의 '총파견기간 2년'제한과 관련하여, '05.2.1 ~ '07.1.31까지 계속 2년 근무한 파견근로자를 일정기간(예 : 파견해지 1년경과)후 다시 파견근로자로 사용할 수 있는지?

[회 시]

종전 파견법 제6조제3항에 따르면 사용사업주가 2년을 초과하여 계속적으로 파견근로자를 사용하는 경우에는 파견근로자가 명시적인 반대의사를 표시하는 경우를 제외하고는 2년의 기간이 만료된 날의 다음 날부터 파견근로자를 고용한 것으로 보도록 규정하고 있었음(예컨대, 고용의제).

반면에, 개정 파견법 제6조의2제1항에 따르면 근로자파견대상 금지업무를 제외하고는 사용사업주가 2년을 초과하여 계속적으로 파견근로자를 사용하는 경우에는 당해 파견근로자를 직접 고용하도록 규정하고 있음(예컨대, 고용의무).

이러한 직접 고용의무 규정은 같은 법 부칙 제2항에 따라 동 법률의 시행일('07.7.1) 이전에 체결된 계약이라 하더라도 시행일 이후에 총 파견기간이 2년을 초과하게 되면 발생됨.

귀 질의를 살펴보면, '05.2.1 ~ '07.1.31까지 파견근로자를 사용한 후 일정기간(약 1년) 경과 후에 동일 근로자를 다시 파견근로자로 사용할 수 있는지 여부로 보임.

이 경우 파견법 제6조제2항에서 정하고 있는 파견기간을 면탈 내지 회피하려는 목적이 없는 경우에는 동 규정의 위반이라고 볼 수 없을 것임.

그러나, 해당 사용업체에서 파견근로자의 직접 고용의무를 회피하기 위한 수단으로 위와 같은 유사한 방법으로 재 파견이 반복되고 있는지 등에 대해서는 당해 파견근로자의 구직활동 내역, 다른 회사의 근무경력, 사용업체의 새로운 파견근로 사유 발생여부, 파견이 단절된 기간 등을 종합적으로 고려하여 직접 고용의무가 발생되는지에 대하여 추가적인 검토가 필요할 것으로 사료됨

Ⅲ. 차별적 처우의 금지

1. 차별적 처우의 개념

① 차별적 처우라 함은 임금 그 밖의 근로조건 등에 있어서 합리적인 이유 없이 불리하게 처우하는 것을 말한다(기간제법 제2조 제3호, 파견법 제2조 제7호).

② 헌법 제11조에서 국민의 평등권을 보장하고 있는 바, 여기에서의 평등원칙은 일체의 차별적 대우를 부정하는 절대적 평등을 의미하는 것이 아니라 합리적 근거가 없는 차별을 금지한 상대적 평등을 말하는 것이므로 합리적 근거가 있는 차별이나 불평등은 평등원칙에 반하지 아니한다.[142]

③ 비정규직 근로자의 경우에는 정규직 근로자와 달리 기술·능력·경력·자격·근속년수 등에 의한 합리적 이유 있는 차별이 아니라 비정규직 근로자임을 이유로 하여 행하는 차별은 불합리한 차별로 볼 수 있다.

2. 차별적 처우의 판단기준

(1) 비정규직(기간제·단시간·파견) 근로자임을 이유로

① 사용자가 근로자의 기술이나 능력, 경력·근속연수 등을 이유로 하는 것이 아니라 비정규직임을 이유로 한 차별적 처우는 불합리한 차별로서, 법은 '비정규직 근로자임을 이유로'차별하는 것을 금지하는 규정을 두고 있다.

② 이 경우의 인과관계는 사용자의 내심의 주관적인 차별적 의사의 존재여부와 관계없이 객관적으로 보아 차별이 있고, 그러한 차별이 비정규직 근로자임을 이유로 한 것이라면 인과관계의 성립을 인정할 수 있은 객관적 인과관계설이 타당하다고 본다.

(2) 당해 사업 또는 사업장의

비정규직 근로자와 비교되는 정규직 근로자는 당해 사업 또는 사업장에서 동종 또는 유사한 업무에 종사하는 자에 비교하여 차별을 금지하는 것이지, 동일 사업이나 지역에서의 동종 또는 유사한 업무에 종사하는 근로자를 비교대상으로 하는 것이 아니다.

(3) 비교대상자

① 기간제근로자는 기간의 정함이 없는 근로계약을 체결한 근로자, ② 단시간근로자는 통상근로자, ③ 파견근로자는 사용사업주에게 고용되어 있는 자를 비교대상으로 한다.

(4) 차별적 처우 금지

금지되는 차별적 처우란 다음 각 목의 사항에 있어서 합리적인 이유 없이 불리하게 처우하는 것을 말한다. (기간제법 제2조 제3호, 파견법 제2조 제7호)

가. 「근로기준법」 제2조제1항제5호에 따른 임금
나. 정기상여금, 명절상여금 등 정기적으로 지급되는 상여금

---

142) 헌재 1998.9.30, 98헌가7.

다. 경영성과에 따른 성과금
라. 그 밖에 근로조건 및 복리후생 등에 관한 사항

여기에서 불합리한 처우란 비정규직 근로자임을 이유로 비교대상자에 비하여 낮은 근로조건으로 처우하는 것을 말하며, 불합리한 처우의 여부는 비정규직 근로자를 중심으로, 합리적 이유의 존부는 사용자를 중심으로 파악하면 될 것이다.

관련판례 〉〉

1. 대법 2011두2132(2012-02-29)
통근비와 중식대의 차별

1. 기간제근로자보호법 제2조제3호는 '차별적 처우'를 '임금 그 밖의 근로조건 등에서 합리적인 이유 없이 불리하게 처우하는 것'으로 정의하고 있다. 여기에서 불리한 처우란 사용자가 임금 그 밖의 근로조건 등에서 기간제근로자와 비교 대상 근로자를 다르게 처우함으로써 기간제근로자에게 발생하는 불이익 전반을 의미하고, 합리적인 이유가 없는 경우란 기간제근로자를 다르게 처우할 필요성이 인정되지 않거나 다르게 처우할 필요성이 인정되는 경우에도 그 방법·정도 등이 적정하지 않은 경우를 의미한다. 그리고 합리적인 이유가 있는지 여부는 개별 사안에서 문제된 불리한 처우의 내용과 사용자가 불리한 처우의 사유로 삼은 사정을 기준으로 기간제근로자의 고용형태, 업무의 내용과 범위, 권한과 책임, 임금 그 밖의 근로조건 등의 결정요소 등을 종합적으로 고려하여 판단하여야 한다.

2. 원고 은행이 이 사건 근로자들에게 정규직인 비교대상 근로자보다 불리하게 차별 지급한 통근비와 중식대는 실비변상적인 것으로서 업무의 범위나 난이도, 업무량 등에 따라 차등지급할 성질의 것이 아닌 점, 정규직 직원들에 대한 장기근속 유도 목적은 원고 은행이 마련하고 있는 각종 제도로 충분히 달성할 수 있을 것으로 보이는 점 등을 종합하여 볼 때, 통근비 및 중식대 지급과 관련한 차별적 처우에 합리적인 이유가 있다고 볼 수 없다(대법 2012.03.29, 2011두2132).

2. 대법 2011두6592(2014-11-27)
장기근속을 유도하기 위해 1년 이상 근속한 군무원들에게 지급하는 수당을 1년 단위로 근로계약을 체결한 근로자에게는 지급하지 아니한 데에는 합리적인 이유가 있다

1. 이 사건 정근수당 및 정근수당가산금은 장기근속을 유도하기 위해 1년 이상 근속한 군무원들에게 지급하는 것으로서 원고와 같이 1년 단위로 근로계약을 체결한 근로자는 위 각 수당의 지급대상이 될 수 없으므로, 위 각 수당을 원고에게 지급하지 아니한 데에 합리적인 이유가 있다.

2. 이 사건 직급보조비와 가계지원비는 지급 대상자의 직급에 따르는 책임의 대가로서 지급되거나 업무수행의 대가로서 임금 보전을 위해 지급되는 것인데, 원고의 비교대상 근로자인 조리직렬 기능군무원은 조

리업무 외에도 행정업무를 수행하거나 소속 부대 훈련 및 교육에 참여하는 등 담당 업무의 범위와 책임 등이 민간조리원과 차이가 있어 원고에게 위 각 수당을 지급하지 아니한 데에 합리적인 이유가 있다.

3. 이 사건 가족수당과 정액급식비, 교통보조비는 계속적·정기적으로 지급되는 확정된 급여로서 임금에 해당하고, 따라서 이들 수당 지급과 관련된 차별적 처우는 기간제법 제9조제1항 단서가 정한 '계속되는 차별적 처우'에 해당함을 전제로, 2007.7.1.부터 2009.2.10.까지의 이들 수당 지급과 관련된 차별적 처우는 이 사건 차별시정 신청일 당시에 아직 종료하지 아니하였으므로 이 부분에 대한 원고의 차별시정 신청은 적법하다.(대법 2014.11.27, 2011두6592)

3. 차별시정절차의 도입취지와 주된 특징

(1) 도입취지

노동문제에 전문성이 있는 노동위원회에 차별시정위원회를 설치하여 차별시정의 판단·명령을 하도록 한 바, 차별금지원칙이 명문화됨에 따라 근로자가 직접 법원에 차별시정을 구하는 소송을 제기할 수도 있을 것이나 소송기간 및 비용 부담 등을 고려할 때, 신속 저렴한 행정절차(준사법절차)를 도입한 것이다.

(2) 주된 특징

비정규직 근로자의 차별시정제도의 주된 특징은 ① 신청권자는 비정규직 근로자에 되며, 신청대상은 비정규직임을 이유로 한 차별에 국한한 점, ② 구제절차는 조정방식과 심판절차를 병행하고, 심문과정에서 사용자의 입증책임을 명시하고 있으며, ③ 시정방식을 차별적 행위의 중지, 근로조건의 개선명령, 적절한 금전보상 등 다양한 방식으로 운용하고, 시정명령의 실효성 확보 차원에서 과태료 처분을 두고 있는 점이다.

4. 차별적 처우의 시정절차

(1) 차별시정 신청

① 기간제근로자 또는 단시간근로자는 차별적 처우를 받은 경우 「노동위원회법」 제1조의 규정에 따른 노동위원회에 그 시정을 신청할 수 있다. 다만, 차별적 처우가 있은 날(계속되는 차별적 처우는 그 종료일)부터 6개월이 경과한 때에는 그러하지 아니하다.(제9조 제1항) 근로자가 차별시정신청을 하는 때에는 차별적 처우의 내용을 구체적으로 명시해야 한다.(동조 제2항). 파견근로자도 파견법에 의해 차별적 처우의 금지 및 시정 등 기간제법의 시정절차(제9조 내지 제15조)를 준용한다.

② 차별시정신청 절차·방법 등에 관하여 필요한 사항은 중앙노동위원회가 따로 정하고(동조 제3항), 차별시정절차의 실효성을 높이기 위해 차별금지와 관련한 분쟁에 있어서 입증책임을 사용자가 부담하도록 규정하였다(동조 제4항). 또한 사용자는 근로자에 대하여 차별시정신청

을 이유로 해고 그 밖의 불리한 처우를 하지 못한다(제16조 제2호).

(2) 조사 · 심문

① 차별적 처우 여부의 판단을 위하여 노동위원회는 시정신청을 받은 때에는 지체없이 필요한 조사와 관계 당사자에 대한 심문을 해야 하며(제10조 제1항), 심문시 관계 당사자의 신청 또는 직권으로 증인을 출석하게 하여 필요한 사항을 질문할 수 있고(동조 제2항), 심문시 관계 당사자에게 증거의 제출과 증인에 대한 반대심문을 할 수 있는 충분한 기회를 주어야 한다(동조 제3항).

② 조사 · 심문의 방법 및 절차 등에 관하여 필요한 사항은 중앙노동위원회가 따로 정하며(동조 제4항), 차별시정사무에 관한 전문적 조사 · 연구업무를 수행하기 위하여 노동위원회에 전문위원을 둘 수 있다(동조 제5항).

(3) 조정 · 중재

1) 조정 · 중재절차의 개시요건

노동위원회는 심문과정에서 관계 당사자 쌍방 또는 일방의 신청 또는 직권에 의하여 조정(調停)절차를 개시할 수 있고, 관계 당사자가 미리 노동위원회의 중재(仲裁)결정에 따르기로 합의하여 중재를 신청한 경우에 중재를 할 수 있으며(제11조 제1항), 조정 또는 중재신청의 신청은 시정신청 일부터 14일 이내에 해야 하며, 단, 노동위원회의 승낙이 있는 경우 14일 이후에도 가능하다(동조 제2항).

2) 조정 · 중재결정의 효력

당사자 쌍방이 조정안을 수락하여 조정이 성립하거나, 노동위원회의 중재결정이 내려진 경우 그 이행의 실효성을 담보하기 위하여 조정 및 중재결정에 재판상 화해[143]와 동일한 효력을 부여를 갖는다(동조 제7항).

3) 조정 · 중재의 방법 등

조정 · 중재의 방법, 조정조서 · 중재결정서의 작성 등에 관하여 중앙노동위원회가 따로 정한다(동조 제8항).

(4) 시정명령 등

노동위원회는 조사 · 심문을 종료하고 차별적 처우에 해당된다고 판정한 때에는 사용자에게 시정명령을 발하고, 차별적 처우에 해당하지 아니한다고 판정한 때에는 그 시정신청을 기각하는

---

143) 재판상 화해는 확정판결과 동일한 효력을 가지므로(민사소송법 제220조) 향후 소송에서 이에 저촉되는 내용으로 다툴 수 없고(기판력), 관할 법원에서 집행문을 부여받아 부동산 압류, 동산, 인도 등 강제집행이 가능(집행력)하다.

결정을 해야 하며(제12조 제1항), 노동위원회는 시정명령의 내용 및 이행기한 등을 구체적으로 기재해야 한다(동조 제2항).

(5) 조정 · 중재 또는 시정명령의 내용

노동위원회의 조정 · 중재 또는 시정명령의 내용에는 차별적 행위의 중지, 임금 등 근로조건의 개선 및 적절한 금전보상 등이 포함될 수 있다(제13조 제1항). 이에 따른 배상액은 차별적 처우로 인하여 기간제근로자 또는 단시간근로자에게 발생한 손해액을 기준으로 정한다. 다만, 노동위원회는 사용자의 차별적 처우에 명백한 고의가 인정되거나 차별적 처우가 반복되는 경우에는 손해액을 기준으로 3배를 넘지 아니하는 범위에서 배상을 명령할 수 있다.(동조 제2항)

(6) 시정명령 등의 확정

① 지방노동위원회의 시정명령 또는 기각결정에 대하여 불복하는 관계 당사자는 시정명령서 또는 기각결정서를 송달받은 날부터 10일 이내에 중앙노동위원회에 재심을 신청할 수 있다(제14조 제1항).

② 중앙노동위원회의 재심결정에 대하여 불복이 있는 관계 당사자는 재심결정서의 송달을 받은 날부터 15일 이내에 행정소송을 제기할 수 있다(동조 제2항).

③ 재심신청기간(10일) 또는 행정소송 제기기간(15일) 내에 재심을 신청하지 아니하거나 행정소송을 제기하지 아니한 때에는 시정명령 · 기각결정 또는 재심결정은 확정된다(동조 제3항).

(7) 시정명령 이행상황의 제출요구 등

1) 시정명령 이행상황의 제출요구

고용노동부장관은 확정된 시정명령에 대하여 사용자에게 이행상황을 제출할 것을 요구할 수 있다(제15조 제1항). '확정된 시정명령'에 대한 것이므로 지노위의 시정명령 또는 중노위의 재심결정에 대해 관계 당사자가 불복하여 재심신청 또는 행정소송을 제기한 시정명령에 대해서는 적용하지 아니한다.

2) 시정명령 불이행의 신고

시정을 신청한 근로자는 사용자가 확정된 시정명령을 이행하지 아니하는 경우 이를 고용노동부장관에게 신고할 수 있고(제15조 제2항), 신고한 근로자에 대하여 사용자의 불이익 처우를 하지 못한다(제16조 제3호).

(8) 확정된 시정명령의 효력 확대

고용노동부장관은 제14조에 따라 확정된 시정명령을 이행할 의무가 있는 사용자의 사업 또는 사업장에서 해당 시정명령의 효력이 미치는 근로자 이외의 기간제근로자 또는 단시간근로자에 대하여 차별적 처우가 있는지를 조사하여 차별적 처우가 있는 경우에는 그 시정을 요구할 수 있다.(제15조의 3)

IV. 기타 비정규직 근로자의 보호

1. 불리한 처우의 금지

사용자는 기간제·단시간근로자가 ① 사용자의 부당한 초과근로 요구의 거부, ② 시정신청, 노동위원회에의 참석 및 진술, 재심신청 또는 행정소송의 제기, ③ 시정명령 불이행의 신고, ④ 감독기관에 대한 통고의 어느 하나에 해당하는 행위를 한 것을 이유로 기간제 단시간근로자에 대하여 해고 그 밖의 불리한 처우를 하지 못한다(제16조 제1항 본문).

2. 근로조건의 서면명시

① 사용자는 기간제 또는 단시간근로자와 근로계약을 체결하는 때에는 ① 근로계약기간, ② 근로시간·휴게, ③ 임금의 구성항목·계산방법 및 지급방법, ④ 휴일·휴가, ⑤ 취업의 장소와 종사해야 할 업무, ⑤ 근로일 및 근로일별 근로시간에 관한 사항을 서면으로 명시해야 한다(단, ⑥은 단시간근로자에 한한다)(제17조).

② 서면명시의 방법은 ① 근로계약서에 명시하거나, ② 주요 근로조건이 취업규칙에 명시되어 있을 경우 근로계약서는 개별 근로자에 해당하는 것만 기재하고 그 외 사항은 취업규칙의 내용을 주지시키는 방법 등이 있다.

3. 감독기관에 대한 통고

① 이 법 또는 이 법에 의한 명령에 위반한 사실이 있는 경우 근로자는 그 사실을 고용노동부장관 또는 근로감독관에게 통고할 수 있다(제18조).

② 통고받은 경우 차별처우의 시정에 관한 사항은 노동위원회로 시정신청을 하도록 안내하고, 그 외 법위반 사항에 대해서는 신고사건 처리절차에 준하여 처리한다.

4. 취업촉진을 위한 국가 등의 노력

국가 및 지방자치단체는 고용정보의 제공, 직업지도, 취업알선, 직업능력개발 등 기간제근로자 및 단시간근로자의 취업촉진을 위하여 필요한 조치를 우선적으로 취하도록 노력해야 한다(제20조).

V. 결

1. 근로감독강화 방안 강구

비정규직 근로자 문제의 상당부분이 근로감독행정 등 현행법 준수에 의해 해소될 수 있다고 판단되므로 근로감독강화 방안을 강구해야 한다.

2. 사회보험 확충방안 강구

사회보험의 적용확대 및 복지확충을 위해 일용직 근로자에 대한 고용보험 적용방안을 강구하고 건강보험 · 국민연금의 적용확대, 사회보험의 적용촉진 및 직업능력개발 확대 및 복지확충방안을 강구해야 한다.

3. 합리적인 보호방안 마련

현재의 비정규직 근로자와 관련된 문제는 단순히 기업과 비정규근로자간의 사적차지 영역으로만 이해되어서는 안 되며, 현행 노동법의 근로자보호의 취지와 경제여건과 노동시장 변화의 현실을 고려한 합리적인 비정규직 근로자 보호방안을 정책적으로 마련해야 할 것이다.

4. 인식제고 및 제재절차 강화

비정규직 근로자의 임금, 근로조건, 4대보험 등과 관련한 노동관계법상의 의무를 성실히 이행하지 않으면서 비정규직은 당연히 저임금과 여타 노동관계법의 적용이 배제되는 것으로 잘못 인식되고 있는 경향이 있으므로 이에 대한 인식제고와 법 위반에 대한 제재절차를 강화해야 할 것이다.

주요약력

대표노무사 유선용

명지대학교 법학과
고려대학교 노동대학원
(전) 한국토지주택공사 노무담당
(전) KLE신지식평생교육원 노동법 / 사회보험법 전임교수
(현) 한국경영교육원 노동법 / 사회보험법 전임
(현) 노무법인 MK 컨설팅 대표

주요저서 : EBS 노동법(고시계사), EBS 사회보험법(고시계사)

테마별 공공부문 노사관계실무

초 판 발 행	2015년 9월 2일
초 판 인 쇄	2015년 9월 10일
저　　　자	유 선 용
발 행 인	鄭 相 薰
발 행 처	考試界社

서울특별시 관악구 봉천로 472
코업레지던스 B1층 고시계사

대 표 817-2400　팩 스 817-8998
考試界 · 고시계사　817-0418~9
법무경영 교육원 · 에듀올 817-0367~8
www.gosi-law.com / www.eduall.kr
E-mail : goshigye@chollian.net

정가 18,000원　　ISBN 978-89-5822-523-2　93360

법치주의의 길잡이 60년 月刊 考試界